—
MIRATUKU
FUTURE
INSIGHTS
—

ANTI-FOCUS

MIRA TUKU

反　集　中

行先の見えない時代を拓く、視点と問い

NPO法人ミラツク編

はじめに

時代にとって大切な「問うべき問い」とは何だろう?

2020年4月、この問いとともにミラツクから新しいインタビューシリーズの企画が始まりました。目指す行先が見えない時代において、そもそも私たちは何を問えばいいのか? この「問い自体を問うこと」が、目指す行先の片鱗を掴むための光になるかもしれない。後に「第一波」と呼ばれる新型コロナウイルスの感染拡大が起こり、世界が大きく揺れ動くなかで、その対処の先にある「目指す行先」を見出したいという思いとともに、この書籍は生まれました。

行先が見えない状況に陥った人がまず最初に知りたいことは、「一体何について考えればいいのか?」ではないでしょうか。

ミラツクというNPOは、2008年の活動開始以来、「すでにある未来の可能性を実現する」というミッションを掲げ、異分野の「融合」と「対話」という2つの軸をもってさまざまな取り組みを行ってきました。「すでにある未来」という言葉は、未来は決して突拍子もない発明や発見によってのみ左右されるものではなく、むしろ、今この瞬間に始められる、新しい行先を目指す取り組みによって起こすことができる、という私たちの考えを表しています。

未来は、小さなものの見方の変化によって舞い降りてきます。「実は、これって本来◯◯なんじゃないか」。そんな小さな気づきが大きなビジョンにつながり、今はまだない未来を描く原動力となるのです。

この本を通じて、22名の起業家、経営者、研究者たちが、建築、投資、宇宙、自然、地域、メディア、組織、教育、デザインなど多様な領域とともに、それぞれの視点から世界の見方を語ってくれています。そのいくつかは、新しい視点を提示してくれるものになるはずです。

今の自分にはない、さまざまな視点を手に入れることは、一見するとものの見方を広げ、拡散していくようにも感じます。でも、それは本当に「拡散」なのでしょうか?「集中すること」の目的は、見ようとするものごとについてはっきりと輪郭を描くことにあります。そして、ものごとの輪郭をはっきりさせることは、何も中心に集中することだけでなく、むしろその周囲にある輪郭の外側を意識するというアプローチからも可能です。

この「集中」の対極にあるもうひとつの中心部の見つけ方を描きたいと思い、この書籍には『反集中』というタイトルを付けました。異なる視点が、知りたかった未来を教えてくれるとしたら。異なる視点がひとりの人の中におさまったとき、そこから見える視界はどこにもない、新しい光景を描いてくれるはずです。

この本を手に取り、ページを開いてくれてありがとうございます。この出会いの一期一会に感謝します。そしてまた「おわりに」でお会いしましょう!

NPO法人ミラック 代表理事　西村勇哉

目次

INTERVIEWER

西村勇哉｜にしむら・ゆうや｜1981年、大阪府池田市生まれ。大阪大学大学院にて人間科学(Human Science)の修士を取得。人材開発ベンチャー企業、公益財団法人日本生産性本部を経て、2011年にNPO法人ミラツクを設立。セクター、職種、領域を超えたイノベーションプラットフォームの構築、大手企業の新領域事業開発支援・研究開発プロジェクト立ち上げ支援、未来構想の設計などにおいて、これまでミラックとして100社200以上のプロジェクトに取り組む。2017年より、兼務で国立研究開発法人理化学研究所未来戦略室にイノベーションデザイナーとして参画。2021年に株式会社エッセンスを設立し、代表取締役に就任。2021年9月に自然科学、社会科学、人文学を領域横断的に扱う先端研究者メディア『esse-sense』をリリース。大阪大学SSI 特任准教授、大阪大学大学院人間科学研究科博士後期課程に在籍(人類学)。滋賀県大津市在住、3児の父。

杉本恭子｜すぎもと・きょうこ｜同志社大学大学院文学研究科新聞学専攻修了。学生時代は同大の自治寮に暮らし、吉田寮や熊野寮、ブンピカなどで自治を担う京大生とも交流した。現在は、フリーランスのライターとして活動。アジールとなり得る空間、自治的な場に関心をもち続け、寺院、NPO法人、中山間地域でのまちづくりを担う人たちなどのインタビュー・取材を行っている。

本文やプロフィール内に出てくる日付・年齢・所属などはすべてインタビュー当時のものです。

塩瀬隆之

問う行為そのものを肯定し、問いを味わって楽しむ方法を伝えたい。

塩瀬隆之｜しおせ・たかゆき｜京都大学総合博物館 准教授。1973年生まれ。京都大学工学部卒業、同大学院工学研究科修了。博士(工学)。専門はシステム工学。2012年7月より経済産業省産業技術政策課にて技術戦略担当の課長補佐に従事。2014年7月より復職。小中高校におけるキャリア教育、企業におけるイノベーター育成研修など、ワークショップ多数。平成29年度文部科学大臣賞(科学技術分野の理解増進)受賞。著書に『問いのデザイン 創造的対話のファシリテーション』『インクルーシブデザイン 社会の課題を解決する参加型デザイン』(いずれも共著、学芸出版社)などがある。

どんな問いであってもいい、大事なのは「問うこと」そのもの

西村　まずは今、塩瀬さんの中での重要な問い、広く社会にとって必要な問いとは何か、からお伺いできますか？

塩瀬　そうですね、どの問いが必要かというよりは、問うことそのものが大事だと感じています。新型コロナウイルスの感染拡大以降、「アフターコロナをどうしたらいいですか？」ってめっちゃ聞かれるんですよ。「知らんがな！」ってすごい思うんですけど。

西村　思いますよね（笑）。

塩瀬　コロナ以前に戻りたい人もいれば戻りたくない人もいるし、どちらの人にとってもそれが自分にとっての答えなのに。正解を自分で決められないことがすごい問題だなと思ったので、より一層「問うことが大事だ」と言いたいですね。

僕はファシリテーターとして問うお手伝いはするけれど、問いの答えを教えることも導くこともしないんです。いかにしてみなさんに指を出してもらって、「こっちだ」と自ら指し示してもらうかがすごく大事で。そのためには、問うことの難しさではなく、問いを楽しむ方法を伝えないと、自分で問うてみようとしないいんじゃないかと思ったんです。

『問いのデザイン』という本を書いたのもそのためです。まずは「問うことをしてみよう」と思っても

らうきっかけになればと思っています。時代を超えて自分の中に蓄えてもいい、せめて数年間は留めておけるようなすごい問いに出会えるといいなと思っていて。ずっと問いをもち続けることが、問うことに対しての美意識になるのかなと思います。

西村　その「問うこと」をするために大事なことは何でしょうか。

塩瀬　問うために大事なこと……。今、ちょうどそこを整理していて、「問うことそのものを肯定すること」がすごく大事だと思っています。問いの良し悪しを評価しないで、「今の問い方いいね！」みたいな感じで、問う行為そのものを認めるようにしています。

西村　今はSNSなどで「これはどうだろう?」ということを書いたら、すぐに評価を確かめられるじゃないですか。「いいね!がたくさん押されたから良い」みたいな感じがある。そこをグッと我慢して、評価を横に置いて自分の問いをもつことが難しい時代だなと思うんです。

塩瀬　そうそう。フィードバックのループがたくさんありすぎる。オンラインのワークショップをするとき、僕はあえて「Zoom」のブレイクアウトルームでひとり部屋をつくるんです。本来、ブレイクアウトルームはグループワークするためのものだけど、必要なのはひとりでワークする時間だと思うから。

西村　一時期、僕がワークショップ職人みたいになっていた頃に大切にしていたのは、「3日間かけてさまざまな時間をもった後に、いかに最後の1時間をひとりで過ごしてもらうか」でした。その1時間の思考の回転にもち込めるかがすごく重要で。最初からひとりで考えるよりも、いろいろ考えてすごくモヤモヤしている状態をつくってから、ひとりの時間をもってがんばることですごいものが生まれるんです。

塩瀬　僕は大学の授業でグループワークをするとき、メンバー一人ひとりに違う資料を渡す方が多いです。学校では、同じ条件の下で話をするという前提があるのですが、グループワークを活性化する意味ではむしろインプットを異なる種類に分けた方がいい。逆に、違う背景をもっている人たちが集まる場では、同じインプットから入ってそれぞれの異なる経験や考え方をぶつけ合う方がいいこともあります。

問いをともにできる関係性づくりも大切にしています。その場にいる人たちの関係が構築されて初めて、「この状況でならその問いが出るよね」とお互いに了解し合える。そして、誰かが発した問いを、そのモヤモヤを含めて一緒に引き受けることができると思うんです。『問いのデザイン』でも、問うまでに必要な準備をすごくたくさん並べています。みんな、いきなり問いすぎる気がしていたんですよね。

「どうすればガンダムをつくれるのかな？」という問いを胸に京都大学工学部へ

杉本　塩瀬さんが「問い」について考えるに至るまでの、ご自身の「問い」の履歴についても聞いてみたいと思います。

塩瀬　自分の問いか……。工学部に入ったのは「どうすればガンダムをつくれるのかな？」という問いがあったからです。ただ、ガンダムを宇宙に飛ばすのは難しそうなので、まずはロボットの研究をすることにしました。

最初に研究したのは、コミュニケーションロボット。たとえば人間であれば、コップで水を飲もうとした人が「あれ?」と手を止めたら、「空っぽなのかな?」と気がついてその人に水を注いであげようとしますよね。「喉が渇いたなと思った頃に、お茶を差し出してくれるロボットってどうやったらつくれるのかな?」というのが、自分がロボットの研究を始めようとしたときの最初の問いでした。

その問いを考えていると、「そもそも人が『行為する』とは何ぞや?」という次の問いが浮かんだんですね。人間の「行為」をロボットにさせようとすると、「行為」というものをどこで区切ったらいいのかよくわからなかったんですよ。

たとえば、人間がものを掴むときは、自然に手を近づけてからふと掴む動きをしますよね。そうなると、「掴む」という意図と現象が同時に発生するような感覚……ロボットアームの指と指の間が5センチメートルになったという事実とは別の「掴む」という行為みたいなすごいややこしい話になってきて、そこから僕は「行為的直観」を唱えていた西田幾多郎の哲学の世界に入っていくんです。

西村　工学部なのに哲学の世界に。

塩瀬　そうそう。「西田哲学研究会」に入って「行為とは何ぞや」という研究をしていたら、それを工学的に実現しようとしていた金沢工業大学の清水博先生のことを知って、清水先生が東京で主宰する「場の研究所」にお話を聞きに行きました。それから、東京工業大学におられた清水先生のお弟子さんのゼミに参加するために、毎月夜行バスで通っていました。
西田哲学の「行為的直観」と「一即多」という概念をコンピュータシミュレーション上で説明しようと

いう挑戦が、僕の修士論文だったんです。ただ、「哲学用語が溢れると工学論文ではなくなるから、そのような用語を書いてはいけない」と指導されたこともあり、哲学の専門用語を一切使わずに、中身は思いっきり哲学くさい工学論文を書いたという。

西村　なるほど（笑）。

塩瀬　そこから考えたのが「どうすれば聞き上手のロボットをつくれるか」という問いです。話し上手のロボットをつくるのはめっちゃ簡単なんです。正しい発音・文法で、たとえば弁士のような息遣いでよどみなくしゃべるロボットはいくらでもできる。でも、聞き上手のロボットをつくるのはめちゃくちゃ難しい。

ミヒャエル・エンデの『モモ』って知っていますか？　主人公のモモはすごい聞き上手で、みんなは彼女に話をするだけで自分の問題を自分で解決していくんですね。それをロボットで実現しようとしたときに、マイクを置いているだけではダメで。「どうやってロボットでモモをつくるか？」をテーマに、「国際電気通信基礎技術研究所（ＡＴＲ）」では人の話を「うんうん」とうなずいて聞くコミュニケーションロボットの研究をしていました。

今は、「ぼーっと聞くのではない、すごくアクティブな聞き方って何だろう？」というのが究極の問いでしょうか。

環境に多様性を用意すれば、それぞれが自分を発揮できる場になる。

西村　今の話を聞いて、塩瀬さんとなんで仲良くなれたのか、初めてわかってきた気がしています。僕は高校生のとき哲学者になりたくて、ずっとカントを読んでいたんです。カントって、毎朝同じ時間に起きて、同じ道を歩きながら考え続けていたんですけど、働かなきゃいけない僕にはこれは無理だなと思って。カントが使えた100の時間の3割ぐらいしか僕には使えないとしたら、その時間で意味のあることをやろうと思って心理学を選んだんですね。

心理学は哲学をサイエンスしたいという願望をもっている学問。哲学者が一生かけてがんばろうとすることを、「私は一段だけ積んで去っていきます」みたいな発想が許されるのかなと思って学んでみたら、やっぱり哲学を分解して再構築するようなところがあって。

また違う視点では、僕自身は「人の心理の動機付け」について研究していたので、動機を発生させるものとしての「問い」に興味や関心があります。ワークショップをたくさん手がけてきたのも、内発的な動機を発生させるためのひとつの仕掛けだと思っていたからなんです。

塩瀬　使っているキーワードが僕とほとんど一緒ですね。僕は修士課程から博士課程に進学するときの研究で「ロボットにとっての内発的動機」を研究していたんですよ。

西村　やばいですね（笑）。

塩瀬　もし人間が地球から火星にしばらく移住するとしたら、「地球に戻れるかもしれない」という前提で地球の経験は忘れないように火星での暮らし方を学習しますよね。一方で、ただただその環境での最適化をしていくロボットには、記憶を残していく動機が生まれない。

つまり、地球に戻れるあてもなければその可能性もわからないので、地球での記憶を残しておく動機がない。裏を返すと、火星でもどれくらい暮らすかわからないから、新たな学習の動機もなくて、行為に根拠がなくなる結果として最適化する必要もなくなってしまう。つまり、すべてを遡ると「動機」が極めて重要であるわけです。

そこで博士論文では、最初に「ロボットにとっての評価関数と自律学習」の研究をしていました。題材は「ロボカップサッカー」というロボットによるサッカーで、普通なら「どうやったら相手に勝てるか。点数を多く取れるのか」という研究をするのですが、僕は「どうやったらロボットはサッカーをしたくなるのか？」という動機の部分を研究しようとして、ロボット自身が自分の行動を振り返るような価値観の部分を評価関数として実現できないかとチャレンジしていました。

相手チームにボールを取られたときに「さらにがんばる」という行動学習プログラムと、「実はそんなにサッカー好きじゃないのかもしれない……」と自分自身の元の価値観を書き換えるプログラムとを両方用意しておくと、めっちゃサッカーをがんばるロボットと、「どうせサッカーそんなに好きじゃないし」とうじうじするロボットが出てくるんですよ。

そのいろんなロボットがいるところに、さらに追加でボールを放り込むと、「俺のものだ！」と思い切りボールを蹴飛ばして端っこでひとりサッカーをするロボットや、ボールを奪われたときに他のロボットにボディアタックして取り返したり、いじめたりしてるように見えるロボットが自然と学習プログラムの分化によって出てくる。

西村　すごいな、それは。

塩瀬　すごく単純なプログラムで、いじめも仲間はずれも、すごいアピールも諦めも起きる。言わば、人間の学校の教室で起きているのとほとんど同じようなことが起きるんです。その状況をすごく平和的に解決する唯一の方法は、たくさんボールを放り込むこと。褒められることがひとつしかない、すなわち資源がひとつしかないと奪い合いや序列が発生するんだけど、資源がその種類も含めてたくさんあれば、みんながそれぞれに自分を発揮することができるんだなと思いました。

「どうすれば環境に多様性を用意して、それぞれが自分のやりたいことをしていいと思える状況をつくれるのか？」「その環境で学習できる場をつくるにはどうすればいいか？」と、だんだん研究と興味関心がすごく人間くさい方向に寄っていって、今は人間のコミュニケーションデザインの研究をするようになりました。

「解決しない問い」を心地よく迎え入れるにはどうしたらいいのか？

西村　そして、今は「京都大学総合博物館」でお仕事をされていますね。

塩瀬　情報学と工学から離れて博物館にしたのは、いろんな学問分野をリソースとして考えたときに、博物館という社会教育装置が、学校的文脈での時間割と関係なく学べる場所だと思ったからです。一方で、博物館は問いをもたずに来ると、そこにただ並んでいる学術資料の数々をどう受け止めていいかわからない場所でもあるんですね。

一問一答式でしか問いと向き合えないのは、学校で受け身に授業を受け続けてきた結果としての悪癖だと思います。そうではなく、「解決しない問いを自分の中にどうすれば心地よく迎えられるだろう？」と考えたときに、ワークショップという方法はそういう場になると思ったんですよ。

ただ周りを見ていると、「みんなで考えてください」と押し付ける放任主義か、ワークショップを装ったレクチャー形式ばかりで、ちゃんと人の話を聞くワークショップをつくれる人は少なくて。西村くんのワークショップに参加してみると、「あ、本当に人の話を聞いている人がいる」と思って。ミラツクに興味をもったのはそこかなあ。

僕がコラボレーションしたいのは、人への問いかけができている人だと思う。今の一番の課題は、どうやって子どもたち自身がそういう場を選べるようにするのかということ。すぐには答えが出ないことを「モヤモヤ」として受け入れるネガティブ・ケイパビリティみたいなものを普段からもち、「モヤモヤ」をポジティブに受け取るためには探究の力が必要だと思うんだけど、これまでの学校現場ではすごくやりにくかったんです。

探究活動が新しい学習指導要領の中で位置付けられたのですが、先生方から向けられる質問の多くが「探究テーマのリストをください」「探究テーマを簡単に見つける方法を教えてください」とかで、すぐマニュアルを求めてしまう人が多いのが残念。でもそういうマニュアルがあれば始められる人たちがいるのなら、『問いのデザイン』を書いた意味も少しは出てくるのかと。

西村　なるほど。マニュアルっぽいのに「モヤモヤ」できるから。

塩瀬　そうそう。「モヤモヤ」したものに向き合うきっかけをつくるために、思いっきりマニュアルっぽい本をつくりました。

たとえば、科学コミュニケーションをテーマにするときも、「サイエンスコミュニケーション講座」という講習形式の名前をつけると人が集まってくるし、来て考え始めてしまったがゆえに結果として深く考えるきっかけになった人たちもいる。今は、そういう仕掛けをひとつの手段として、「問うこと」のおもしろさと難しさを知ってもらう機会を広げようとしています。

西村　すごく共感しますね。僕は一度だけマニュアルを書いたことがあります。『ワールド・カフェの世界にようこそ！ ワールド・カフェの準備と手順マニュアル』という20ページのものですが、最終的には「自分で考えてね」という話になっていて、何の手引きもしていないんです（笑）。でも、マニュアルと書いてあると、みんな読んでくれるんですよね。

「データ＝情報」という図式は本当に正しいのか？

西村　今回の企画を考えるにあたって、「未来をつくるとは何なのか？」を棚卸ししてみたんですね。結果として、未来をつくるというのは、「ちょっとめんどくさいと思って横に置いていることをちゃんと考える」ってことだなと思いました。いろんな知識をもっている人と一緒に考えて、それが何になるかはわからなくても応じてみるというか、世界と対話することが大事なんじゃないかという出発点をもってみたんです。

そのためには、いろんな人に出会える場や、自分ひとりで考えなくても良い情報や知識が得られるような環境を自分の周りに整えていくことが大事で。今は、そういう場が少なくなっているのかなと思ったので、再び場をつくることに立ち戻りました。

今日は「時代性」もテーマなのですが、塩瀬さんは今をどんな時代だと受け止めていますか？

塩瀬　今は、視聴覚を奪うデータがたくさんあるんだけど、みんなそのデータを「情報」と安易に呼んでいるがゆえに、たくさん「情報」を受け取っているつもりになっているんじゃないかな。

情報処理をしているつもりなんだけど、実はあまり自分の思考を通過してもいないし、もちろん人生の指針にもなっていない。質の良い情報に出会える時間の余地が、今の生活の中ではすごく少ない。

昔は望むと望まざるとに関わらずインプットそのものが少なかったから、同じインプットを吟味する時間がもっとあったんだと思います。データは集めて、並べて、比較して、吟味して初めて情報になり始める。

西村　その話、すごく聞いてみたい。ビットに質を問えない。ネットのニュースと哲学書は文字数は同じかもしれない、けど中身は違う。どう違うのか。情報の質の違いはどうやったら伝わるんだろう、と。

塩瀬　学校で情報教育について話をする機会があるときに、「コンピュータを使わない情報教育」をやることがあります。「情報の価値は読み方で変わる」という練習で、たとえば「自分がめっちゃ詳しいこと」と「まったく知らないこと」の両方の言葉を検索してもらうと、自分が好きなアイドルや漫画についてなら情報の真偽や信頼性を見分けられるけど、知らないことについては見分けられない。全部の情報に「へえー」って思うわけですよね。

時代が変わっても、世界中の人たちが正しいと思って書くこと、間違って書くこと、悪意をもって書くことの比率そのものはそんなに変わらないはずなんです。情報の質のバランスがもし同じなら、端から端まで鵜呑みにするのは危険で、読み取る側が冷静に受け止められていないということですよね。

ネットが普及する時代より前は、情報発信は限られた人しかできなかったし、新聞、雑誌、スポーツ紙など、情報源と信頼度はセットで受け取ることができました。今は新聞のニュースもツイッターも、スマホ上の同じフォントで同じ分量で読むわけだから、情報源や情報媒体の区別がつかないというのは今の時代のすごく大きな問題だと思います。

もちろん新聞もテレビも報道で間違えることはあるけれど、その程度は掲示板やツイッターの比ではないはずなんですが。

西村　情報を取得する媒体から、質を想定することができない人が増えている。

塩瀬　そうです。使いこなせている人は、「電車が止まっているときはツイッター」「政治的信条重視ならこの新聞を読もう」と、情報ソースやメディアを使い分けていると思う。それができない人にとっては、全部一緒くたなんです。

今の子たちは、情報と情報ソースをセットでインプットできないのがひとつのネックになっていて。会社で「なんでお前はインスタグラムの情報でレポートを書くんだ」と怒られてもピンとこなかったりするわけです。

「正しさ」の箱の中で育つと、「問う力」がどんどん弱くなる

西村 なるほど、そうか。たとえば、心理学を勉強するならまず押さえるべき文献がありますよね。それぞれの文献には参考文献となるものがあり、著者がそのテーマを選ぶ背景がある。最後に出てくる表面の部分の文字だけで考えちゃうのは怖いなと思います。

塩瀬 今は情報が多すぎて表面だけでお腹がいっぱいで、その背景にあるものを見られなくなっている気がします。その情報を成立させている関係性や環境を再現することによって、情報の価値が高まる経験をもっとしてもらえたらいいんだけど、学校はその正反対なんだよね。

西村 学校では情報をどう取り扱っているんですか？

塩瀬 学校では、教科書に載っていることはすべて、その時点で正解とされていることだという前提で入るから。情報の受け取り方が、純粋培養された無菌室みたいな状態になっているんですよね。

大学の教科書になると、先生自身が考えたことを自分で書いていて、「最近、ちょっと違うんですけどね」とか言いながら講義します。あれがすごく大事だと思う。

高校までの教科書は、先生たちが自分で考えたわけでもなく、書いたものでもない、文部科学省や教育委員会が選んだ、自分で責任を取るわけではないものとして存在しているから、「正しい内容である」という絶対的な前提になってしまう。そういう意味では自作のプリントを配るって良いことなんじゃないか

な。

そうでもしないと、子どもたちは朝の8時半から夕方の4時まで、さらにそこから塾に行って夜の8時や10時まで、一日中「正しい答え」が出る箱の中で生活してしまう。そんな無菌室状態から、やばい菌だらけの世の中に出てくるわけですよね。だから有象無象、玉石混交の情報の海に対する態度が弱くなってしまうのは仕方のないことなんだと思います。

西村 なるほど。今は子どもたち世代の話ですけど、いずれ教える側の世代も無菌室状態で育った人たちになっていきますよね。再生産が始まってどんどん問う力が弱くなっていくと、たまらないなと思います。

塩瀬 「みんながネットで言っているから、それが正しいと思って当然だよね」という先生が再生産されていくと、子どもたちは疑う機会がなくなってしまう。上の世代の先生たちはおかしいと思っているけど、若い世代が使っているデバイスがよくわからないから、しゃべるのをやめてしまう。その断絶が埋まらないと異なる世代間で話せないままになってしまいます。

さらに、ここ10年ぐらいでその関係性をつなぐはずのコミュニケーションツールが代替わりを繰り返してしまったことも大きいと思います。LINE・メール・電話などと、世代ごとの主要なコミュニケーションチャネルが異なって、同じ層の人としか話せなくなっていますよね。その断絶が世代間ギャップを助長しているのが大きな問題だと思っています。

情報を味わおうとする態度が
良い情報の受け取り方に変わる

西村　最後にもうひとつ。情報生産力が高い時代では、情報を横展開して取得していくだけで1年が終わってしまって、意図的に時間を取らないと縦に掘っていくことができない。これから情報との向き合い方が横に展開するだけで終わってしまうのかどうか、分かれ道になってくるだろうと思っていて。この先、情報との向き合い方はどうなっていくと思いますか？

塩瀬　そういう意味でいうと、今、博物館の展示では、情報とその情報が生まれた時代背景をセットで見てもらうように意識しています。情報を一面だけで捉えなくて済むのが、僕は成果だと思っているので。必ず二側面以上で見てもらうようにすればなんとかなると楽観しています。

たとえば、２０１８年に「福井謙一博士生誕百年記念展示」を企画させてもらったとき、１９３０年の元素周期表を展示させてもらいました。今から90年も前の元素周期表には、小数点第一位までしかわかっていない元素はその桁から「?」がついていたりするんです。予想されたのと異なる元素が見つかったところにはチョークで修正書きもありました。福井先生が学生として京大に入学した頃の社会では「化学はこんな状態だったんだよ」と見てもらうためです。

なぜ、これを展示したかというと、元素周期表も不完全でコンピュータもまだない時代に分厚い計算用紙の束に手計算をして、しかも成果を出してノーベル賞を受賞したとわかって初めて、そのすごさが理解されると思ったからです。理解するための背景や環境を用意してタイムスリップするように当時と目線を揃える技術があると、いろんなもののすごさがちゃんと体感できるっていうのかな。「すごい！」と思うと尊敬するし、ちゃんと聞こうとすると思うんです。

みんなが情報をまじめに読み取ろうとしない理由のひとつは、尊敬がないからだと思います。「これは貴重なカカオのチョコレートですよ」と言われたら、味わって食べようとしますよね？　同じように、その情報を味わおうとする態度が、良い情報の受け取り方に変わると思います。それができたら、生きることがめっちゃ楽しくなると思う。何でもおもしろがれる力って最強の学びの力だと思いますね。これさえあればただの石ころからでも学ぶことができる。

思考のための言葉、思考のためのコミュニケーション

西村　せっかくこんなに楽しい世界なのに、つまんないと思っているともったいないですよね。自分の娘と接していると、子どもの時代って難しさはあまり問題にならなくて、楽しさの方が重要だなと思うんです。たとえ難しいものであっても、ちゃんと楽しく提示してあげればついてこられるのに、今は簡単なものを楽しくない状態で渡しているからつまんない。

塩瀬　難しいものを渡すときに、やさしくしないといけないと思うから、大事なおもしろい部分まで取り除いてしまうんですよね。伝達の効率に注目するがゆえに、言葉にしやすいもの、伝えやすいものに安住してしまって。「大事なことを伝える」という目的と「伝えやすくする」という手段が入れ替わってしまうというか。

僕は、自分の中に何種類かの言葉がある気がします。思考のための言葉とコミュニケーションのための言葉、さらにわかりやすくしたいときには、目が見えない人たちと言葉による美術鑑賞をしたときの経験をもとにした「見えない前提の言葉」を使っています。

西村　「思考のための言葉」と「コミュニケーションのための言葉」という分け方は、文語と口語みたいでいいですね。

塩瀬　僕が一番何かを発想できるのは、誰かと話しているまさにそのときなんです。今も、西村くんに聞かれなかったら話さないだろうことを話しているし。誰かと話した分だけ、自分がどんどん変化していくようなイメージがあります。それぞれの相手に合う伝え方を考えたり、工夫したりすることは結果として自分の成長機会をつくることにもなっているし。ただただ、それを楽しんでいるだけのような気もする。

西村　普段の生活ではコミュニケーションのための言葉にしか出会わないけれど、思考のための言葉というものがある。「それってどんな言葉だろう？」と問うことから、また考え始めることもあるかもしれない。思考のための言葉やコミュニケーションがあるという話ができたことは、すごくよかったなと思います。ありがとうございました。

2つの世界の合間にあるグレーゾーンに立ち続ける勇気をもとう。

井上有紀

井上有紀｜いのうえ・ゆき｜一般社団法人イノラボ・インターナショナル 共同代表。慶應義塾大学大学院卒業後、ソーシャルイノベーションのスケールアウト（拡散）をテーマとして、コンサルティングやリサーチに従事。スタンフォード大学（Center on Philanthropy and Civil Society）、クレアモント大学院大学ピーター・ドラッカー・スクール・オブ・マネジメント 客員研究員（Visiting Practitioner）を経て、現職。身体からの情報を含めたホリスティックなアプローチによるリーダーシップ教育に携わる。ソーシャル・プレゼンシング・シアター（SPT） シニアティーチャー。NPO法人ミラック 理事。一般社団法人ソーシャル・インベストメント・パートナーズ 理事。『スタンフォード・ソーシャルイノベーション・レビュー 日本版』（SSIR Japan）共同発起人。

今、この身体で感じていることは、社会変革につなげられるだろうか。

西村 まずは有紀さんが「何をしている人か」を、ざっくりと話してもらえますか?

井上 大学院では「ソーシャルイノベーションのスケールアウト」をテーマに研究をしていました。型破りな方法で社会を変革しようとする人たちが、そのイノベーションをいろんな地域で展開・拡散することに興味をもっていました。卒業後も引き続き同じテーマでリサーチをしたり、社会起業家の人たちと一緒に事業展開を考えたりする仕事をしてきました。

2012~2014年までは、米・カリフォルニア州で暮らしながら、いろんな先駆者からトレーニングを受けて、人の意識変容と社会変容の関係について探求していました。

帰国してからは、社会変革に取り組むソーシャルリーダーの人たちとともに、自分自身や組織、取り組む社会課題について、いつもと違う角度から捉えたり体感したりするワークショップをファシリテートする仕事をしてきました。この1年ほどは、スタンフォード大学が出版している雑誌『スタンフォード・ソーシャルイノベーション・レビュー(SSIR)』の日本版立ち上げをしています。

杉本 カリフォルニアではどんなトレーニングを受けていたのか、なぜそれらを学ぼうと思ったのかを聞かせていただけますか?

井上 「ソーシャルイノベーション」がテーマの仕事に就いたことには納得していたんですけど、このテーマに対する自分の使い方というか、働き方がずっとしっくりこなくて。客観的に分析したり、外側からの知識や思考だけを頼りにしたりすることが、自分の中で無理をきたしていました。身体の感覚や気持ちが置き去りになったまま、頭だけで仕事をしているのはどうも気持ちが悪くて、数年モヤモヤしていたんです。でも、どうしたらいいかわからなかった。

そんなときに、（西村）勇哉が「Authentic Leadership in Action（ALiA）」というカンファレンスに誘ってくれたんだよね。震災の直後でした。そこで、私は師のひとりとなるアラワナ・ハヤシさんに出会いました。彼女は「U理論」を身体的に経験する方法である「ソーシャル・プレゼンシング・シアター（SPT）」を、MITのオットー・シャーマーさんとともに開発した人です。2011年当時、今のSPTのプログラムに落ち着く前の実験をしていた時期にセッションに参加させてもらいました。そのとき、「私が今この身体で感じていることは社会変革とつなげられるし、アートや表現は、社会が変わることに生かせるんだ」と感じて、「これは私がやりたいことだ」と思いました。

その後、2012年からカリフォルニアに住んでいる間、「これだ」と思えることを学んでいきました。まず、アラワナ・ハヤシさんからSPTのファシリテーションのトレーニングを受けました。SPTの学びはもちろんですが、彼女からは本来的な人間がもつ「善さ」を信じながら、自分自身の毎日のあり方をプラクティスし続けることを学びました。

カール・ロジャースさん（アメリカの臨床心理学者。人は自分自身を受容したときに変化し、成長すると考えて、来談者を中心に置いて話を聞く「Person Centered Approach」を実践し、その後のカウンセリングのあり方を大きく変えた）の娘、ナタリー・ロジャースさんのもとでは、2年間「Person Centered Expressive Arts for Social Change」のファシリテーショントレーニングを受けました。彼女からは、「私たち一人ひとりの中にすでにある答え」を後押しするために、「アート表現を通じて自分と他者を知り、社会を変えるんだ」ということを学びました。
そして、マインドフルネス研究やセルフマネジメントの第一人者であるジェレミー・ハンターさんに出会って、ロサンゼルス郊外にあるピーター・F・ドラッカー大学院での授業を1年間受けたり、彼の授業の中で他での学びを実験させてもらったりしていました。私を知り、受け入れ、私が変わることが、社会が変容するための方法になる。自分自身を実験台にして、たくさんの出会いと学びから、そのことを探求できたカリフォルニアでの時間でした。

ソーシャルイノベーションのスケールアウトは マインドセット・シフトとともに起きる

西村　有紀さんが「ソーシャルイノベーションのスケールアウト」というテーマをもった後に、社会変革に取り組む人たちへのアプローチ方法が変遷していきますよね。どういう視点で、新しい方法を見つけていったんだろう？

井上　カリフォルニアで心理学的なアプローチに足を踏み入れていったのは、ソーシャルイノベーションのスケールアウトは、結局はマインドセット・シフトによって起きる、ということに気づいたことがひとつのきっかけでした。マインドセットとは、ものの見方や考え方のことですね。
たとえば、ホームレス状態にある人の自立を促す事業があるとします。相手を「ホームレスだ」と思って見るのか、それとも「今はホームレスの状態にあるけれど、これから自立していく人だ」と捉えるのか。目に見える事業の形をいくらコピーしても、マインドセットが違えばまったく異なるものになってしまう。

スケールしてインパクト（成果）を広げるためのポイントは、新しいものの見方や価値観が伝播する、つまり既存のそれが転換されることだなと思いました。オセロの石が黒から白にパタパタパタっと変わっていくように。それで、人がもつものの見方や考え方はどうやってできていて、それがどう変わるのか、知りたくなりました。

マインドセット・シフトが起こりやすくするためには、まずは「今自分はどんなマインドをもっているのか」に気づくことが必要です。過去の経験の蓄積からできてきた、普段はあまり意識していないマインドセットや行動パターンを認知して、自分が望む結果につながっていないとわかれば、新しい選択肢の存在に気づき行動を変えていくことができる。これは結構エネルギーを要することなんだけど、社会変革に関わる起業家も、事業に関わるスタッフも、ホームレスの状態にある人にも何かしらの方法で必要だと思います。

ソーシャルイノベーションを展開しようとするときには、こういう無意識下で起きていることがたくさんあるので、それをできるだけ意識してみると、実は変化の速度が上がるんじゃないかと思うんです。

西村　僕のバックグラウンドは心理学だけど、扱っていたのはどちらかというと顕在意識。認知構造の研究だったので、盲点みたいなところにはあまり踏み込みませんでした。特に、意識の変容というところには少し遠い存在でもあったんですが、ユング派の心理学者アーノルド・ミンデルのプロセスワーク（プロセス志向心理学）に出会ったとき、むちゃくちゃ踏み込む人たちがいるんだと思って。

でも、実際に受けてみると、コントロールされている感じもない。常に自分の選択が残されているのを感じました。変容していくと、気づかなかった視点がいつの間にか「自分の中に普通にある」みたいになるし、だんだん自分自身と自分の身に起きることを客観的に眺められるようになるのがすごくおもしろかったんですね。

よくカウンセリングは、「病気を治すもの」「間違えた道を正すもの」と捉えられていて、精神医療のカテゴリに入れられています。でも本来は、何か困っている人が自分自身の力を使って変容して自立するプロセスだから、何かを変えたいときにそのまま使うこともできると思っていて。

そこで聞いてみたいのが、カウンセリングとソーシャルイノベーションという2つの領域のブリッジングが、有紀さんの中でなぜすんなりと起きたのかということです。アラワナさんやロジャーズさんの考え方の何がしっくりきたんですか？


井上　何がしっくりきたんだろう？　確かに私はカウンセラーではないし、心理学の専門家でもない。医療的に「病気」と診断される人以外も、カウンセリング的な手法にアクセスしやすくしたいと思ったんですね。

しっくりきたのは、私自身もそれが必要だったからだと思います。「トラウマ」というと、大きな事故や虐待の経験とか割と大きなことだと捉えていたけれど、全然そんなことはないんですよね。「子どもの頃、誰かに言われた一言がずっと引っかかっている」みたいなことも含めてトラウマだし、私にも向き合った方がいいことがあったんだと思う。

たとえば、社会起業家の中には、事業に対する「高い評価」と「期待」がしがらみになって、「自分の中のステージは変わっているのに抜け出せない」という人がいます。そこには意外と、その人自身の無意識のパターンが関係していることがある。

もし、トラウマや向き合うべきものが解消されれば、トランジション（移行）が進んで、自分に対して「次に進んでいいんだよ」とパーミッションを出せるようになると思います。組織もリーダーの変化に伴って進化したり、次のステージに進むきっかけが得られたりすることも多いですし。

昔であれば、大人になるための割礼や成人儀式のような通過儀礼があったけれど、今は大人になった後も、自分でトランジションのプロセスを意識してつくらないといけない。これは起業家に限った話ではなく、みんなに必要なことだと思うんだけど、その方法があまり知られていないんじゃないかな。

かつての通過儀礼に代わり得るトランジションの受け入れ方とは？

西村　通過儀礼の話はすごくおもしろいなと思います。子どもが生まれると「お食い初め」や「七五三」をするけれど、それは儀礼というよりはイベント化してしまっていて。そこには、トランジションを受け入れるという意味はもうあまりないですよね。

でも、人生にはトランジションのタイミングはどんどんやってきます。起業家であれば、事業的なトランジションの機会もどんどんきます。本来はそれを迎えて受け入れる知恵があったはずなんだけど、なくなってしまっているから、違うかたちで取り戻すということなのかなと思います。

一方で、儀礼があればいいのかというとそうではなくて。もともとの通過儀礼は民族や土地固有のものだったけれど、今は民族や国を超えてチームを組んでコラボレーションしています。改めて、新しい儀礼を模索するうえでは、昔の儀礼をもとにつくっているのかなと思います。

僕は、「世界に対する予防線」みたいなところがソーシャルイノベーションの本質だと思っていて。自分が苦手だなと思う「針のむしろ」を見つけたら、通過儀礼的に捉えて積極的に飛び込むようにしています。放っておくと、弱い部分は選択肢が狭まる瞬間に噴出して危機になってしまう。だったら、先にゆっくりやっておけばいいんですね。

井上　「針のむしろ」、確かにそうだな。アメリカから帰国してほどなく、不妊治療を経て非常にリスクの高い出産をして、無事に子どもが生まれた5日後に、今度は父が倒れたんですね。産後すぐに育児と介護、さらに父が創業した150人の従業員がいる会社の事業承継がまとめて発生しました。自分の仕事は1〜2割に抑えながら、その3つをジャグリングする生活を送ることになったんです。

あれは「針のむしろ」だったなと思います。「この事態を一刻も早く収束したい」と願いながら、実際には3年半くらいかかったんですけど。そこから他では得られない学びをものすごくたくさんもらって……。「針のむしろ」があったら飛び込むのは、人生において本当に大事だなと思いました。

西村　「針のむしろ」の話を社会起業家のトランジションの話につないでみようと思います。トランジションに向けたマインドセット・シフトを起こす儀礼的なものってどう用意できるんだろう。みんなは「針のむしろ」よりは楽園が好きだし、事業が安定するとそれこそ楽園化してくるし。どうすれば「針のむしろ」に誘い込めるだろう?

井上　「ここに針のむしろがあるよ」って教えて飛び込んでくる人は、そもそも自分でやれると思うんです。そうじゃない人は、やっぱり飛び込むのが怖いと思うから、「大丈夫だよ」って言ってあげるのが一番良いのかなと思う。

実は、少し前から「イノベーション」という言葉の使い方がしっくりこない場面が多くあります。変わっていくことをちょっと後ろから支えることはできるけれど、川の流れを変えるみたいなことはできないと思うんです。人の変容を支えるにしても、「変えてやるぞ」と思って押すと抵抗感が強まって、逆に変わることを阻んでしまう。むしろ「大丈夫だよ」と支えたり包んであげたりする方が結果的に変わっていく速度は速いと思います。

自分の内面も「変えよう」とすると変わらなくて、今何かを感じている自分をありのままストンと受け入れられたときに、やっと力が抜ける。交感神経だけじゃなくて、副交感神経もちゃんと作用し始めた後、変わるための余白やエネルギーが湧いてくるんじゃないかと思います。

腑に落ちないときは身体が動かなくなる

西村　今聞いていて、チョギャム・トゥルンパさんというチベット僧侶が書いた『チベットに生まれて或る活仏の苦難の半生』という本を思い出しました。転生した高僧・化身ラマとして認定されて、幼い頃から僧院で暮らしていたのですが、中国共産党の侵略を受けてヒマラヤ山脈を越えてインドに逃げていくんです。

逃げるときの考え方がすごくおもしろくて、「中国軍が来たぞ、やばい」ってなると、「じゃあ瞑想しよう」って10日間ぐらい瞑想するんですよ。その結果、「あっちに行こう」と結論が出てまた逃げる。また徐々に迫ってくるのだけど、「そろそろやばい」というときに、洞窟を探してまた1週間とか瞑想して、「あっちに行こう」と結論が出たらまた逃げる。

その考え方は、現代人と感覚が全然違いますよね。「やばい」と思ったら一刻も早く逃げるし、そのときには「選択の余地なんてない」というのが今の考え方ですよね。でも、トゥルンパさんたちは、考えたり話し合ったりするのでもなく瞑想する。しかも、危機が迫るなかで1週間も。実際には、それができなくて早急に動いた人たちから捕まってしまうんです。

危機に陥っているからこそ、長時間かけて瞑想すると生まれるみたいな、直線的にAとBをつなぐのではなく、Aの後に「あいうえお」ぐらいを入れるとBが出るみたいな、そういうことが大事なんだなと思いました。


井上　聞いていて思い出したのは、2年ほど前に『学習する組織 システム思考で未来を創造する』などの著者であるピーター・センゲさんたちに誘われて、コロラド州・デンバー郊外にあるネイティブアメリカンの聖地、クレストンという町に行ったときのことです。自然の中でのリーダーシップ育成で知られるジョン・ミルトンさんと一緒にキャンプをしに、10人ぐらいのメンバーで行ってきました。

ここには、いろんな学者や経営者、起業家が時折こもりにくる森があって、「U理論」もこの森で生まれたんだそうです。プログラムの中では2泊3日、ひとり用テントで、ほぼファスティング（断食）状態で各自がソロキャンプをするんです。そのようにスペースをもって過ごすからこそ、大切なものが生まれてくる場所として使われているんですよね。

もうひとつ思い出したのは、以前ある人に「有紀は木が呼吸するくらいゆっくり考えて動いているけど、それでいいよ」って言われたことです。ゆっくりだけど動いていないわけじゃない。「結果として、結構動いているからそれでいいよ」って言われて、なるほどと思いました。

西村　「木が呼吸するくらいゆっくり」っていいですね。

杉本　有紀さんの「ゆっくり」ってどんな感じですか?

井上　「決めなければいけないこと」はすぐそこに迫っていて、A案とB案とC案みたいな感じで選択肢もはっきりとあり、大体「B案だな」とわかりつつも、腑に落ちないと寝かせておく感じです。私、違和感があってしっくりこないと身体が固まっちゃうんですね。意識的に寝かせておくこともあるけれど、腑に落ちないときは本当に身体が止まってしまう。

数か月とか、長いと1年くらい寝かしておくこともあって、ふと「大丈夫、いける」と思ったときに動かす。結果として、それは自分だけでなく周りにとって一番良いタイミングになることが結構あります。こういうときは、体から力を抜きすぎるくらいに抜いていると思います。

止まっても停滞しないのは問い続けているから

西村　その「止まってしまう」ときは、完全に止まって停滞しているわけではなくて、「回転している水」みたいな状態で寝かせるから何かが生まれる気がします。その「水」を動かし続けるのは大きな方向性、あるいは問いというものだと思っていて。身体が止まってしまうとき、有紀さんは何を問うているのか聞いてみたい。

井上　「止まっているだけでは停滞する」というのはまさにそうだなと思う。「なんかわかんないけどいやだ」と思って身体は止まるわけだけど、何が前に進むのを阻んでいるのかを問う力は大事だなと思っています。阻んでいるものに気づくことと、方向性を見つけることはつながっている。たぶん、自分の中に方向性があるのに、現状とのズレがあるから身体が止まるんですよね。
自分が向かっている方向性、「意図（intention）」を自分の中ではっきりさせて、阻んでいるものをその方向に向けるにはどんな行動が必要なのかをまた問う。それを繰り返していると、回転しながら次に行ける感覚はあります。

西村　この10～15年をかけて有紀さんが見てきた方向性、「意図」はどういうものなんだろう？

井上　なんでしょうね。考えながら話してみますね。たとえば、新型コロナウイルスの感染拡大が始まって、「ニューノーマル（新しい生活様式）」って言われ始めたとき、いろんなリサーチャーが「ニューノーマルはこれだ」と言い切っているのがしっくりこないなと感じていました。
「世の中のニューノーマルとは？」と自分の外側を見ても答えがわからないし、身体も喜んでいない。それを「自分にとってのニューノーマルとして、何がしたいのか？」という問いに変えると少し力が湧いてくる。さらに、もう一歩踏み込んで「ノーマルを設定してしまうと、時代も世の中も変化するなかで『ニュー』は『オールド』になる」と考えると、「設定しない」という選択肢が出てきます。
未来を予測したり思い描いたりすることは、目指すゴールを決めることじゃない。もう少しふんわりした「祈り」に近いものなんじゃないかな。未来に向かう走り方も、今の状態を無視しながら走るとバーンアウトしてしまったり、違う方向に行ってしまったりすると思います。今の私の身体の状態や感じていること、大事にしたいこと、心地よさと未来との掛け算をどうつくっていくかが重要だなと思っています。

西村　さっきのニューノーマルの話で僕が共感したのは、一所懸命キャッチアップしようとすると「あれもこれもやっておかなくちゃ」みたいな話になることです。未来って、前の時代から次の時代へと流れてくるもので、キャッチアップするものではないと思うんです。むしろ、「ところで、自分はどうしたいの?」が問われるべきなんだろうなと思って。

社会起業家の話に紐付けると、社会課題みたいなものとの向き合い方にも似ているなと思うんです。「ところでどうしたいの?」みたいな問いがあると、ステージを変えながら次に動いていける。でも、そこを見失ってしまうとしがらみで動けなくなったり、バーンアウトしてしまったりするのかなと思いました。

井上 社会課題の解決のために事業を起こすとき、社会のマイナスの状態をゼロにしようと必死で取り組もうとするけれど、「その先にどんなものをつくりたいのか?」というイメージが必要ですよね。それがないとゼロになったところで終わってしまうし、むしろゼロ地点にたどり着くのも難しくなる気がします。「ところでどうしたいの?」「さあ、今どうする?」というときに、私の場合は頭で考えても限られたことしか出てこないので、もうちょっと感覚に頼っていて。たとえば雑誌などから直感的に写真をとってきて、コラージュをつくってみたり。「今、私は何を欲しているのか。大事にしようとしているのか」「この先、何をつくりたいのか」を五感で捉えた後で言葉にしてみる、ということをよくしているなと思います。

西村 中間言語みたいな感じですね。言葉にする前に表現してみて、ワンクッション入れるわけですね。

井上 そうそう。簡単には言葉に落ちないけど、なんとなくあるものを形にして可視化してみると、後付けで「言葉にするとこうだな」と言えるようになってくる。それが出てきやすい方法として、私はコラージュをつくったりすることが多いです。

自分が変わり、他者との関係性が変わり、社会が変わる

西村　なるほど。「今」の話をしてみたいのですが、有紀さんは「今」、何をしようとしているんですか？

井上　そこをバシッと言えたらいいんですけど、今はまだ模索中なんですよ。事業を動かしているお金や人のように実体があるものと、目に見えない内面の変容の部分を組み合わせる錬金術がほしいんですけど。どんな風に組み合わせると、私はこれからの社会がより良くなるために貢献できるのか。ここ数か月は模索している感じですね。

そんな中で、『スタンフォード・ソーシャルイノベーション・レビュー（ＳＳＩＲ）』日本版の立ち上げについては、自らの手で未来をつくろうと日々コミットしている人たちが集うメディアにしていきたいと思っています。

西村　僕は心理学を研究していたとき、心は身体の中にあると思っていたんです。身体に刺激を与えたり質問を投げかけたりすると、心の部分を通過して反応が返ってくるという感覚だったんです。でも、最近は「外側にある心の中に自分の身体がいる」という感覚があります。

心って身体に閉じ込められていて、たとえば心臓や脳ぐらいに小さいイメージがありますよね。そうではなくて、外側に大きく広がっている心を受け取って、脳や身体が反応したり動いたりしているんじゃな

いかと思うんです。すごく大きいからこそ、心をちゃんと感じて、言葉にしたり行動を起こしたりするのに時間がかかる……と思うようになってきたんです。

先日、写真家のエバレット・ブラウンさんにお会いしたときに、「僕は、首の後ろぐらいで考えるんだよ」と言ったらとても共感してくれました。どうも集中するとき、この首の後ろのちょっと上あたりで何かを感じようとしているなと思って。身体の前側は目があるから「見える」けれど、後ろ側にあるものは「見えない」。だけど、なんとか後ろ側から感じようとしている感覚です。

井上　なるほど、すごくわかるな。SPTでも、身体を動かした後に「背中側に意識を向けてみてください」と伝えます。やっぱりどうしても、目で見えている身体の前側を強く意識してしまいますよね。特に今みたいに、オンラインで話していると上半身の前側だけを感じます。

360度の自分を感じる意識で生きていると、すごくつながっている感じがするんです。特にリモートワークが増えたので、1日に一度は意識するようにしています。

杉本　「つながっている」というのは、何とつながっているんですか？　自分自身でしょうか。

井上　自分の中で最もありたい状態の自分につながれる感じです。パソコンに向き合って、文字通り「目の前」の状況に集中して、それは必要なことだけれど、体の前側ばかりに意識が向いて視野が狭くなっているとも言える。

360度、まずは特に背中側、首の後ろに注意を向けると、椅子に座っている自分をさっきまでと違う角度から眺めている感じになり、重心が自分の中に戻ってくる。自分につながり直すと同時に、視野も広がって選択肢や可能性が増えたり、自分と周囲、世界がつながっているシームレスな感覚が取り戻しやすい。「私が何をするか」という前に向かう力と、「日々を生きている」という「今、ここ」の感覚が同居してくる。

瞑想をして「今幸せだな」と思う感覚は大事だけど、それだけでは社会は変わらない。かといって、「意図」をもつことには多少のエゴが含まれる。ソーシャルイノベーションを考えたとき、ひとつのやり方ですべての人にとって完全に良いものをつくることはできなくて、何かを新たにつくり出せば必ず別な弊害は起きたりする。

私たちができるのは、だからといって止まるのでなく、行動を起こし感じてみて、少しずつ均衡点をズラすこと。未来と今をつないで、最終的には「自分をちゃんと生きることしかないな」と思ったりするんです。都度、全身で考え切って腹落ちして、信じて動く。

杉本　最初のお話につながってくる感じがします。自分が変容することと社会が変容することもつながっているという感覚でしょうか。

井上　「私が変わる」「私に向き合う」というのはひとりよがりの話じゃない。私というものを起点にすることでしか、他者や社会と関わることはできないと思います。自分が変わると、他者との関係性が変わり、さらに社会が変わると考えると、今この私の身体が感じていることは、何かが変わる起点やきっかけになるのかなと思います。

2つの大きな流れの合間を縫って生きていく勇気をもち続けるには？

西村　最後に、「時代にとって大切な問いを問う」についてお話を伺いたいです。対象は誰でもいいんですけど、「今の時代に、こういうことを考えてみたらいいんじゃないか」と有紀さんが思っていることを聞いてみたいです。

井上　何ですかね。「こう考えてみたらいいんじゃない？」っていうのは言えないかな。自分を主語にして、「私がどう感じているか」なら話せると思います。

西村　じゃあ、次の時代に向けて有紀さん自身が「こういうことを考えてみたらいいかも」と思っていることにしましょうか。

井上　良い問いだなあ。まとまっていないんだけど、日々を生きているなかで、「2つの大きな流れの合間を生きているな」と思うんですよね。ひとつは、ヒーローモデルで短期的にアウトプットを求められ、交感神経優位で競争に勝つことを重視する世界の流れ。その対極には、副交感神経優位でていねいに今を生きているなかで、長期で見たときに大事なことは何かを問いながら、集合的にそれぞれが役割を果たして社会が変わっていくような世界の流れがある。

どちらかというと、これまでは前者の方が強い力をもってきたから引っ張られるんだけど、これから大事にしたいのは後者の世界だなと思います。かといって「出家して瞑想して、自分の畑を耕してごはんを食べて終わり」でもないなと思う。何かを変えたいという気持ちやエゴもあっていいと思うんです。

白黒をはっきりつけずに、グレーゾーンに居続けるのは結構勇気がいるし、脳にもすごく負荷がかかってしんどいんです。それでも、答えがわからないなかで、2つの流れの合間を縫っていく勇気は必要だと思います。「その勇気をもち続けるために、私や私たちが力を得る方法は何だろう?」という問いが浮かんでいます。

西村　2つの流れを併せもつことが大事なんだろうと思います。そのやり方はまだわからないけど、何かあるはずだから探してみようとしている。

井上　何か答えが見つかったところで、それもまたもう少し進むと変わってしまうものでもあると思います。普遍的に使えるものもあるかもしれないけど、日々やってみるしかないみたいなところがある。

西村　「あるはずだからやってみよう」というのが、人間の原動力のひとつだと思います。わかったことをやるのはそんなに難しくない。繰り返し正解にたどり着くことなら、季節ごとに咲く花も、小さなアリも、自然界に生きるものはすべてやっていることだと思うんだけど。「何か他にあるんじゃない?」と思ってしまったのが人間なんじゃないかと。今も、あるかどうかわからないものを探す長い旅をしていて、「もう少しで見つかるかも?」という希望で、それぞれが100年ずつがんばるみたいなところで、未来につないでいるんだなと思います。

井上　この前、息子と一緒に興味開発・探求型のオンラインスクール「探求学舎」で「生物進化編」というプログラムを受けたんです。先カンブリア紀以降の生物の進化や絶滅を勉強するめちゃくちゃ楽しい会だったのですが、「時代を勝ち抜いた強者は逆に絶滅してしまう」という学びがあって。弱者ほど次の戦略を考えるから、結果として進化して生き延びているんですよね。

人間もまた、これまでの強者と同じように絶滅するかもしれないけれど、たとえば今コロナで苦しいことには、謙虚に次の生き方を考えて進化するという意味があるかもしれない。

あと、自分の人生だけで何かをやり切るのは難しいので、子どもの世代を含めて考えると、今私たちにできるのは社会に選択肢の多い状態をつくっていくこと。そこに私も貢献したいなと思っています。

西村　どれが答えかわからないからこそ、選択肢を残していこうということですね。

井上　うん。わからないし、選択肢があれば次の時代の人が選び取っていくことができる。また、多くの選択肢を見ることによって、新しい選択肢をつくる可能性も見えてくると思う。私たちが思いもしないものを、次につくってもらうところには貢献したいなと思います。

西村　正解を求めつつ、同時に選択肢を増やすこともやっていくと、次の時代の人に使ってもらえる。そして、またつながっていくということなのかなと思って聞いていました。ありがとうございました。

人間は「生きもの」だということを忘れないようにした方がいい。

坂倉杏介

居場所の意味

坂倉杏介｜さかくら・きょうすけ｜東京都市大学都市生活学部 准教授/三田の家LLP 代表。1972年生まれ。1996年、慶應義塾大学文学部哲学科美学美術史学専攻卒業。1996~2001年、凸版印刷株式会社に勤務。2003年9月、慶應義塾大学大学院政策・メディア研究科修了。慶應義塾大学デジタルメディア・コンテンツ統合研究機構専任講師などを経て、2015年4月より現職。専門はコミュニティマネジメント。多様な主体の相互作用によってつながりと活動が生まれる「協働プラットフォーム」という視点から、地域コミュニティの形成過程やワークショップの体験デザインを実践的に研究。「芝の家」や「ご近所イノベーション学校」の運営を通じて港区の地域づくりを進める他、さまざまな地域や組織のコミュニティ事業に携わる。

「予期せぬもの」は、いつどこで生まれるんだろう？

西村　実は坂倉先生が今のテーマに至る経緯をよく知らないので、今日は改めて聞いてみたいと思います。大学に入られたときには何が専門だったんですか？

坂倉　学部時代は、文学部哲学科の美学美術史学専攻で、専門は美術史でした。

西村　そうなんだ!? 今は、地域やコミュニティマネジメントの専門家というイメージですが、なぜ当時は美術史に興味をもたれていたんでしょう？

坂倉　なんでだったんだろう。高校生のとき、美術作品の優劣や価値のあるなしってよくわからないなと思っていたんです。

でも、人類は美術を大切にしているし、私も嫌いではない。美術を評価する考え方みたいなことに興味があって美術史を選んだんです。でも、大学に入ってみると、昼間から「ルネサンスの彫刻はすばらしいですね」みたいな呑気なことを言っていていいんだろうかと疑問に思うところもあって。

人間は、動物にはない創造性や感性、精神性みたいなものをもっています。それが宿る作家性と、社会や経済的な事情との間に生まれてくるデザインの方が、ファインアート（純粋美術）よりおもしろいと思って興味を惹かれていったんです。結局、学部の卒論では１９８０年代にミラノを中心に多国籍のデザイナーが参加した「メンフィス（Memphis）」というデザイン運動をテーマに書きました。

メンフィスは、１９７０年代以前のモダンデザインに反発して「デザインとはそもそも何だろう？」を問い直しながら、ポストモダンの状況の中で新しいデザインをつくろうとしていました。ミッドセンチュリー・モダンって、今ではちょっと古くてかっこいいデザインの定番ですが、メンフィスの頃の問題意識は、どんな国のどんな地域にも当てはまるデザインなんてつまらない、と批判する立場。当時はあまり文献もない新しい動きだったので、ちょっと興味をもったという感じでしたね。

西村　なるほど。大学を卒業してから研究者になるまではどういう流れだったんですか?

坂倉　5年間ほど「凸版印刷」の企画部門で、博物館の企画や大きな展示会をつくるような仕事をしていました。公共事業のために調査をして、基本構想から基本計画をつくり実施設計をする、みたいなルーチンの中に、「これは本当に必要なのか」「これからの時代に何が求められているのか?」みたいな問いはなくて。「今までこういう風につくってきたから、これからもこういう風につくろう」みたいなことで進んでいくんだけども、これで本当に大丈夫なんだろうか、そうではないやり方はないものかと考えていました。

20代の後半は、2つ大きな動きがあって。ひとつは、決まり切った仕事の流れの中で、どこで本当に創造性が発揮されるようなジャンプが起きるのか、流れ作業みたいにいろんなものができていくけれど、「どこで予期せぬものは生まれるんだろう?」ということがすごく気になってきました。大きな会社の中ではごく一部しか携われない企画の仕事ができていたので、20代の普通の会社員としてはとても恵まれていたのですが、より本質的な仕事をしたくて、会社を辞めることを考え始めていました。

もうひとつは、西村佳哲さんに出会って、彼の会社「リビングワールド」の仕事を手伝ってと声をかけられたんです。そろそろ会社を辞めて大学院に戻ろうと思っていたタイミングで、会社員の身分のまま一緒に仕事をさせていただいていたんですね。ちょうど西村さんが『自分の仕事をつくる』を出版されるちょっと前でしたが、「あ、働き方って自由にデザインしていいんだ」と新鮮でした。

企業に就職すると、「仕事を覚える」というのは「仕事の進め方を覚える」みたいなところがありますが、それとは違って、その都度やり方を考えながら進めるのがプロジェクト型の仕事。「働き方が違うから結果も違う」というのを身をもって体験しました。

制度的でも商業的でもない場所を どうしたらまちの中につくれるだろう?

西村　その後に大学院に戻られたんですか?

坂倉　はい。その頃って本当に迷走している感じでした。会社で博物館などをつくる仕事をするなかで、「都市のことをやるには文化的なものを大事にしないといけないんじゃないか?」と考えていて。じゃあ、建築と都市とアートみたいな文脈で自分の専門性をもちたいと、慶應SFC（慶應大学湘南藤沢キャンパス）におられた建築史家の三宅理一先生を紹介してもらって。ちょうど、墨田区の京島や向島などの下町に入ってアートプロジェクトをやっていると聞いて、おもしろいなと思ってお世話になることにしたんです。

ただ入ってみると、まちづくりの中でのアートプロジェクトは、「アートがあればコミュニケーションがうまくいく」みたいに、すごく道具的にアートを扱うところがあって。アートにはアートの、まちづくりにはまちづくりの問題がいろいろあるのに、掛け合わせて「アートで解決」というのはちょっと違うんじゃないかなと思っていました。

そこで、慶應の三田キャンパスの授業も取ってみようと探して見つけたのが、熊倉敬聡先生の「美学特殊C」という講義です。

西村 あの噂の講義を受けていたんですね、なるほど。

坂倉 「美学特殊C」のシラバスが謎で。「この授業にはシラバスはないので、みんなで授業をデザインするところからやってください」みたいなことが書いてあって。「SFCの院生ですけどいいですか?」と、うっかり取っちゃったのが結構大きかったです。

その授業の中で、制度的でも商業的でもない場所「オルタナティブ・スペース」をどうやったら自分たちでつくれるかを考えるグループをつくって、「そもそも教室って何?」「なんで席は全部同じ方向を向いているんだろう?」と考え始めたんですね。何をするかというより、そもそもその前提となる場がどのようにあるかというところに遡っていきました。

2002年当時は、ミシン工場の食堂跡を改造した共同アトリエ「スタジオ食堂」など、アーティスト自身による、画廊でも美術館でもない場所ができ始めていました。

一方で熊倉先生から、京都のアーティスト集団「ダムタイプ」のメンバーだった小山田徹さん(京都市立芸術大学教授)が立ち上げた「アートスケープ」(吉田山)や「ウィークエンド・カフェ」(京都大学YMCA地塩寮・会館)から「バザールカフェ」につながる、90年代の京都の動きを聞いて。「めっちゃかっこいい。東京にはそんなのひとつもない」とすごく憧れました。

自分たちもそういう場づくりをしてみたいと思っていたところ、三宅先生がフランスからアーティストを招いて京島で「アーティスト・イン・空き家2002」をするというので、「俺たちも空き家を借りて住んでいいんじゃないの?」みたいな勢いで、空き家を借りることになったんです。

でも、私もそういうことをやったことがなかったし、仲間は19~20歳の学部生だから、場づくりしようと思っても何の経験も技術もなくて、できる気がしない。いろいろ考えた末、「場づくり」みたいなことはできなくても「住む」ことだったら自分たちにも十分できるんじゃないかと開き直って、とにかく「住む」ことから始めたんです。

ただ、誰にも気づかれずアパートに住んでも仕方ないので、通りに面した元お米屋さんの空き店舗を2か月間だけ4人で借りて住み始める「京島編集室」というプロジェクトをやりました。それが私の場づくりの原点なんですね。

計画ゼロで空き家に住んだらすごく豊かなことが起きていった

坂倉　「京島編集室」を始めるとき、一応はブレストして「こういうことをしよう」という案はつくったのですが、住み始めるときにはいったんすべて手放して。「何のプログラムももたずに2か月間住んで、そこで自然に起きていくことを大事にしよう」というコンセプトで、初日はみんなで寝袋を持っていくところからボロボロの空き店舗に住み始めました。そうしたら本当にいろんな人が来て、アーティストがワークショップをしたり、知らない人がカフェを始めたりと、いろんなことがどんどん起きていったんです。

人間は「何もしないと何も起きない」「何か計画した方がいろんなことが起きるはずだ」とつい思って

しまうけれど、逆なんじゃないかと思いました。もし、始める前に頭の中であらかじめ想像できるようなことを組んでいたら、こんなに豊かなことは起きなかった。むしろ、計画するということは、いろんな創造性の幅を狭めているんじゃないかとさえ思いました。

まちの中にいろんなルールや計画性がゆるんでいる場があれば、もっといろんなことが起きるのではないかと思うと、もうちょっと研究を続けたくなって大学に残り、そのまま働くことになってしまったんです。そこで、三田キャンパスの周りで何かできることはないかと思い、学生、教員、商店街のおっちゃんたちの協力を得て、2006年に始まったのが「三田の家」です。

わざわざキャンパスのすぐ近くにもうひとつの場所をつくることによって、大学の中でも遠く離れた場所でも起きないことが起こりそうだと考えていました。その流れで、2008年には港区芝地区総合支所と慶應義塾大学が協働で運営する「芝の家」をやることになって。「あなたがやっているのはコミュニティです」と言われるようになったのは、その頃からです。

もともと「コミュニティ」というキーワードを自ら使っていたわけではありませんでした。とにかく多様な人がともにいられて、そこから創造的な出会いが起きる場所ってどういう風にできるんだろうという関心からいろいろ手探りしていたのが原点ですね。

西村　ちなみに、「芝の家」までたどり着いたとき、最初に「ウィークエンド・カフェ」などに感じていたものは現れたんですか？

坂倉　「京島編集室」をやったときから現れましたね。世の中にある他のどの場所にもなっていない、ある意味すごく中途半端な状態にある場所だからこそ、本当に多様な人たちがそのまま共存できるし、関わり合える。その人がそのまま伝わってきたり、予期せぬ出会いが起きてくる。きっと「ウィークエンド・カフェ」などにあったワクワク感は、こういう時間の流れ方の味わいに近かったんだろうなと感じました。

普通は設計されてしかるべきところは設計せず、前提とされている枠組みをズラしていく感じですね。たとえば、「三田の家」は「家」と言いながらも住んでいるわけではない。台所やリビングはあるけれど、やっていることは授業だったりしました。すると、普段と同じ授業をしていても随分ズレていくし、教室では絶対に起きないことが起きるんです。

すでにある決まり切った場所では、新しい関係性が生まれる気がしなかった

西村 その後、「芝の家」の取り組みが始まり、勤務する大学も東京都市大学に移られましたが、こうした場づくりへの興味は変わらないんですか？

坂倉 「小さい場所が開かれることで、関係性やものの動き方や方向が変わって、コミュニティの風通しや血行が良くなることをしている」という意味でいうと変わらないですね。

つくる場所のコンテンツや空間は特殊なものではないけれど、つくり手との連携の仕方や外側のデザインの仕立てを変えるだけで、来る人もそこで起きることも変わっていく。それが結果的に、決まり切った暮らしやルーチンの活動、一緒にいる人との関係性にちょっと風穴を開けて、まちのインパクトになるというか。

昔はそんなところまで見えていなくて、可能性が感じられることを試してみる感じでしたが、今は「こ

う いう風に動いていくだろう」という視点をもちながら動いているところが、ちょっと変わったところかもしれません。

杉本　こうした場づくりの経験を積んできたことで、やりたいことのスケール感は大きくなっていくものでしょうか？

坂倉　「京島編集室」は2か月で予算30万円、「芝の家」はもう13年目で年間1000万円以上のお仕事として回っているという意味では、規模感は変わっていると思います。どちらかというと最初の頃は、自分が生きるための必要性から出発していたところがあります。

それこそ、当時は異業種交流会みたいなものが結構あったんだけど、名刺交換をして「すごいですね。一緒に何かやりましょう」みたいなお作法の中で、新しいものが生まれる気がしなかった。そうじゃないものごとの動き方を体感できるという意味で、私自身がユーザーとして「そうそう、こういう場所があってもよかったよね」と思っていたのが15年前くらいでした。

今は、そうした場の社会的な意味にもっと自覚的になっていますし、立場としても、そこに突入していく学生を見守る感じになっています。経験が邪魔をして「きっとこういうことが起きるよね」と予測しちゃうことがあるから、彼らを見ているとすごくうらやましい。

また、こういう場所を欲している人が絶対にいるはずだから、それをそれぞれの現場でちゃんとつくっていきたいという意識になってきていると思います。

「生きもの」としての人間が生きやすい環境に合わせて社会を設計する

西村　今取り組まれていることについて、大学の先生として、大学だからこそできるという部分はありますか？

坂倉　私のやっていることは、個人のプロジェクトよりは大きいけれど、ビジネスモデルをつくって社会を変えようとするほどではありません。個人を超えたところから始まって、会社にする手前ぐらいの部分なんですよね。別の仕事をしながら活動をすることもできるし、そういう個人的公共活動みたいな取り組みが広がるのは大事なことでもあるんだけど、どうせやるなら大学にいる立場でやった方がたぶんインパクトが出るだろうとは感じています。

たとえば、「芝の家」を完全に個人のボランティアとしてやっていても広がりづらいし、逆にコピペして全国展開するような会社をつくってもあまりうまくいきそうにない。それよりは、大学の立場から関わることによって、現場ごとの状況に合わせて、どうやって社会に風穴を開けるかというアクションそのものを研究対象にできるのではないかと思っていて。そもそも最初からずっと大学にいたわけではないので、半分は実践者、半分は研究者の立場で関わりたいと思っているというのもあります。

たとえ小さなことであっても、「それできたじゃん」みたいなことをして、それがなぜできたのか、他と何が違うかみたいなことをちょっとだけ一般化することがすごく大事だなと思っています。まずはやってみせて、「ほらね」みたいに言うのが一番良い。そしてそれを転用可能な知見にしていく。「芝の家」がやっていることを見て「目的がなくても大丈夫なんだ」とか「毎日イベントをしなくても人が来るんだ」

みたいになると、思い込みの壁が崩れることもあると思いますね。

西村　実践する社会学者みたいな感じですね。坂倉先生にとっては、「芝の家をつくっています」というよりは、「芝の家で起きてくることをつくっています」ということになるのでしょうか。

坂倉　まさにそういう感じです。「芝の家」の実態は「芝の家で起きていること」だと思います。「芝の家」でいろいろな人が出会い、予期せぬことが起きていく日々の出来事が「芝の家」という場をつくり出している。まず動きがあって、構造が後からできていくというか、「参加者の相互作用によって創発される場」という言い方をしたりもしますが、空間をつくって利用者に価値を提供していくというのとはちょっと違います。

とはいえ、そういうことが起きる器というか、プラットフォームの部分は誰かが設計しないといけないところがあって、そこは私の研究対象です。こういう風につくると「たまたま道端で意気投合する人に出会う」よりも確率高くいろんなことが起こりやすいという土台。ただ、何が起きるかはつくってみないとわからない。

「いろんなことが起きやすい仕組みはどうやってつくれるんだろう?」ということを考えているという感じです。「社会はこうあるべきだ。こうなると良くなるからこうします」みたいに、目的地と道筋を言い切るのはどうしてもできなくて。やっぱりオープンエンドな方がいいと思います。

西村　できないというより、したくないんだろうなと思って僕は聞いていました。今回のインタビューの本題は「時代にとって大切な問いを問う」というテーマなのですが、今の時代において「もう少しこういうことを考えたらおもしろいんじゃないだろうか」ということってなんでしょうか？

坂倉　急にすごい本題ですね（笑）。パッと思いつくのは、やっぱり人間は「生きもの」だということを忘れないようにした方がいいんじゃないかということです。今の時代は、どんどん生きものとして苦しくなるようなシステムをつくりがちで。

たとえば、教育の現場なんて特にそうですけど、「何歳になったら何年生にならなければいけない」と決まっていますよね。人の成長なんて人それぞれなんだから、いつ中学生になるか高校生になるかなんて、ちょっとずつ違っていていいじゃないかと思います。それってやっぱり、人間を生きものとして扱っていないと思うんです。

社会のシステムに合わせて生きていかないといけないように設計されてしまっているけど、生きものとしては息苦しいですよね。私が15秒後に何をしゃべるかすら自分でもわからない。その都度、生命は生き直しているのだから、その流動性を狭めていくとどんどん苦しくなっていきます。

もうちょっと、「生きものとしての人間」が生きやすい環境として社会を設計する感覚が広がるといいなと思っていますね。

いたいようにいられる場所にいると人のエネルギーは引き出される

西村　この前、生物学者の方と話したときに、もともと海中で誕生して漂っていた生物が「動くこと」から進化が始まるという話がおもしろいなと思ったんです。最初はヒモみたいなものができて動き出し、アゴのようなものができるとそれを維持するためのエネルギーが必要だから、捕食のためにヒレをつくる。また、ヒレを維持するために動きが多くなり、敵から逃げるために目ができて……と、より多くのエネルギーを求めて進化を繰り返していくわけですよね。だけど、いつまでたっても収支はマイナスみたいな状態のままなんて、意味がわからないなと思って。

収支がプラスの状態になるには、がんばってその回転を止めればいいのか、ゆっくりにできればいいのか。どうしたら、その動かざるを得ない部分を超えられるのかなと思うんです。

坂倉　動かしてあげたらいいと思いますし、止めた方がいいという話はあまり想像ができなかったんですけど。むしろ今の社会は、人間の動きたい、生きたいというエネルギーをあまりにも浪費している気がするんですよ。

たとえば、こんなに子育てしにくい社会だけど、やっぱり子どもを産んで育てたいと思う、その生物的な本能に甘えて結構ずさんな社会システムになっていて。いろんなところで制度不良というか、システムの不適合みたいなことがいっぱい起きていると思うんですね。そういう社会システムは、そう長くもたないんじゃないかという気がします。

企業の中でも、人の役に立ちたい、評価されたいという思い、あるいは「仕事がないよりは、忙しくても給料が安くても何かしていたい」という気持ちを搾取して、社会的・地球環境的にはあまり意味がないけど日銭がちょっと稼げるみたいな仕事で人をこき使ったりする。そういうことが起きてしまっているのは、本当にどうかと思います。

先ほどの「生きものとしての人間が生きやすい環境に合わせて」という話にもつながると思うのですが、やっぱり「役に立つかどうか」「社会的に価値があるかどうか」で人間を見すぎている気がして。

「芝の家」などの場所は、他の空間に比べると社会的な基準で評価をされないから、ありのままの自分でいたいようにいられる。そういう場所がその人のエネルギーを引き出すところがあって、会社に行くのがつらいときに、芝の家に寄って息継ぎをしてから会社に戻るという人も結構います。

1日5時間オープンしていますが、いつ誰が来るかわからないし、何が起こるかわからない。大して珍しいことが起こるわけでもないのですが、その日に起きたことはその日にしか起こらなかったと実感できる。その計画性のない、コントロールされない時間、「非構成的な時間」とか言っていますけど、この時間の流れには独特の味わいがあります。生きている感じがするというか。

そういう、相対的にいろんな力が一瞬弱まっているような空間や時間を、どうやって我々はもっとつくり出せるんだろうかみたいなことは、社会技術というか、生きられる社会をつくっていくためのリテラシーとして、本当にまだまだ足りていないんじゃないかなと思いますね。

西村　そういう空間や時間はもともとあったんでしょうか？　それとも全然なくて、ようやくちょっとずつ出てきたんでしょうか。

坂倉　もともとは、たぶんもっと社会システムがゆるかったから、いろんな人がいても許容されていたのではないでしょうか。もっとひどいこともたくさん起きていたかもしれないけど、隙間もいっぱいあったんだと思います。

都市空間はどんどん社会的な監視が強くなって、経済合理主義的な考え方だけでつくられるようになっていったので。どうしても、相対的に「何をしてもいい」「目的が特になくていい」みたいなことはどんどん狭まっていると思います。

「こうあらねばならない」を取り払うと豊かな関係性と時間が現れる

西村　ちょっと突拍子もない話をするんですけど、ニュートンが時間を「T」で表して、それが速度や距離のように計測可能なものと紐付いて数値化してしまって、フワフワだった時間が測れるようになったことが問題なんじゃないかと思って。それまで「冬は夜が長くて1日が短い」みたいな感じだったのが、どの季節も1日は24時間でそれが繰り返される感じが出てきたのかなと思うんです。
　日々違うはずの時間を、昨日も今日も同じ24時間として切り刻んだことで、フワフワ感みたいなものがなくなっていったんだろうなと思いました。

杉本　そのフワフワ感が「生きもの」の感覚ですよね、きっと。さっき坂倉先生が言われた「人間を生きものとして見た方がいい」って感じに近い気がします。

西村　坂倉先生は、本来世界ってどういう感じがいいと思いますか?

坂倉　「芝の家」とかが特になくても、大体が「芝の家」みたいな世界。「三田の家」って、空間自体はなくなってしまったのですが「三田の家LLP（有限責任事業組合）」という組織自体は継続していて、なぜ続いているのかというと、「社会の三田の家化を目指す」ためなんです。

西村　突然壮大になった（笑）。

坂倉　「三田の家」は、何か目的があるわけでも、課題解決型でもない。そんな「家」、誰も見たことも経験したこともなかったけど、いろいろな立場、多様な専門の人たちが、うまく説明はできないけど、でもそれぞれの意味合いで必要だと思ってつくっていった場所です。

定義やコンセプトをあえて決めなかったので、説明がすごく難しくなるわけですが、それぞれの人が全然違う説明をするけど、ちょっと重なっているところもありそう、みたいな感じだったんです。だけど、お互いが違う言葉で説明していることに対してみんなが信頼し合っているので、不具合があるわけでもない。「イベントとか仕込みがなければもてなせない」ということは全然なくて。私が「三田の家」にいて「オープンですよ」と言っていれば、もう俄然オープンしているみたいな感じでした。

「ここはこういう場所であらねばならない」というものをちょっと取っ払ってみると、途端に開けるいろんな豊かな関係性とか時間の流れ方があって。こんな社会だけど、本当にちょっとした工夫やほんのちょっとした思い込みを問い直すだけで、だいぶ違うと思うんですよね。そういう時間や空間をどんどん広げていけるといいよねという意味で、「三田の家」の名前をもつ組織が存続している意義があると考えています。

杉本　昨年、『京大的文化事典』という本を出版したとき、「ウィークエンド・カフェ」含め京都大学とその周辺に生まれていた「こうであらねばならない」を取り払った場をたくさん取材して書いたんです。最終章では、こうした場で過ごした感覚は「痕跡」として残り続けて、同じような痕跡をもつ人に出会うとまた起動するのではないかと書いたのですが、「三田の家」や「芝の家」で過ごした人たちにもやはり、そこで過ごした感覚はずっと残り続けて、次の場所を用意するんじゃないかと思います。

坂倉　そうですよね。「三田の家」は、「ウィークエンド・カフェ」の痕跡を引き継いでいたんじゃないかと思います。「三田の家のDNAを受け継いでいる」とおっしゃってくれるような場もあります。たとえば、世田谷区奥沢の「シェア奥沢」とか、長野県塩尻市の「nanoda」とか。「こうであらねばならない」というのは言語で伝わりますが、「こうであらねばならないを取り払った場」を伝えていくためには、経験の共有がすごく重要になってくると思います。

理念的なこと、知識の中でものごとを組み立てるのは限界があって。ともに時間を重ねていくなかで、情報化される以前にある、みんなが初めて向き合う出来事を経験し直すところから、小さい場を立ち上げ直していくことがすごく大事だなと思います。

どこかで見聞きしたことがあるものに囲まれているのに、「それは新しいね」「おもしろいね」と言い合っているのは本当に虚しい。大学の演習科目とか。もちろん技術を身に付けるのは重要なのですが、机上の計画の上手下手を競うよりも、まちに直接介入していきたい。

今、東京都市大学のお膝元の尾山台というところで、「おやまちリビングラボ」という場を準備しています。現在は準備室として商店街に小さな拠点を実験的に借りているのですが、そこを学生と掃除したり、机を置いてまちの人の声をリサーチして、みんなで分析したりしています。

場を開くと、不意に訪れる人がいたり、予期せぬことが起こったりして、コントロールできない。効率的な作業を良しとする頭では「作業の邪魔が入った」ということになるけど、来年自分たちが本格的につくる拠点はまさにそういう環境にできていく場なんですね。ノイズの部分も重要な情報なわけで、これは一緒に経験しないとなかなか共有できない。

生きものだから予測不可能、脈絡のなさこそが今日の話の命

西村　お話を聞いていて「こう振舞ってほしい」というメッセージを発していない空間みたいなものが、都市の中に必要なのかなと思いました。「何のためにあるのか」を問わない場所が増えていくと、世界はだんだん「芝の家」化していくのかなと。

坂倉　そうですね。都市空間では、振舞うべき振る舞いに合わせて動いていればお咎めがないというか、ベルトコンベアに乗せられているように扱われる。逆に言うと、不用意に立ち止まると怒られる、それとなく「こうしてはいけない」というメッセージがたくさん発せられていてすごく息苦しいですよね。「三田の家」や「芝の家」のような場所を、すごく居心地が良いという人と、すごく居心地が悪いという人がいて。居心地が悪い大きな原因は、自分が問われてしまうからなんです。誰でも来て好きにしていいんですけど、「こう振る舞えばいい」というものが決定的に欠けていたので。「何をすればいいんですか?」「どう関わればいいんですか?」と困ってしまって、そこに居づらくなってしまう。

杉本　今までのインタビューで共通していたことの中に、「役に立つかどうかという視点で見る以前に、何が本当に役に立つかを私たちは知らないという前提に立つべきではないか」「もっと余白をつくった方がいいのではないか」というお話があったように思います。坂倉先生の場づくりも、まさにそうした視点に立つものではないかと思いました。

坂倉　そうですね。確かに、何が本当に役に立つかを私たちはまだ知らないのかもしれませんね。

普通の人たちが、収入でも慈善でも趣味のためでもなく、地域の中でいろいろな人と関わりあって活動をしていて、その結果、なんか生き生きと自分らしく生きているようなそういう現象を見ていると、まだ一般には広まっていない大事なことがたくさんありそうです。

日本は工業国として成功してきたせいもあって、工業生産モデルがものごとの正しいつくり方だと思い込みすぎているところがあります。最終的につくる製品を決めて、一番安く材料を仕入れてきて、効率的に組み立てられるように工場のラインを設計するみたいな組み立て方。「目的を明確にして効率的にやる以外のやり方もあるんじゃないの？」というのは、すごく大事な問いかけじゃないかと思います。

やっぱり、合理的な課題提起をしてそれを解決するようなものごとのつくり方に囚われすぎると、起こることも起こらないし息苦しくなってしまう。人の中に眠っている可能性や生きる力みたいなものも芽吹かない。小さくてもいいから、自分は今ここで生きていて、これからもいろんな形で変わっていくことを実感できるような場所はまだまだ必要だと思います。

西村　今の話を聞いていて2つ考えたことがあるんですけど、ひとつは今のお話に関係ないし、もうひとつはもっと関係ないんです。でも、2つ話すと関係がつくられるので話してみます。

ひとつは、人って過去の伝説みたいなものに、良くも悪くも動かされるなと思って。じゃあ、良い伝説をつくるのが大事なんじゃないかと考えていたんですね。もうひとつは、今思いついたこの訳のわからない話をどうやって話そうかと考えていて。この感じは、僕が人生の中で初めて「これがダイアログか」と感じた瞬間に似ているんです。

今なぜ、伝説の話をしているのかは全然説明がつかないんですけど、後でつながるんだと思っていて。

それを「今は、ちょっと伝説の話は違う」「今日は坂倉先生のインタビューなので、都市の話をしてください」みたいにした瞬間に全部死んでしまう。そういう脈絡のなさが、今日の話の命みたいなものなのかなと思いました。

坂倉　都市の中で「自分のことを語っていい場所」ってなかなかないんですよ。飲食店や家の中ではないちょっとパブリックな場で、「私はこうしたい」みたいな発言が許される場。まちづくりのワークショップとかだと、地域はこうあるべきという感じになりますよね。無意識に自分のことと地域のことは切り離しているし、関係なさそうだとも思うんですが、口に出してみると意外につながっていくんです。で、だんだんその人の根っこが暮らしに根を張っていく。

　都市は人工物だし、人間は計画的に予測して考えて行動できているはずだと思うけど、都市的な実践の現場にいると何が起こるかわからなくて十分に自然なんですよね。天候や気候とか、学校が始まったとかいろんな要因に薄く作用されて、人が来たり来なかったりもする。そういう意味では、本当に脈絡はない。それをいちいちコントロールしようとするとやっぱり違うものになるんですよ。そして、なぜか知らないけど、伝説の話と脈絡の話をしたかったおじさんたちがどんどん死んでしまうというか。

西村　そうなってしまうと悲しい。うちのシクラメンは一年中ずっと咲いているんですけど、土の栄養がなくなって枯れ始めてしまって、でも土を替えてあげたら花が落ちて、もう1回ちゃんと咲くようになったんですよね。もう世の中って不思議に溢れているなと思いました。まったくわからない。

杉本　本当に脈絡がなくなりました（笑）。

なぜ、ひとつの地球に生きる仲間だという感覚をもてないんだろう？

中野民夫

地球とともに

中野民夫｜なかの・たみお｜東京工業大学リベラルアーツ研究教育院 教授/ワークショップ企画プロデューサー。1957年、東京生まれ。東京大学文学部卒。博報堂に30年勤務した後、同志社大学総合政策科学研究科教授を経て、2015年秋より現職。1989年、博報堂を休職してカリフォルニア統合大学院研究所(CIIS)で組織開発やワークショップを学ぶ。以後、人と人・自然・自分自身をつなぎ直すワークショップやファシリテーション講座を実践。主著に『ワークショップ』『ファシリテーション革命 参加型の場づくりの技法』『学び合う場のつくり方 本当の学びへのファシリテーション』(いずれも岩波書店)などがある。

１９６４年の東京五輪を見たのは、小学１年生のときだった

西村　まずは中野さんのこれまでの経緯を伺いたいと思います。

中野　今、63歳になります。子どもの頃は、中庭に大きな泰山木《たいさんぼく》がある、東京・赤坂の5階建てアパートで暮らしていました。物心がつく頃の東京はオリンピックに向けてあちこちが工事中で、高速道路や新幹線ができて、戦後の街がどんどんきれいになっていきました。テレビが普及して『鉄腕アトム』が始まって、「未来はどんどん素敵になる」という空気に満ちていた。

１９６４年10月10日、東京五輪の開会式の日にブルーインパルスが五輪の輪を空に描いたのを見上げた日も覚えています。小学校1年生でしたね。国立競技場も近かったから、競技も結構見に行っていました。１９６０年には、六本木にあった防衛庁に「安保条約反対」のデモで人が溢れるなか、子どもたちは電車ごっこをしながら、「安保条約反対！」と叫んでいた。

当時の東京は、楽しくてすごく少年の心を掻き立てる街でしたが、新宿に行くと戦地で手や足を失った傷痍《しょうい》軍人さんがいて、戦後の影も色濃く残っていました。あと、少年時代といえば野球ですね。

杉本　やはり巨人ファンだったんですか？

中野　はい。日本シリーズを9連覇したV9時代（１９６５〜１９７３）だったから、巨人・ヤクルト戦でおもしろくなりそうだと、母と一緒に神宮球場まで走って見に行っていました。

小学5年生のときに、父の転勤で山口県下関市に引っ越したのですが、中学2年生の3学期にまた東京の中野に戻りました。高校編入した麻布高校は学生運動が盛んだった後で、自由な雰囲気でした。学園祭はすごく派手でおもしろかったけど、まじめにやることをバカにする風潮もあって、僕はあまりなじめませんでしたね。

ただ、高校2年生のときに赴任してきた倫理社会（哲学）の先生が、カントの話とかをしているのに妙に耳が立って。その先生の周りに集まる変わり者たちが、土曜の午後に自主ゼミをやるようになりました。受験や単位のための学びではなく、それぞれが明治以降の日本の思想家について調べて発表し合うという場があったんですね。

僕のワークショップの原点となる「学び合う場の楽しさ」は、あの先生と仲間たちとの場にあると後になってから思いました。

学歴社会を内側から変えようと東京大学へ

杉本　中野さんが大学に進学されたのは1977年。まだ学生運動の熱が残っていた時代だったのではないでしょうか。

中野　あと10年早く生まれていたら、間違いなく敷石を剥がして投げていただろうし、僕もまた革命を起こしたいと思っていました。「まずは学歴社会を中から変えるぞ」と、その頂点にある東京大学に浪人して入学したのですが、大教室で行われる授業はすごく期待外れだった。

学生運動や演劇の拠点になっていた学生寮「駒場寮」なら、熱く哲学を語り合う青春があるんじゃないかと思って入寮したけど、当時はもう内ゲバ（同一陣営での暴力を使った抗争）がひどい時期でね。「もう左派には道がないな」と思い始めた頃、社会学者の見田宗介さんが「真木悠介」というペンネームで『気流の鳴る音 交響するコミューン』という本を出したんです。見田さんは「今は右か左かの時代ではないでしょう。それぞれの井戸を掘れば必ず下で何かがつながりあっている普遍の世界がある」と、「上か下か」みたいな問いの立て方をしていて、おもしろいなと思いました。

受験体制の中で「勉強しないと負け犬だ」とがんばってきた自分を解き放ちたくなって、1年生の夏に休学。浜松のホンダの工場で期間工をしてお金を貯めて、自分を解き放つための旅に出ました。島尾敏雄さんが「ヤポネシア」という造語で日本列島を太平洋の島々の中に位置付けたことに倣って、台湾から香港、インドシナ半島へと2か月半くらいかけて南下していったんです。

ところが、ミャンマーで体調を崩してしまってね。20歳の1月15日に、ミャンマーの奥地でうんうん唸りながら、「これが俺の成人式なんだ」と思ったのをすごく覚えています。

杉本　それは一生忘れられない成人式ですね。

中野　帰国してから、もう少し勉強し直して世界を見る視点をもとうと思って復学し、ワンダーフォーゲル部で野外生活の技術を鍛えたりしました。

この前、ネパールのトレッキングに行ったときのことを思い出したんだけど、僕は体力があったから「チトト、チトト（早く、早く）」とみんなを急かしていたら、現地のシェルパ（ガイド）は「ビスターリ、ビスターリ（ゆっくり、ゆっくり）」と言って、呆れてたんだよね。でも、雄大な景色の中を2週間くらい歩くうちに「こんなに空が青いのに、山や川が美しいのに、なんで急いでいるんだろう」って気持ちになってきたの。そしたら、最終目的地に近い標高4200メートルのところで、僕が高山病で意識不明になってしまったんです。

子どもの頃から常にゴールに向かって先へ先へと競い合うなかで育てられて、それが習い性みたいになってしまっていたけど、高山病で倒れて「今、ここを味わう」ことが少しわかるようになったんです。

「浮世の最前線でネクタイ菩薩になろう」と博報堂へ

西村 なかなか僕が生まれる時代にたどり着きませんね（笑）。

中野 このペースでいくとちょっと長くなっちゃうな（笑）。「今、ここを味わう」ということに興味が向いたときに、「東洋のものに何か大事なものがあるんじゃないか？」と思い始めて。近くの禅寺に坐禅しに行ってみたりしたんだけど、足が痛いだけで心が穏やかにはならなくて。星川淳さんが素敵な訳で日本に紹介し始めていた、バグワン・シュリ・ラジニーシというインドの神秘思想家の本を読んで、非常に自由を教えてくれると思って感動したんです。

3回目にインドに行ったとき、ムンバイにあったラジニーシのアシュラム（僧院）で約2か月修行をしました。ただ、弟子になるには「ヒンドゥ名をもらう」「オレンジ色のローブを着ける」「グル（指導者、ラジニーシのこと）の写真が入ったペンダントを身に着ける」という3つの神器があったのね。僕はそれには抵抗があったから、オフィスに「なぜ必要なのか」と質問をしたら、「人は忘れやすいから、一瞬一瞬を生きると決めた証に必要なんだ」「いや、僕はその3つの印をつけずにがんばりたい」と言い合いになってね。

ラジニーシは、「今ここ」に目覚め一瞬一瞬を生きることが大事であり、誰かの思想に服従する必要はないと「I am the gate. Pass through me.（私は門だ。通り過ぎて行け）」と言っていましたが、そのときに僕は「わかった、グルが言っていたのはこれだ。師にすがるのではなく通り過ぎていけということなんだ」と思ってアシュラムを出たの。「俺は最後の公案を抜けたぞ」と意気揚々で、自分が開いた感覚がすごくあって。ところが、アシュラムを出て南へ移動していくうちにだんだん体がだるくなって。ポンディシェリという町の病院に、肝炎で2か月くらい入院したんですよ。

病院で横たわっているときにいろいろ考えてね。当時の日本社会は、世界から「エコノミックアニマル」と言われて、「過労死」が世界語になる高度成長の時代で。その裏側で、世界を収奪しているという思いもあったから、「一生ネクタイなんかするもんか」と思っていたんです。でも、そのときは「もうどこに行っても大丈夫だ」みたいな気持ちがあって、逆に企業に入って中から変えてやるんだという思いが湧いてきてね。その1年後、就職活動の面接で好きなことを言っていても内定をくれたのが博報堂でした。「ここは言いたいことを言っていてもやれる世界かもしれない。何か新しい価値を世に提案できるかもしれない」という思いで、「浮世の最前線でがんばるネクタイ菩薩」を目指して、博報堂に入社しました。「今どきの菩薩は、お寺や山ではなくて、ネクタイを締めなきゃいけないような既成社会の中でこそがんばらないといけない」と考えていたんです。

モーレツ営業マンが「ワークショップ」に出会うまで

杉本　博報堂には何年くらいいらっしゃったんですか？

中野　3年ぐらいのつもりだったのに、30年も勤めました。入社したときは「知らないところに行きたい」と大阪に赴任して5年半いました。東京に転勤してからは、毎日終電まで働くモーレツ営業マンだった時期もありましたね。深夜2時くらいまで仕事をしていたある夜、信頼していた先輩に「中野、お前こういう仕事は本当におもしろいか？ 俺たちの仕事は終わりがないだろ。俺は飽きたし疲れたよ」って言われたんです。

僕はサーっと血が引いて、「モーレツ営業マンになるために入社したわけじゃなかったよな」と初心を思い出して、「これは仕切り直さなきゃ」と思いました。トランスパーソナル心理学などを日本に紹介していた吉福伸逸さんに「今もカリフォルニアはおもしろいですか？」と尋ねたら、いくつかおもしろい大学を教えてくれました。そのひとつが、後に留学した「カリフォルニア統合大学院研究所（ＣＩＳＳ）」です。

著書『ワークショップ』の冒頭にも書いたけれど、授業を見学に行ったらみんなが輪になって床のクッションの上に座っていて、「入れ入れ」と招かれてね。英語もできなかったのに「来て一緒にやればいいよ」と言ってくれたんだよね。

当時の博報堂には休職して留学する制度なんてなかったけど、割と一所懸命働いていたから周りの人に話を聞いてもらえる関係性はあって。「アメリカの大学院に行きたい」と先輩に話したら、部長から局長へと話が伝わって、企画書のような休職願を7枚くらい書きました。今でも覚えていますね。「これからのキーワードは地球環境問題。モノ・カネ・情報だけではなく環境を視野に入れないといけない時代が来るから、博報堂も準備をしておくべきじゃないか。そのために、先進地域のカリフォルニアで学びたいから2年間休ませてほしい」という内容でした。

留学したのは１９８９年。日本では公害問題は認識されていたけれど、地球全体の環境問題についてはまだ言われていない時代でした。留学中に湾岸戦争が起きて、サンフランシスコ周辺では反戦運動の波がすごかった。僕たち日本人は「バークレーKAI」というグループをつくって、その様子を日本に伝えたりしていました。その中に、ティク・ナット・ハンの著書の翻訳をしている棚橋一晃さんがいたんです。

反戦運動は怒りをあらわにして闘うんだけど、「内なる平和と外なる平和はつながっているんじゃないか」ということで、ティク・ナット・ハン著『Being Peace』の読書会を始めました。ティク・ナット・ハンはベトナム出身の禅僧で、ベトナム戦争中に被災者や難民のために行動した平和活動家でもあります。「Peace in every step.(平和は一歩一歩の中に)」と語り、敵対者を弾劾しても本当の解決にはならないと言うんですね。

自分(self)という観念を広げていくと、万物のつながりの中で生かされていることが感じられて、「無関係な人」なんていない。自分を深めながら社会に関わっていく、社会変革とスピリチュアリティを統合していくような道を見出したんですね。CIISの修士論文では、自分の平和・環境運動として、「つながりを取り戻す」「今ここを大事にする」「みんなが心から話せる場をつくる」という3つを大事にしたワークショップをやっていくと書いたのですが、今に至るまで、ずっとやってきているなと思います。

博報堂で「心ある仕事ができた」と思えた90年代のこと

西村 ようやく90年代に入りましたが、まだ僕は大学生になっていないですね。

中野 90年代後半から、日本企業もようやく地球環境室などを置くようになり、1997年には京都で地球温暖化に関する国際会議があって京都議定書が採択されました。その時期、精神論や倫理観で「地球環境を守ろう」というだけではなく、トヨタがプリウスを発売して、ビジネスの世界でも環境問題が扱われるようになったのはすごくインパクトがあったと思います。少し前まで、広告会社では「環境なんて気にしていたらモノが売れなくなる」なんて言われた時代でしたから。

そして、同じく1997年に山梨県で県民啓発のための環境フェスティバル事業があり、僕らは気合を入れてコンペに勝ちました。それが、「内側からなんとかしたい」と博報堂に入社して15年後、初めてできた心ある仕事でした。その頃から「中野が環境に詳しいらしい」と知られるようになり、少しずつやりたい仕事をやれるようになっていきました。

その次に大きかったのは、「自然の叡智」をテーマに、121か国・4国際機関が参加した2005年の「愛・地球博」です。初めて万博の中に市民参加を取り入れて、NGOビレッジの「地球市民村」と「市民参加パビリオン」という2つのプロジェクトが計画されました。僕らは「地球市民村」を企画し、参加団体を公募して、時間をかけて準備したのですが、会社では「NGOって反対運動のやつらだろ。得意先に迷惑がかかるんじゃないか?」なんて本当に言われていた時代のことです。

やっぱり、それまでの社会変革は闘いでしたよね。おかしなことに対して声を上げても、国や企業が間違いを認めなかったために、水俣病や四日市ぜんそくなどの公害が広がったわけです。それに反対するには闘いにならざるを得なかったという、日本のつらい社会運動の歴史があると思います。

「愛・地球博」は4年間をかけて準備をして、持続可能な開発は世界の課題なんだということを伝えるとともに、「反対運動」ではないことをわかってもらうためにも「持続可能性への学びの場」というコンセプトで、NGOビレッジを博覧会協会の主催事業としてやりました。

僕らはコンテンツを毎月全部入れ替えていたから、リピーターもすごく多くて。新聞報道が175件も出る話題の場になりました。

社会変革の方法論が変わっても
世界の分断はなくなっていない

中野　やっと僕と勇哉が出会う時代が来たかな？

杉本　おふたりはいつ、どんなかたちで出会ったんですか？

西村　そもそもは僕の妻がきっかけで、当時はまだ結婚していませんでしたが、彼女の家に民夫さんの著書『ワークショップ』があって借りて読んだんです。その後、ミラツクのもとになる取り組みを始めたときに開いたイベントの基調講演に来ていただいて。「未来をつくるワークショップ」というタイトルで、ミラツクの名前の由来になっています。タイトルが長いので、仲間内で「ミラツク」って呼んでいたんですよね。

杉本　ミラツク誕生の瞬間に、中野さんにも立ち会っていただいていたんですね。

西村　そうです。２００９年でしたね。僕にとっては「本で読んだすごい人を呼ぶ」みたいな感覚がありました。

杉本　中野さんが歩んで来た長い道のりについてお話を伺った後に、27歳の西村さんが「ワークショップやファシリテーションのお話を聞かせてください」というシーンに至って、２人の間に受け継がれたものがあるのを感じます。

西村　だんだん現代に近づいてきたので、インタビューのテーマである「時代にとって大切な問いを問う」について聞いてみたいと思います。

今日お話を伺って、中野さんが積み上げてきたなかで感じている「今」と僕が感じる「今」は違うんだろうなと思います。中野さんが見ている「今」という時代に大切な問いってなんでしょうか？

中野　1968年にアポロ8号の宇宙飛行士が、月から見える地球の写真を撮影し、「宇宙から見たら国境は見えないんだ」「本当に薄い大気圏、雲の中にある水の惑星に生かされているんだ」と多くの人々が実感できたはずでした。でも、50年経っても、世界ではますます分断が進み、相変わらずさまざまな戦いがあって、すごく残念ですね。この同じ地球に生きる仲間なのに、SDGsや環境問題、平和や格差や差別の問題をなぜもっと共有できないのかなと思います。

アメリカで、ネイティブアメリカンのメディスンウーマンを呼んで「スウェット・ロッジ（浄化の儀式）」を体験したことがあります。「まず私たちの世界観をお話しします」と最初に語られた一言が「We are all children of the earth.（私たちはみんな地球の子どもです）」でした。ビリビリと衝撃が走りましたね。そのことを、私たちみんなが深いレベルでもっと実感できれば、環境や平和の問題も随分好転すると思います。

僕は、環境や平和の問題に取り組む手段としてワークショップやファシリテーションをやってきたし、同じ地球に生きている、「みんな地球の子どもたち」という感覚を取り戻す仕事をしたいと今も思っています。

西村　問題を解決する方法論についてちょっと伺ってみたいです。60～70年代の社会運動は二項対立的で分断を生みやすかったという反省もあって、分断をつくらない方法を模索していったんだと思うんですね。でも、方法論は変わっても、結局分断そのものはさらに深まっています。何か足りないことがあるからなのかなと思うんです。

中野　確かに方法論は変わってきたと思います。闘いに精力を使うよりも「自分たちのほしい未来はつくろう」というオルタナティブな動きが、「greenz.jp」の鈴木菜央くんあたりから明確に出てきましたよね。企業も、今や各社が競い合うようにSDGsバッジをつけて、ポーズだけではなく本業で勝負しようという時代になったことに希望を感じるところはあります。

でも、じゃあ「社会は変わったのか」というと、「変わった」とは言えない感じがします。日本は、言葉では「人間は自然の一部ですね」というとうなずく感じはあるけれど、本当に食べものやエネルギーの循環に配慮して生活しているかというと、そうではないでしょ？

つくづく自分自身のことも含めてですが、人間ってやっぱり自分で相当に痛い目にあって懲りないと変わらないんだと思います。今は、気候変動の問題にしても新型コロナウイルスの感染拡大にしても、懲りてもいい状況に近づいていると思いますが、すでに手遅れに近い状況になっていますよね。でも、人間の性としてしょうがないのかなあ……。

ダイアログとディスカッションの違いに核心がある

中野　今日、勇哉と「ダイアログとディスカッションは違う」ということを話してみたいと思っていて。

『ダイアローグ』の著者であるデヴィッド・ボームは、「ダイアログには決まった目的や課題はない」とも言っているよね。自分の言葉を他の人はそのままの意味では受け取らないけれども、自分が言いたかったことと相手が受け取ったことのズレを見ることで、お互いに共通する新たな視点を発見できるかもしれない。ダイアログは、すごく「創造的な営み」なんだとボームは言ってくれています。

学生でも「グループディスカッション」という言葉になじんでいる人たちは、「正解やいいこと、正しいことを言わなければ」という緊張があって口が重たくなるし、「批判から入った方が賢く見える」という感じ方もあって。それと、僕らがやろうとしているダイアログ、対話は違うんだと伝えたいんですけど、まだまだ孤軍奮闘なんですよ。

人と人が話すときに、正しさや強さ、結論を求めることに走るのはもったいなさすぎると思う。国の議会、企業の会議、あるいはコロナ禍をめぐるテレビ番組の議論なんかも、正しさを論じ合うばかりで、一緒に何かを発見するコミュニケーションにはなっていないと思うんです。創造的な対話では、自分の思い込みや意見を率直に話すと同時にそれにこだわりすぎないでおく、ボームの言う「想定の保留」が大事なんだけど、それができないというか。

立場がある人は、「立場を守らなければいけない」「意見を変えてはいけない」と思いがちです。そのマインドセットをゆるめて、「自分にはこう見えているけれど、そう見えていない人もいる」という風に自分の枠を広げて、思いやりや寛容を育んでいかなければいけないと思うのだけど、その道はまだまだ遠い気がします。

西村　ここ数年の感覚では、ダイアログのプロセスで見えたことをもとに、「まずはこれをやってみよう」という行動に入ればいいんじゃないかと思って、自分たちもそう行動してみているんです。

クライアントとの仕事でも「結論はわからない」と最初に話しています。でも、途中で何をやるかはわかるので「こういう風に旅をしよう」ということはわかっていくんです。プロセスの中で「結論は常に出続けている」。ダイアログは「結論が出ない」ではなく「結論に引きずられない」んだと思っているんですね。

世間には、「ダイアログは生産性が低くて何も決まらない」「ディスカッションの方が生産性が高くて決まることがある」というイメージがある気がするのですが、実はダイアログはすごくたくさん決まることがあるので、めちゃくちゃ生産的です。瞬間ごとにどんどん結論が出るから、「やることが多すぎて全部やりたい」みたいな状態で終わるのがダイアログなのかなと思います。

むしろ、結論が常に出続ける創造的な話し合いがダイアログで、最後の結論だけを持って帰ろうとするような、すごく非生産的な話し合いがディスカッションなんだなと思っています。

だから、いわゆる会議に出ると、途中に生産的なところがまったくないので本当に眠たいんですよね。良い話し合いはバンバン積み上がっていくから、無駄な会議を100回やるくらいの生産性がある。「創造的」というと「クリエイティブ」というイメージをもたれますが、ダイアログはすごく生産的なんだということがうまく伝わるといいなと思っています。

中野　勇哉のそのおもしろがり方がきっと伝わっているから、人がどんどん巻き込まれてきているんじゃない？

西村　願わくば、その生産性を具体的に感じてもらえるとありがたいなと思っています。「どう見てもそっちの方がいいよね」と誰もが思えるような明らかな違いが出ているといいなと思いますね。

中野　「べき論」でやろうとすると、頭では理解しても誰も行動を始めないということが起きてしまうよね。やっぱり、すぐに難しい話題に入ろうとするよりも、アイスブレイクやチェックインに時間をかけて関係の質を上げる。すると思考の質が上がって、みんなが言いたいことを話していると自分がやりたいアイデアしか出てこないから、自然と行動もついていって成果が生まれる、ということは本当にあると思うんです。

すごい勢いで進んでいるのに、本質的にはブレーキを踏んでいる

西村　今、中野さんたちが60代という世界に僕らが生きているということは、一周回り始めているのかなと思っていて。40年前であれば、中野さんが大学の先生で学生に批判される対象になっていたかもしれない。

でも、世代が変わって、僕は20代の頃から上の世代と闘うようなシチュエーションに放り込まれたことはなく、年上の人たちと一緒にやっていくという体験をしています。今日お話を聞いていて、そこに少し可能性があるのかなと思いました。30年くらいかかったけど、ここからグッと加速できるかもしれない。

中野　「ホームズビー」の（嘉村）賢州や勇哉が活躍し始めて、人が集まるのを見て、「新しい時代が来たな」と思っていたよ。勇哉たちはセンスも着眼点も良いんだけど、どうしたらいいかはあまりわかっていなくて。旗をあげるとみんなが吸い込まれるように集まってきて力を貸してくれる「真空」のようなリーダーシップ像はすごく新しいなと思っていました。

「俺についてこい」みたいな強いリーダー像とは違って、みんなの内発的なコミットメントを引き出すじゃない？

西村 そうですね。ただ、時代が良くなってきたかどうか、よくわからないなと思うんです。みんなが「良くしたい」と思って努力もしてきたけど、「え？ そっちに行っちゃうの？」みたいな感覚があるんです。

中野 「良くなっていない」というのはどういうときに感じるの？

西村 日々のニュースに良い話がたくさんある日が全然なくて、手を替え品を替えいろんな大変なことが次々に起きて、どんどんひどくなっていく。一方で、すごく困っているかというとそうでもない。じゃあもともとそんなに悪くなかったのかと思ったり。ちょっとうまく言葉にならないんですけども。

自分の感覚としては、すごい勢いで世の中は進んでいると言われているけれど、ものすごい勢いでブレーキを踏んでいる感じもするんです。進んでいるように見えるものが、全部止まる方向につながっているんじゃないかって。どうでもいい世界で、どうでもいいことが、どうでもいい感じに大きくはなるけれど、本質的なところでブレーキを踏んでいるような感じ。

たとえば、再生可能エネルギーの割合が増えていくのは良いと思うのですが、「再生可能エネルギー100%になったら何が変わるの？」みたいな感覚ですかね。本質的には何も変わらないんじゃないかってちょっと思うんです。

中野　テクノロジーによる飛躍的な進歩はあるけれども、世の中自体は変わっていないという感じなのかな。僕らが若い頃、アーネスト・カレンバックというアメリカの作家が『エコトピア』という小説を書いたんだけど読んだことはある？　カリフォルニアとオレゴン、ワシントンの西海岸3州は、他州よりも環境への意識が高いから独立して「エコトピア」という国をつくるの。アメリカは西海岸と中西部の意識の差が顕著だから、非常にリアルな話だったんですね。

志向性が似ている人同士は共感し合えるし話もするだろうけれど、それ以外の世界との分断が深まるという傾向は相変わらず強いなと思います。

杉本　中野さんは、学生時代も会社員時代もそういった分断を目の当たりにして、「学歴社会を東大から変えよう」「企業の中から変えよう」、あるいは精神世界という「自分の中から変えよう」という、「中」を常に意識されていることが印象に残りました。

分断を見つめ続けるのは非常に苦しいことだと思います。「分断をなくすのは無理かもしれない」と絶望することはなかったのでしょうか？

中野　絶望はしまくりましたよ。もうどうしようもなく絶望したからこそ、ちょっとしたことが良く映るし、希望も感じるというか。

ファシリテーションの講座に来る人は、「話し合いを円滑にして活動を広げたい」とか、「社会を良くしたい」と思っている人が多いから、やっぱり希望を感じるよね。みんなすごい菩薩だなって思う。人間の社会は、より良き方向を模索して常に試行錯誤をし続けているけれど、完成はないんだよね。

この60年があったうえでの可能性とは？

西村　最後にこれだけは聞いてみたいと思っていたことがあって。この60年の人生があったうえで、「ここに可能性があるんじゃないか」と感じていることはありますか？

中野　組織の縛りがかなりゆるくなったことかな。副業や複業をする人も増えましたよね。高度成長時代は「会社に文句があるなら辞めろ」という感じだったけれど、組織の縛りが強くて本音が出せないというのは歪みを生むと思います。今は、それぞれが思っていることをちゃんと発言する方が組織の活力になる、という考え方になってきていると思いますね。

西村　確かに、それぞれが話せる時間は増えていると思います。会社とは違う名刺を持ってみるとか、そういうことが良い方向につながるといいなとは思いますね。

中野　大きい視野で見ると、今地球上を生きている生物たちは、137億年の宇宙の進化の最前線を生きているわけじゃない？　だから、いろんな人がいるけれど、みんな違った顔をした自分だという風にも思える。みんながそれぞれに花開くことが、宇宙にとって一番ワクワクするうれしいことなので、みんながそれぞれの花を咲かせられたらいいなと思います。

企業も、社会に貢献しようと思って創業した会社が多いと思うけれど、やっぱり高度成長時代の中で、完全にお金に足を取られたと思う。ところが、右肩上がりはもう続かないんだという停滞を経験して、コロナ禍で人の移動が制限されて、今ようやく熱病から覚めるチャンスがあるのかなと思います。

仏教哲学者で社会活動家のジョアンナ・メイシーも言っているけれど、大転換期には50〜60年かかるそうです。1970年代初めにオイルショックや公害が起きて、「このままではいけない」とわかっていたのに、ようやく2020年になってSDGsを掲げるようになりました。50年かけてようやく折り返しているのを実感するところもあります。

若いときは一気に革命を起こしたいと思っていて、すぐに変わらない社会への苛立ちもあったけど、できることには限りがある。でも長く生きてよかったのは、「振り返ると少しずつでも変わったことがたくさんある」と知れたことかな。いつの時代も困難はあるけれど、前向きに取り組む人が必ず出てくるから希望は感じています。

さっき、勇哉が「ダイアログの途中にたくさんの結論が出続ける」と言っていたよね。それと同じように、平和で持続可能な社会は、ある日突然できるわけではない。それぞれの現実に向けての小さなチャレンジやそこでの実感がね、ある意味では何かを実現しているんじゃないかと思います。

西村　昔、「国の寿命は150年くらいだ」という話を聞いたことがあります。150年もあれば必ず国も変わる。だとしたら、この50年は3コーナーあるうちの1コーナー目の終わりということになりますよね。じゃあ、あと2コーナーで大きく変わることを思い描きつつ「この100年で何をするのか」を考えるのもいいなと思いました。

中野　未来をつくるという意味では、ミラックが掲げている「Emerging Future」というのは非常に賛成なのですが、自分を外に置いた予測のような未来論はつまらないなとも思っていて。

どちらかといえば、今やっていることが自ずと未来を生むと思って、目の前のことをひとつずつやり続けて、その積み重ねが違う未来をつくっていくんだと思っています。流れのままに「『今ここ』を一所懸命やっていたら思わぬ未来が開けるでしょう」という感覚があって。

ジョン・レノンの『Imagine』の歌詞に、「夢を見ている人だと言われるかもしれないけれど、僕はひとりじゃないし、いつかみんなが仲間に加わって世界はひとつになる」というフレーズがありますが、僕もそういうつもりでやってきたし、夢を見る人って大事だなとずっと思っています。

西村　僕は今日、中野さんの人生史を伺いながら、その積み重ねの上に今があるなと感じていました。僕が登場するのは、その途中からなんですよね。自分の関わっているところだけを見ると10年ちょっとなのですが、そのスタート地点までにものすごい変化があったんだなと思いました。

だから、やっぱり50年ぐらいで次の何かがあるというくらいの感覚で、ゆっくり行こうと思います。

近代社会がつくってきた構造は誰のためのものだったのか、問う時代が来ている。

福本理恵

人のための教育

福本理恵｜ふくもと・りえ｜株式会社SPACE 創業者 代表取締役 最高情熱責任者(CEO)。1981年、兵庫県姫路市生まれ。熱血教師の母の姿を見て、人の人生に影響を与える先生という職業に憧れて育つ。2006年、東京大学先端科学技術研究センターの交流研究員を経て、東京大学大学院博士課程に進学。自身の体調を崩したことをきっかけに日々の食の重要性を再確認し、2012年から「種から育てる子ども料理教室」を主宰する。2013年、東京大学先端科学技術研究センターに戻り、農と食から教科を学ぶ「Life Seed Labo」を立ち上げ。2014年12月、「異才発掘プロジェクトROCKET」を立ち上げてプロジェクトリーダーを務める。2020年8月にSPACEを創業。

子どもたちが笑って幸せに生きる世界をつくりたい

西村　今日は、まず、福本さんがそもそも興味をもっていたことは何だったのか、というところから、お話を伺ってみたいです。

福本　小さい頃からとにかく子どもが好きでした。母が小学校の教員だったので、環境的にいろんな子どもたちがいるところに身を置くなかで楽しい記憶があったからなのか、それとも遺伝的なものなのかはわからないんですけど。

一貫して興味があるのは子どもの幸せなんですよね。一番大きく言うと、「子どもたちが笑って幸せに生きている世界をつくりたい」ということになります。

西村　子どもの頃からずっと変わらないというのはすごいですね。中学、高校と年齢が上がっていくなかで、他のことに興味をもたなかったんですか?

福本　中学は女子校だったのですが、女性たちのすごく繊細な心のやり取りに触れるなかで、どうして人は駆け引きをしながら、自分の存在を柔らかく尊重してもらいたいという方向に動いていくんだろうと、人の心理に興味をもちました。

中には精神を病んでいく子たちもいて、身近な友達は摂食障害になりました。そういったことから、食べることを拒むまでに自分を追い込む人の心理って何だろうと深く考えるようになりました。

学校ではそうした繊細な人間関係の中にいながら、家庭ではモンスターのような祖母と一緒に暮らしていたんですね。とにかくトラブルメーカーで、空気を読まずに自分のやりたいことをやり、ほしいものを手に入れようとする。人のことを尊重するどころか自分勝手で、人に嫌われようと「だってそれがやりたいんだもん」と、ある意味すごく素直に生きている人でした。

母は教員ですから、道徳的な話をしてくれるのですが「そんなこと言っても、おばあちゃんはこんなに非道徳的じゃん」って思っていたわけです。

子どもと関わるベースになる、理論としての心理学を求めて

西村　つまり、子どもという対象だけでなく、関係性そのものにも興味があったので、その両方について学んだり実践されたりしてきたのかなと思います。大学では何を研究されていたんですか?

福本　子どもの成長に関わりたいという思いから教育学部に入って、そこで心理学に出会ったんです。子どもが成長していったときに、私の母のような大人になる人もいれば、祖母のような大人になる人もいて。それぞれに家族になって生まれた子どもは、どんな心理で育っていくんだろうと。

人が育ちゆく過程で心も育って、自分自身を確立していく。そういう面での教育と心理に非常に興味があった学生時代で、当時出会った先生の専門が発達心理学だったので、「一般的な発達はどうあるのか」という理論を学びました。

だけど、その理論に当てはまらない人たちがいるというところで、大学2~3年生のときに臨床にも興味をもったんです。

そのとき先生に「臨床をやりたいならとにかく基礎をちゃんとやりなさい。一般的な発達から外れた人のどこにアプローチをすべきかわからないままに臨床に入ると、あなた自身が迷走しますよ」と言われたんですね。そこに、子どもと関わるベースになる心理学をきっちり学びたいという学問への芽生えがあったのかなと思います。

西村　そこで先生の話に納得できるのがえらいですね。

福本　教育実習に行ったとき、教室の端にいて中に入れない子どもたちがすごく気になって。そういうときに、先生たちが介入できるかたちをつくり、メンタルヘルスまでケアできるところまでもっていくには、やはり裏打ちされる理論があった方がいいんじゃないかと思った経験から、大学院に進学することにしたんです。

西村　少しだけわかるかもしれないのは、僕も大学1〜2年のときにいろんな心理学をオムニバス的に紹介してもらう授業を受けた経験から人格心理学を学ぶんだけど、その後結構悩んだことがあって、原点である基礎に戻ったということがありました。

福本　そのときは、基礎心理学を学ぶことで、女子校で感じていたことや家族の問題など、自分の中で整理できなかったものが整理できるような感覚があったから、ストンと入ってきたんだと思うんですよ。

でも、その先で実験心理学的な世界に入っていくと、やっぱり「これじゃない」という西村さんが感じたものと同じ葛藤を感じることになったので、そのときはまだまだわかっていなかったんだと思います。

人間を細分化する研究の中で無力感に苛まれて

西村　大学院ではどんな研究をしていたんですか？

福本　広島大学の修士課程では発達神経心理学に向かったんです。母子の愛着形成を研究したくて、母子の同期性を調べるために「近赤外線分光法（ＮＩＲＳ）」を用いたり、成人を対象に共感性を育む模倣を知るためにミラーニューロンの研究をしたり、脳科学的なアプローチをツールとして見せてもらうきっかけになりました。人は意識だけではなく、知覚や認知でも世界を見ているということを学んだのが修士の時代です。

その後、お世話になった先生が定年退官されたので、交流研究員というかたちで1年間東京大学の先端科学技術研究センターで修行した後、東大の博士課程に入って進化心理学の世界に進みました。今度は人間だけでなく、動物界と人間界の当たり前の違い、その中で関係性とものを知覚しながら学習していくことに触れて。

よくよく俯瞰してみると、人間の社会で決められているルールは当たり前のようで当たり前ではないというか、本当にすごく狭いところで石垣を積み上げているような、おかしさみたいなものを感じる時間を過ごしていたように思います。

西村　なかなかすごい変遷ですね。基礎心理学から始まって、発達神経心理学は脳科学、その後の進化心理学は言わば生物学ですよね。同じ心理学とはいっても、4つくらい異なる分野を学んでいて。

でも、「子どもが親とともにどう育っていくのか」をずっと見たかったわけですね。各分野でそれを比べるためのツールを得ていって、だんだん見えてきたんですか？

福本　逆に、「子どもに寄り添いたい」「寄り添える先生を育てたい」といった教育実習のときに抱いた思いからどんどん遠ざかったんですよ。科学的なアプローチで人間の一部の機能を取り出して見ていくと、目の前の子どもに寄り添うことからどんどん遠ざかっていくんです。人間を相対的に捉えるという意味では幅が広がって、深まった部分ももちろんあったんですけど、自分が人に関わることはできなかったのが大学院時代だったと思います。

極め付けは、健常児と自閉症児がともに学ぶ「混合教育」に取り組んでいる武蔵野東学園の生徒たちにお絵かき課題を出して、健常児と自閉症児にどういう違いがあるのかを比較する実験でした。

もちろん、自閉症児と健常児はまったく異なるものの捉え方をしているという驚きはあったのですが、「それがわかったところで、今この子たちに私がすぐに返せることはない」と、とても無力感に苛まれたんですね。

しかも、変数をひとつ変えると結果が違ってしまうのに、そんなことで本当に人間を捉えられるのかという大きな葛藤があるなかで、「やっぱり人間から遠ざかっていきたくない」という思いがすごく強まった時期だったんです。

西村　人格心理学も統計を使うので、「変数をひとつ変えるだけで」というのはすごくよくわかります。「こちらのさじ加減ひとつでどうにでも言えるし、結局自分が調べたいものを調べているだけじゃないか」「生身の人間に聞いた方が早いんじゃないか」と僕も思っていました。

ところが、生身の人間にアプローチしようとすると、今度はフレームがなさ過ぎて「どうしよう、これ？」ってなるんですよね。

福本　そうなんですよね。研究するというのは、人間を細分化して一部の機能を取り出して、その中で起きているほんの1％にも満たない可能性を追求し続けることなんだとよくわかったんです。

だけど私がやりたいのは、もっとダイレクトに社会につながっていくこと。自分自身も幸せになれるくらいに、目の前で人の幸せが起きているところに立ち会っていないと病んでいく感じがあったので、大学院を辞めようと思いました。

「食には心理学よりも人を幸せにする力がある」と感じた

西村　大学院を辞めた後、どのようにして、志ある特異な才能を有する子どもたちが集まる「異才発掘プロジェクトROCKET（Room Of Children with Kokorozashi and Extra-ordinary Talents）」につながっていったんですか？

福本　大学院を辞めるときは、自分ごととして「食には心理学よりも人を幸せにする力がある」とすごく感じていたんです。今でも覚えているんですけど、当時住んでいた高層階の部屋から新宿の街を見渡して「この都市では人が幸せに生きていないんじゃないか」と思うと同時に、「その幸せではない人に自分も含まれるんだろうな」という実感があったんです。

じゃあ何が自分を生かしているのかというと、ごはんをつくる自分がいて。そこに明日も生きようとする意志があるんだと思った瞬間に、料理をすることは生きようとする行為であり、ごはんを食べながら人と話すことは本当に心を豊かにしていくプロセスでもあるんだ、って。そのとき、食が単に命をつなぐだけではない、すごく価値あるものに転換したんですね。

西村　確かに。料理をつくるのは、自分が生きたいからなんですね。

福本　それで料理学校に入ったのですが、フードコーディネーター科だったので商業的な料理を学ぶことになって。人を食べものに引き寄せて、食欲を起こさせて、行動させるきっかけにはなるけれど、そこに命はないんだという衝撃とともに、生産者の人たちへの敬意が生まれました。

私たちは日々食べないと生きていけないのに、食に関わるプロセスはあまり見えていなくて。そのプロセスを学んでいくこと自体が、まさに学びのプロセスそのものだと思ったんです。

そして、料理学校で出会った料理研究家の堀田裕介さんを通じて学校菜園を広める「エディブル・スクールヤード」の取り組みを知りました。私がやりたかった子どもたちとの幸せな世界というのは、まさにこういうことじゃないのかなと直感的に思って、２０１２年に「種から育てる子ども料理教室」を立ち上げました。

杉本　ご自身の「生きようとする意志」を確かめることになった料理と「子どもたちとの幸せな世界をつくる」ことが結びついたんですね。

福本　でも、振り返ると「自分で選んでないな」と思うんです。大学の先生に紹介された大学院に進み、広島大学の先生に東京大学の先生をつないでいただいて。「種から育てる子ども料理教室」も、料理学校で出会った堀田さんと一緒に立ち上げています。

東京大学に戻ったのも、交流研究員をしていたときの先輩が「その料理教室を東大でやったらどうだ？」と声をかけてくれたからでした。いつも、きっかけを人につくってもらっている感じがします。

ROCKETでは子どもたちの力に一番影響を受けた

西村　一つひとつの取り組みを通して、やりたいことが研ぎ澄まされたり進化したりしていったのだと思いますが、「種から育てる子ども料理教室」に比べて、今やろうとしていることはどう変わってきていますか？

福本　「種から育てる子ども料理教室」は、感覚値で自分の好き嫌いをきちんと把握しながら、自分の中に快・不快のバロメーターを育てていくものだったと思います。ただ、そのバロメーターをちゃんと暮らしに生かしていこうとすると、情報の取捨選択をするための知識が必要になる。

ところが、学校では知識は学ぶけれど、それを活用する場面が少なかったことから、東京大学先端技術研究センターに戻った2013年に、農と食から教科を学ぶ「Life Seed Labo」をつくりました。

でも、それだけで暮らしがつくられるかというとそうではなくて。自分はどう生きたいのか、何を大事にしてどんな暮らしをつくっていくのかという価値観の部分がないと、何のために自分の時間を費やして人生を燃やしていくのかが見えてきません。その価値観の部分をつくってきたのが、まさにROCKETだったのかなと思うんです。

この3つの取り組みがセットになったときに、子どもの学びをつくる切り口として私の中でしっくりきている部分はあると思います。

西村　今は、その3つの取り組みが統合されて、ひとつの出口が見えたという納得感があるということですか？

福本　そうですね。ROCKETの活動の中で私に一番影響を与えたのは、子どもたちの力なんですよ。めちゃくちゃ好きなものがあって、こだわりすぎて学校からはみ出したり、社会生活に支障が出たりする子もいて。その強い意志の力が「子どもたちを社会に適応させるために、時間割や教科書、校則などの枠組みをつくってきた教育制度は果たして正しかったんだろうか？」という疑問を私にもたせてくれました。
　彼らのこだわりや意志の強さが、そのまんま炸裂するような世の中になれば、地球はもっと可能性を伸ばせるんじゃないかと感じさせてくれたのが、私にとってのROCKETの価値だったと思います。

西村　子どもたちのこだわりや意志の強さを炸裂させる受け皿となる社会は、どうすれば実現できるかというところに興味が移っていった感じですか？

福本　そうですね。ROCKETを5年間やってきたなかで思ったのは、子どもたちは伸びよう、飛び立とうとしていくけれども、やはり社会の方に彼らを受け止めてくれるところがないと、また羽根をもがれてしまうのだろうということ。
　そしてもうひとつは、こだわりや意志の強いユニークな子どもだけではなく、一見学校に適応している子どもたちも、自分の可能性に気づけないままに大人になってしまうかもしれないということです。

本当は、学校の中にいる子どもたちの枠を外していく仕掛けが必要なんじゃないかと思っています。この2つの意味で、「外に出なければ」と思ったんですね。

本来の「学舎」は、子どもの疑問や探求が始まる瞬間を受け止める場所

西村　昨年、福本さんはSPACEという会社を設立されましたが、今一番やりたいことは何ですか？

福本　一番やりたいのは、枠を取り払って子どもたちがのびのびと育つ環境をつくることです。すごくわかりやすいのは学校という枠ですね。学校自体が悪いわけではないと思うのですが、建物も学びの枠組みも構造化され過ぎていて。

たとえば授業中に何かに興味を感じても、教室から勝手に出ていくことはできません。でも、もし歴史上の人物の話を聞いて「あそこにある石とめちゃくちゃつながっている！」と思ったときすぐに確かめに行けたら、その人物と自分がものすごくコネクトできる。ただ、そうすると学級崩壊になっちゃうからその瞬間にはできないわけです。

近代社会がつくってきた構造は、果たして誰のための、何を目的としたものだったのかを問う時代に来たんじゃないかと思っていて。学校は子どもたちが統治される場所ではなく、疑問や探求したいものがひらめいた瞬間「生きものとしての発動」を受け止められる場所が本来の学舎だと思います。もし、そうできていないのなら、学校を批判するのではなく「本来の学舎をつくっていくために何が必要なのか？」を議論していく必要があるんじゃないでしょうか。

西村　うちの子どもたちの学校を選ぶとき、有名私学からシュタイナー学校までいろんな選択肢があったのですが、どれもしっくりこなかったんです。方法論の話をしているんじゃないかなと思うと全部一緒に見えてきてしまったんですね。

今、3人が通っている学園がおもしろいなと思ったのは、運動会で先生たちが子どもを3周追い抜くくらい本気で走るんです。小学生から高校生、先生までが一緒に走る。ただ、高校生は後ろ向きに走ったりしていて。

福本さんのお話を伺っていて、確かに授業中に教室から勝手に出ることはできないけれど、学校の中に社会があればマシなのかなと思いました。今は、社会と学校が分かれてしまっているというところがすごくあるんじゃないかと。

福本　いろんな年齢や特性の人たちを分けてしまうことで、学び合うことができなくなっているじゃないですか。老人ホームと福祉施設と学校とか、カテゴライズされた人がそれぞれ別々の建物の中にいるのは、今向かいたい教育の方向と真逆なシステムだなと思います。

さっき西村さんが言われていた、先生たちが子どもに混じって本気で走るというのは、子どもたちが大人の生き様に立ち会う機会になっているかもしれない。それをカテゴリーで分けてしまうと、その中でしか役割をまっとうできなくなってしまいます。

それは、私が心理学を学ぶなかで感じていたこと、一部分だけを切り取って「健常児と自閉症児にはこういう違いがあるから、こうしましょう」というのにすごく似ているんですよね。だけど、お互いの枠を越えて、混ざり合ってお互いを認識し合って違いや強調できる部分を確かめ合うことが大事なわけじゃないですか。それが育まれない仕組みになってしまっていることが非常に残念だなと思います。

ぐちゃぐちゃしていても
生きたい世界だから乗り越えられる

西村　カテゴライズすると説明はしやすくなるけれど、「説明しやすさ」を出発点にしちゃうと根っこがなくなって空中回廊化してしまうのかなと思います。空中回廊も積み上げていくとだんだん実体ができていくから、社会が空中回廊の中だけで回るようになってしまっていて。

福本　本当にそうですよね。わかりやすくなりすぎて、整理された中だけで学んでいくようにデザインされているから、偶然に起きる出会いや今この瞬間にも異なる世界にワープできる感覚を、子どもたちはもちにくくなっているんじゃないかと思います。

西村　一方、社会の側はそんなに整理されているわけではないから、どこかのタイミングでぐちゃぐちゃしたところに入らなければいけない。社会のぐちゃぐちゃした部分が学校の方に入ることも必要なのかなと思います。

福本　もっとシームレスになればいいと思うんです。自分の中に「これに興味がある」というものがはっきりある子たちは、むしろ自分自身がキュレーターになるくらいの学び方ができる時代じゃないですか。学んでいった先にぐちゃぐちゃしたものがあっても引き寄せていくのが本当の生きる力なんだろうし、自分が生きたい世界であれば何があっても乗り越えられるとも思います。

西村　自分のことを振り返ると、高校生のときにインターネットに触れて最初にやったのが、ホームページをつくってアメリカから輸入したカードゲームを売ることだったんです。すると、税関で商品が止まったり、聞いていたのと値段が違ったりとぐちゃぐちゃするわけです。お客さんに一所懸命説明すると許してくれたりして、「許してもらえるんだ」って思ったり。ルールも定説も全然ないなって感覚だったんですね。

福本　ROCKETではやりたいことだけ決めて「どうなるかわからない」プログラムをたくさんつくったのですが、その最たるものが海外研修でした。2017年に行った研修では「エネルギーと原料と製品を探しに行く」とだけ伝えられて子どもたちは旅に出るんです。「エネルギーだから石油かな？ドバイに行けるかも」「再生可能エネルギーを学びにフランスやドイツに行くのかな？」と子どもたちは想像して成田空港に着いたら、インド・ムンバイ行きのチケットを渡されて。

そこから本当にぐちゃぐちゃな世界に入っていくんですよ。もう逃げられない状況で、震える心で覚悟を決めて。たとえば、最下層カーストの人たちが暮らす地域を訪ねて、牛糞と粘土を混ぜてつくる伝統的な土壁が、最先端の科学によって実は人間の免疫力を高めていたことが判明したことを学んで、「ここのエネルギーと製品と材料って何？」と考える。行く先々で異なる具体例に出会って、「エネルギーと製品と原料」を繰り返し問いながら旅をするんです。

ガンジス川のほとりで、亡くなった人が目の前で焼かれていくのを見ながら日本とはまったく異なる死生観に向き合って、移動中はずっとインド人に絡まれながら、自分たちで値段を交渉してタクシーで宿にたどり着かないといけない。その過程で彼らは、「この国の人たちは熱量がすごい。とにかく生きたい意欲が強すぎて自分たちの生気まで奪っていく」というところに到達して。

そういう人のエネルギーが生まれる国の「原料と製品って何？」と考えていくと、貧困の問題があること、多民族国家であること、無法地帯があることが実は人のエネルギーを生み出しているのかもしれないという話になってきて、「じゃあ日本は？」と比較すると、自分はすごくあやふやな立ち位置にいることに気づくわけですよね。

非常に恵まれていて、衛生的で安全な日本にいるけれど、お金をだまし取っていく小さい子に比べると、自分たちは遥かにエネルギーがない。あのインドの子どもたちと同世代の自分たちが大人になったとき、自分は世界をどう変えていけるんだろう、という問いに入っていくんです。

旅が終わっても問い続けないといけない問いが見つかるという、底なし沼のような（笑）。だけど、自分が主体となって生きていくとき必要となる価値観や哲学は、自分ごととして体験したことからしか生まれないと思うんです。

学び方を学ぶためのフレームワークを用意する

西村　ＲＯＣＫＥＴのプログラムのポイントは、「体験」と「切り口」なんだなと思いました。切り口があるから、体験から血肉に変わっていくというジャンプが起きるのかもしれない。

福本　プログラムをつくるときは、対極にあるものを置くことが多いです。たとえば、人間と動物、闇と光、過去と未来、とか。そういう切り口が入るだけで、目の前にあるものを対比して捉える視点が生まれやすくなります。

ぐちゃぐちゃの社会から自分で視点を切り出すのはすごく難しいので、視点をもつためのフレームワークは入れておく。学び方を学ぶってそういうことだと思うんですね。

西村　そのフレームワークを差し出すタイミングがすごく難しそうです。

福本　プログラムのタイトルの中に、切り取るフレームとなるキーワードを入れるようにしています。先ほどの「エネルギーと製品と材料を探しに行く」もそうですし、「アウシュビッツとサイバスロンを巡って文明を考えよ」という旅もありました。

「文明を考える」だけだと広すぎるけれど、「アウシュビッツ」が加わると優生思想や戦争という切り口があるし、最先端技術を応用した義手や義肢などの補装具を用いた障害者が競技するスポーツ大会「サイバスロン」では、「文明をつくってきた技術は本当に人を幸せにするのか?」「劣性/優性の枠を決めているのは何か」というパーツが見えてきます。子どもたちが、そのパーツ自体をフレームワークとして持ち帰るというプログラムのつくり方をしていました。

西村　SPACEでやっていることも、つまりはそういうことなんですか?

福本　SPACEではそういうこともやりつつ、もうちょっと自分自身を見つめる方向に進んでいます。個別最適化した生き方を導くのは学びだけありません。感覚的に求めるものを実現するには知識が必要だし、自分が何を求めるかという価値観がセットになったとき、自分の人生にとっての最適解が見えてきます。

「アセスメントツール」という言葉はしっくりきていないのですが、要は自分で自分を知るためのツールがもう少し見える化するといいんじゃないかと思っています。

たとえば、ROCKETには音や匂いなどの感覚が過敏な子が多かったので、私たちスタッフは認知特性を意識して「この部屋の光は強すぎるかどうか」と考えざるを得なかったんですね。感覚値の部分は言葉にはならないからこそ、実際に試しながらじゃないと「自分は何に対して得意なのか」がわかってこないと思うんです。

社会の方でも、順番通りにきちんと同じペースでやれることに価値を置く設計がされていますが、「ひらめいた瞬間にすごい創作意欲が湧いてすばらしい作品をつくるけれど、普段は何もしていないアーティスト」もいますよね。人によってペースにもやり方にも幅があるはずなのに、同じ教育の中で育てていると子どもたちの可能性を見過ごしてしまう気がします。

一人ひとりの子どもの違いをちゃんと捉えて、子ども自身が自分を生かせる環境を選ぶ力を育むために、共有できるフレームワークがあるといいなと思っています。

個人の中に「自分の人生を選んでいる意志の力」はあるのか？

西村　近代以降は、社会全体の最大化を図ろうとしてきて、たとえ個々の人が不満を感じていても「あなたも全体の中で幸福になるから、今はちょっと我慢して」ということだったと思うんです。ところが、福本さんの話は全体ではなく「個人を最大化する」ということだったのかなと思います。

福本　そうですね。個別最適化にはいろんなレイヤーがありますが、核となるのは一人ひとりが自分にとって最大化された人生を送っているかどうか、それを選んでいる意志の力が個人の中にあるかということです。

そのうえで、他の人とぶつかって「ふたりの最大化」をするために話し合ったり、譲歩することを学んでいく。その単位が家族や社会、人類の単位になって、地球環境と宇宙の関係を考えるなかで「本当に人類としてこの答えを追求し続けていいの?」という問いにまで膨らんでいくんだと思います。

これからは、物理的にも宇宙に行けてしまうと同時に、生物学的には人間の細胞レベルまで解明されていって、ものすごい情報量の中に身を置くことになります。だからこそ、自分の人生を自分でキュレートする力がないと、情報の海に放り込まれて何が良いのかわからない状態になってしまいます。

22世紀に向けて生きていくときに、個人個人の最適がゆるやかにつながっていく社会にならないと本当に人は幸せになれないんじゃないか、という疑問に今は行き着いている感じがあります。

西村　近代社会において、全体の最大化の中で個人は我慢するという構造を最も強く生み出してきたのが教育だと思います。その結果として、ある程度蓄積はできたので、今の時代はようやく個人の最大化ができるようになったということでもあるなと思いました。
それはまた人類の初挑戦になるのでちょっと楽しいし、そういう方向性にテクノロジーなどのリソースが割かれていくのはすごくいいですよね。

福本　今まで個人の最大化ができなかったのは、物理的な移動の問題や方法論がなかったという理由もあると思います。これからは、テクノロジーによって自分だけでなく人に思いを馳せるやり方も可能になってしまうかもしれません。
それが行きすぎると、自分を規定するものが身体しかなくなるという危機感も生まれてくる時代でもあるなと思っていて。だからこそ、自分の核となる部分に意志の力で引き寄せていって、自分にとって必要な仕事や人、組織と出会えるという最大化もできるようになってくるんじゃないかと思います。

内なる声によってアイデンティティをつくる未来へ

西村　なるほど、アイデンティティの新しいあり方だなと思います。これまでは「どこで生まれたのか」「何をしているのか」がアイデンティティの基盤でした。ところが、どこにでも移動可能で、言語の壁さえも越えて誰とでも話せて、自分と他者の記憶が混ざり合うなかで、自分のアイデンティティだと思っていたものがどんどんフラットになっていくので、ちょっと危ない部分もあると思ったんです。
じゃあ「何を個別化するのか？」というと、個人が最大化される道がアイデンティティ化していくことであって、個別最適化することが世界をつくる話につながっているんだなと思います。

福本　アイデンティティをつくるというのは、小さな人間界の中で小さな差異を確かめ合って自分自身を規定することだと思うんです。だけど、空間どころか意識すら容易に越境してしまうような世界観になったとき、そのアイデンティティがわからなくなると同時に、「自分はこれを望んでいる」という強い意志の力と身体的なセンサーに意味が出てくるわけじゃないですか。そういうものが自分にしかつくれない価値を生んでいくし、逆にそれがないと本当に自分の存在意義を自分でなくしてしまう世の中になってしまうんじゃないかなって。
ＲＯＣＫＥＴの子たちにとって、今はすごく生きづらい世の中なんですけど、これからはあの子たちの力が生き残っていくために必要な時代に移行していくのではないかと感じるんですよね。

生きづらさになっている感覚過敏が、一般の人たちが捉え切れていないものを捉える力だという見方もあって。それが障害になるかどうかは、やはり社会という文脈の中でしか規定できないんです。

西村　先日、認知心理学者のジェームズ・J・ギブソンさんのアフォーダンス理論を読んでいたんです。彼は空間を角度として捉えていたんだけども、どういう角度から見ているのかによって、同時性の中で固有の体験が起きてくるというのがすごくいいなと思いました。それぞれの体験が同時性の中で個別化していくのなら、それをどう引き出すか、という道はある感じがします。

次の時代には、いろんなものをひとつずつ切り取って再現して、共有することができるようになると思います。ただ、それはあくまでも切り取ったものであり、同時的な体験ではないというのは科学と矛盾する。身体をベースにすると、ずっと科学が平準化しようと思っていたものと逆側に移るのかなと思いました。

福本　科学の手法を使いつつ、自分自身が唯一の価値であることを探すんでしょうね。それは試しながら見つけるしかないのですが、闇雲にトライするのではなく、少しずつ試す方法もわかっていく。そのときに、私たちがつくろうとしているアセスメントシステムもひとつの手段になるかもしれません。

一人ひとりが違うことはみんなわかっているけれど、じゃあどう違うのか？　時間的・空間的に同時性のあるなかで同じものを差し出されても感じるものは違う。その感じているセンサー自体も、躍動していく心の感情というものも同じではない。そういう世界観に移行しそうな気がしています。

西村　福本さんがやっていることは、「教育」ではない概念で伝わるといいんだろうなと思いました。「教育のアップデートだ」と思われてしまうと、何か違うイメージが入ってくる感じがして。「教育とは違う新しい一派」みたいな感じがします。

福本　そうなんですよね。教育の中にこの話をそのまま持ち込んじゃうと拒否反応が強いので、どういうかたちで入るのがいいか、私もこれから考えなければいけないと思っています。

西村　新しいスタイルの何か、ニューウェーブですね。

沖縄には、世界を平和・調和に導く役割がある。

比屋根隆

沖縄からの視点

比屋根隆 | ひやね・たかし | 株式会社レキサス 代表取締役社長。沖縄国際大学商経学部卒。大学在学中にITの可能性を感じ、学生ポータルサイト開発、企業向けの独自サービスを提供するIT企業を従兄弟とともに設立。1998年、独立して株式会社レキサスを設立。Web/クラウドサービス/スマートフォン向けアプリケーションの企画・開発・販売事業および投資・インキュベーション事業などを手がける。また「人材育成を通して沖縄県経済の自立と発展を目指す」という大きな理念のもと、2008年より、沖縄の次世代リーダーを発掘し育成するために、人財育成プロジェクト「IT frogs(現Ryukyufrogs)」をスタート。2017年9月に人財育成事業部門が独立、株式会社FROGSとなる。2018年、株式会社うむさんラボを立ち上げ、沖縄の未来共創デザインに取り組んでいる。

ネット黎明期、リアルタイムで読む『The New York Times』に衝撃を受けて

西村　初めて比屋根さんを知る人たちのために、簡単に自己紹介をしていただいてもよいでしょうか。

比屋根　沖縄生まれ、沖縄育ちで46歳になります。大学4年生の頃に起業してから二十数年、いくつかの事業を起こしてきました。最初はＩＴの事業を行う「株式会社レキサス（以下、レキサス）」、2つ目が人財育成の事業「Ryukyufrogs」。２０１８年には沖縄の未来デザインにおけるリーダーシップを発揮する組織として「株式会社うむさんラボ（以下、うむさんラボ）」を立ち上げました。分野はバラバラですが、軸はずっと変わらないものをひとつもっていて。

沖縄をより良くして世界に通じる事業とその事業をつくる人財を輩出し、沖縄の自立経済に貢献したい。そして、沖縄が「世界に貢献する場所」というポジションを築いて、自分がそのプレイヤーになりたい。今後も何かをやるときには、僕は常にその軸を大切にして生きていくと思います。

西村　その軸がつくられていくプロセスを、学生起業をする前に戻って聞いてみたいです。そもそも、なぜ沖縄国際大学（以下、沖国大）に入ったんですか？

比屋根　普段、恥ずかしくてあまり言わないんですけど、実はプロサッカー選手になるのが夢だったんです。ちょうど始まったばかりのＪリーグに入りたいと思っていて。当時、沖国大からＪリーガー第一号が出たのもあって、スポーツ推薦で沖国大の短大・英文科に入学したんです。

ところが、いろいろあって大学1年生の後半にはサッカーへの情熱が冷めてしまった。短大は卒業したけれど「働く」というイメージがなかったので、しばらくはアルバイトばかりしていて。

でも、自分の人生をもう一度考え直したいと思い、沖国大の商経学部に編入してマーケティングを専攻しました。そして「せっかく大学に入り直したんだから何か楽しいことをやりたい」と思っていたときに出会ったのがインターネットでした。

1995年当時の沖国大には、研究室などを除けば、学生が使えるパソコンはまだ5台くらいしかなくて。ある土曜日の朝、大学に行って初めてブラウザというものを立ち上げたんです。『The New York Times』のサイトのURLを打ち込むと、回線が遅いから画面がゆっくり出てくるんですけど、沖縄の朝の時間に『The New York Times』の記事が読めることにすごく衝撃を受けて、「すごい！」と思ったのを覚えています。

杉本　ネットがない時代には、海外の新聞って1週間遅れくらいで届くものでしたね。

比屋根　はい。もうひとつ印象的だったのは、始まったばかりの『Yahoo! JAPAN』。まだディレクトリ型で、言わばリンク集だったのですが、『Yahoo! JAPAN』の沖縄版をつくったらおもしろいんじゃないかと思ったんですね。「沖縄の大学生がほしい情報のリンク集を自分たちでつくってみよう」「居酒屋などのホームページをつくってお金をもらって、リンク集に入れさせてもらったらどうだろう？」というところからITの世界に入っていった感じですね。

SNSがない時代の大学生は、研究室のドアをノックして人脈を広げた

西村　学生時代に起業してからの話は何回も聞いたことがあったけど、サッカーの話は僕も初めて聞くエピソードでした。

比屋根　サッカーをやめた後は、いろんなアルバイトもしたんですけど、ある晩にライブハウスで音楽に目覚めて、自分で作詞作曲をしてテレビ局に売り込みに行ったりもしました。昔、自分が夢中になったものは事業を通して関わりたいと思っています。だから、いつかスポーツや音楽に関わる事業も絶対にやることになると思っていますね。

西村　僕は中学生くらいの頃に、「ＢＡＳＩＣ」などを使ってちょっとだけプログラミングをやっていて。中学3年のときにインターネットに出会って、つくることから使うことに変わっていった気がします。当時ハマっていたカードゲームで海外の人と対戦するようになっていって。ウェブサイトくらいはつくったけど、プログラミングというよりは、切り貼りするという感じです。

それで、朝4時半頃まで世界中の人たちとネット上で対戦して、仮眠して学校に行くみたいな毎日でした。今思うと、僕はネットでのコミュニケーションがすごく好きなのかもしれません。当時、比屋根さんがインターネットに出会ったのは大学何年生の頃ですか？

比屋根　編入してすぐ、大学3年生の頃ですね。県内の学生に特化したポータルサイトをひとりでつくり始

めたのですが、技術者がほしくて同じ大学の情報系の先生に「ゼミでプレゼンさせてください」とお願いして仲間を見つけて。その後、いろんな大学とつながりながら、「Student's Communications」という任意団体を立ち上げて、大学周辺の居酒屋やバーのサイトを立ち上げてはポータルサイトに組み込んでいきました。多いときは50人くらいで活動していましたね。

西村　今ならSNSを使って仲間を集められるけど、当時は全然状況が違いますよね。どうやってネットワークをつくっていったんですか?

比屋根　ゼミでプレゼンをさせてもらった沖国大の先生に、名桜大学の情報系の先生を紹介してもらってアポを取り、同じようなゼミでプレゼンをさせてもらったんです。琉球大学には人づてにメンバーを見つけて。そんな感じで、キリスト教短期大学、沖縄大学にもそれぞれ仲間をつくっていきました。今と比べれば、わざわざ訪ねていって会わないと始まらなかったけど、当時はすごく楽しかったですね。

その活動の中で、いわゆる社会との接点が増えていったんですね。1996年頃の沖縄は、「観光以外の産業をつくろう」「沖縄の自立経済を実現しよう」という流れができ始めていた時期で。今思えば、20歳くらいだった僕は、その流れの真ん中にいた30代後半から45歳くらいの熱い経営者や起業家の方たちと学生ながらにお付き合いさせてもらって、「沖縄はもっとできるんだ」というエネルギーをたくさんいただいたことも今の事業につながっています。

沖縄を「コスト」で語られることへの強烈な違和感

比屋根　同じ頃、ある経営者の方に横浜での営業に連れていってもらう機会があったんです。すると、営業先で「すでに都内にたくさん取引先があるから、沖縄の会社に発注するなら安いことがメリットなんだけど大丈夫？」と言われたんですね。

「同じものをつくるのになんで沖縄だと安くしなければいけないんだ？」って疑問が湧いたし、ものすごく悲しいというか怒りを感じて。沖縄に戻ってから、いろんな経営者にその話をすると「沖縄単価っていうものがあって、東京で80万円だと沖縄では40万円だよ」と当然のように言われたことが衝撃的な原体験になりました。

西村　内容が同じなのに、そんなに価格が違ったんですか？

比屋根　違いましたね。同時期に沖縄県が観光産業に次ぐ産業の柱として「マルチメディアアイランド構想」というビジョンを打ち出していて。いろんな制度を用意して企業誘致をしていたんです。沖縄にいろんな企業のコールセンターができたのですが、その理由として「沖縄県が支援しているから家賃が安い」「通信補助がある」みたいな話が報道されていました。

一方で、コールセンターで働く女性は「社員にはなれないし、手取りも10万円あるかどうか」とインタビューに答えていて。どこまで行ってもコストの話しか出てこないことに強い違和感があったし、しかも働いている沖縄の人は幸せそうには見えませんでした。そういう状況のすべてにカチンときたというのが正直なところですね。

レキサスを立ち上げたときは、「沖縄で全国に通じるようなウェブサービスをつくれたら、東京と同レベルの年収を出せるし、逆に優秀なエンジニアが沖縄に移住してくれるんじゃないか」というイメージをもっていました。レキサスという社名は琉球王国の「レキオ」と「サクセス」を合わせた造語です。琉球王国の昔のように、自分たちで事業をつくって島から外貨を稼ぐんだ、成功させるんだという思いを込めています。

西村 レキサスを設立してから約10年後に、沖縄から次世代のリーダーを生み出す人財育成プログラム「Ryukyufrogs」を立ち上げていますよね。人財というところに視点が移っていったのはどうしてですか？

比屋根 レキサスを立ち上げて7～8年が経った頃、会社は安定しているのに人の出入りが激しかった時期があったんです。中にはケンカ別れのようなかたちで去る人たちもいて。「何のために経営しているのか」「何のために沖縄でやっているのか」を自問しました。その中で、「沖縄のためにレキサスという機能を活用できないか」と考えるようになって。

「沖縄のIT分野をより良くしたい」から「『株式会社沖縄県』をどう良くしていくか」と、ひとつ高い視点をもつようになりました。自分が「株式会社沖縄県」の社長だとしたら、取り組むべきは人財育成です。今の常識にはない新鮮なエネルギーや価値観をもち、海外とも仕事できる尖った次世代のリーダーを育てようと、２００７年に「Ryukyufrogs」の構想を立ち上げました。

当時は「人財育成なんて補助金でやればいい」という風潮が強かったけれど、「株式会社沖縄県」の未来のリーダーを育成するためにも、民間の利益を未来に投資する文化をつくりたかったんですね。だから、「Ryukyufrogs」は1期目からずっと民間の協賛だけでやってきたし、今は70近い企業と団体から支援を得られるようになりました。ＯＢ・ＯＧは１００名近くになりますが、確実に沖縄の未来をより良くするプレイヤーに育っていますね。

沖縄は世界の調和・平和の役に立てる

西村　レキサスの人財育成事業だった「Ryukyufrogs」は、2017年に「株式会社FROGS」として独立。ずっと一緒にやってきた山崎暁さんが代表になられました。そして比屋根さんは、2018年に新たに「うむさんラボ」を設立されましたね。「もうひとつ、何かやってみよう」と思った背景を伺ってもいいですか?

比屋根　これからの沖縄と世界を見て、どうやって「株式会社沖縄県」をより良くしていくかを考えたときに、ITと異分野を掛け合わせた事業開発が大事だと思いました。さらに、ビジネスの手法を用いていろんなセクターを巻き込みながら、沖縄の社会課題を持続可能なかたちで解決していくことも必要です。特に沖縄では、貧困や教育という大きな課題があります。こうした本質的な課題に向き合っていかないと、将来にわたって負の連鎖を断つことができません。

うむさんラボは、こうした「社会課題×IT」という事業構想、さまざまな事業開発、起業家支援などを推進する機能として立ち上げました。「うむさん」は沖縄の言葉で「おもしろい、ワクワクする」って意味なんです。また「うむ」は「産む」、「さん」は「SUN」の意味も込めて、「ラボ」には「LOVE(愛)」と「LABO(研究所)」の2つの意味を込めました。

これから県内・国内外問わず、たくさんの人たちと大きな愛でつながりながら、研究所としていろんな社会課題解決の実験をしてみようと。そこから希望に溢れたワクワクするプロジェクトがどんどん産み出されていく、「地球の子宮」のような島になるというイメージをもっています。

うむさんラボのコアメンバーは、私以外はみんな県外の出身です。沖縄の課題を解決して、沖縄をより良くしていくには、県外・海外での経験があってビジョンを共有できる方々の力も必要です。そこに沖縄の若い人材を入れていけば、プロジェクトが人財育成の場にもなります。そういう視点でチームメンバーを構成しています。

西村　起業から現在の取り組みまでざっと伺ったところで本題に入りたいと思います。このインタビューのテーマは「時代にとっての大切な問いとは何か?」なのですが、比屋根さんが今という時代に「こういうことを考えた方がいいんじゃないか?」と思うことは何ですか?

比屋根　ひとつは「何のためにこの時代に僕は沖縄に生まれたのか?」という問いです。東京に生まれてもアフリカに生まれてもよかったはずなのに、沖縄に生まれたのは意味があるんじゃないかと思うと、生きる理由も仕事をする理由も出てくるんです。

これからは地方の時代と言われていますが、「この地域を良くするために自分は生まれてきたんじゃないか?」と思えると、いろんなものごとがポジティブになっていくと、僕自身の経験から強く思っています。

「今の時代」ということでは、沖縄は世界の平和・調和のためにどう役に立てるのか、世界がより良くなるために、僕自身何ができるのかを常に自分に問いかけていますね。

杉本　「平和・調和」ということを念頭に置かれているのは、第二次世界大戦以降に沖縄が置かれてきた状況にも関わることでしょうか。

比屋根　間違いなくあると思います。沖縄は15世紀から450年間、16世紀に薩摩藩の侵攻を受けてからも、あくまで琉球王国という独立国家として中国や日本と交易していました。明治の廃藩置県で首里城の明け渡しを命じられて沖縄県となりましたが、太平洋戦争では地上戦で多くの県民が命を落として。戦後から1972年まではアメリカの占領下に置かれていて、今も基地の問題を抱えています。

このような歴史的背景によって、沖縄には琉球、中国、日本、アメリカの文化が入り混じっているんです。それでも、普通にアメリカ人と一緒に飲んだりしているわけなので。そういう意味では、沖縄では無意識のうちに多様であることを「そういうものだ」と思っているところがあるんだろうな、と。

文化的には琉球語でいう「チャンプルー（まぜこぜ）」なので、調和するのは当たり前じゃないかという感性が、沖縄のそもそもの特徴なんじゃないかと思います。同時に、戦争の体験や基地問題から、戦争は絶対に起こしちゃいけないという平和への思いも強くあります。

観光という「無意識的な教育」で文化を広げていく

西村　「沖縄が果たせる役割」を5年くらいのスパンに絞り込んでみると、どういう役割が現れてくるとイメージされていますか？

比屋根　それもやはり、平和・調和への貢献なんですよね。そのためにも観光産業自体をアップデートして、沖縄ならではの平和・調和を伝えるプログラムを用意することが重要かなと思っているんです。

沖縄に来るとみんなホッとしたり、安心したりする。それはすごく素敵なことだと思っていて、たとえば東京の人たちが沖縄で出会うとすごく仲良くなって、深い対話になることが多いんですね。これは、沖縄という場がもっている「心を開く」とか「心を許す」という感じが、人の心の平和・調和に影響しているんじゃないかと思います。

たとえば、スキューバダイビングをするときも、ただ「青い海に潜りましょう」というのではなくて、「海の中という見えない世界には地上とは違う生態系があるので見に行きましょう」という事前のインプットがあれば、そこに対する学びは深くなります。地元の人たちとの交流や自然と触れ合うなかで、本質的に「人とは何か？」や「心のあり方」、「人と人のエネルギーの状態」を感じたり学んだりしてもらうことをちゃんと意味付けして、新しいコンセプトの体験モデルをつくりたいですね。

杉本　うむさんラボで取り組もうとしている「ＩＴ×観光産業」ではどんなことを考えておられますか？

比屋根　うむさんラボでは、参加した人の心が豊かになったり、「多様性ってこういうことか」と思ってもらえたり、企業研修で来た人が「今度は家族で来よう」と思ってもらえる場づくりをしていきたいと思っています。たとえば、沖縄北部の海と森の環境の中で過ごす3泊4日の親子向けプログラムに、東京、北海道、上海、フィンランドから家族が参加したらすごく仲良くなって、宗教や国籍を超えてつながる価値や意味を感じると思うんですね。そういう親子が持って帰りたいお土産は、これまでとはまた違うものになるはずです。

彼らのために、沖縄で体験したやさしさや柔らかさ、平和・調和の気持ちを持って帰るようなお土産をつくれたらおもしろいだろうなと思っていて。たとえば、琉球ガラスを使ったＬＥＤローソクをつくって、それぞれの家の食卓で灯したときに、スマホの中の地球を通して「今ここでローソクが点滅しているね」というように、沖縄を感じて平和・調和のつながりが見えるようにできたらどうだろう、など。今年は新型コロナウイルスの影響で動けませんでしたが、来年は新しい観光とテクノロジーを掛け合わせたモデルケースになるような体験プログラムを回してみようと話しています。

西村　今までの観光は、観光する側も観光される側もお互いに受身的だったと思うんです。比屋根さんが考えているのは、もっと関わり合っていく観光で、無意識的な教育なんだなと思う。「勉強しよう」みたいに積極的になる必要はないんだけど、気がついたらいろんなことを学んでいる、というような。そしてそれは、文化を広げるということでもある。「文化体験をしましょう」ではなくて、「文化を広げてつくっていこう」ということなのかなと思っていて。

先日、奄美大島の東にある喜界島にサンゴの研究所をつくった先生のお話を聞いたんです。喜界島は40万年かけてできたサンゴ礁の島だから、研究者はたくさん来る。けれど島の人は全然サンゴに詳しくない。「それは何か変だ」ということで、研究所をつくって島内向けにサンゴについてのプログラムを始めたら、島の子どもたちがサンゴにめちゃくちゃ詳しくなっていくんですね。外から来る人に自分たちが暮らす島のことを教えられるようになると、観光に「観る」だけじゃなく「詳しくなる」みたいな要素が入っていくというか。

比屋根　「沖縄がこの分野で世界に貢献できる」と、沖縄の人が気づくことが一番大事で。県民のワクワク感や学びを育むことによって、外から来る人が沖縄のファンになってくれる。両方に価値があるということですよね。だからこそ、県民に対してもメッセージを共有してコミュニティにしていくことが必要だと思います。

大きさで存在感を示すのではなく、役割を果たすことで注目される道がある

杉本　インタビューのテーマである「この時代に大切な問いを問う」に戻って改めて伺いたいのですが、比屋根さんは「今」をどういう時代だと捉えていますか？

比屋根　いろんなものが問われていますよね。その土台にあるのは「どうやって地球と調和しながら関わっていくのか」だと思います。地球が壊滅的な状況になれば人類は生きられませんから。その前提に立って、人類が多様なものを受け入れて、それぞれにバラバラの個性をもちながら共通の目標に向かう、大切な時期なんじゃないかと思っています。

多様なものを前提に、地球や文明との共存共栄のためにできるだけ争いを減らしていくことをみんなで考えられる時代なんじゃないかな。そういう意味ではＳＤＧｓというのも、世界共通で会話できるのであれば、お互いの違いを受け入れるひとつのツールとして使えるのかもしれません。

私たちの子どもの世代では、世界はもっと小さくなっていると思うんですよね。そして、もっと深刻な問題がたくさん出てくると思います。もっと人間同士が近くなっていくなかで、ひとつにまとめるのではなく、ひとつの方向へと導ける感覚をもったリーダーが必要だし、日本人はそういう役割を果たせるんじゃないかと思っていますね。

西村　なぜ、日本人にはそういう役割を果たせると思うんですか？

比屋根　明確な根拠があるわけではないけれど、沖縄にいると平和・調和をすごく感じますし、沖縄自体はその役割があると思います。日本に関しても、東洋思想が見直されているなかで、日本の文化にもその思想が根付いていると思うので。それを、日本人や沖縄の人が思い出して実践できるようになれば、自ずと世界の人たちから注目されるんじゃないか、という感覚があるという感じですね。

西村　たとえば今、世界から注目されるというと「大きくなろう」「存在感を示すんだ」みたいな方向になりがちだと思うんですけど、それとは違う「役割を果たすことで注目される」という道があるのかな、と。

比屋根　そうです。大きくなることが正解ではない時代になってきたと思うんですよね。大事なのは「個であり全体でもある」という感覚……「個」というのは個人や個性、地域だったりするのですが……「個」であり全体とつながっているという感覚をもって、世界がより良い方向に行くように動ける人というイメージです。

西村　そういう役割を果たす「人」がいることで、「あの人たちとなら何かできるんじゃないか」という意味での注目をつくっていく。

比屋根　そうですね。「ああなりたい」と思ってもらうことで、「じゃあ、その人がいる日本ってどんなどころか行ってみよう」とか。まずは沖縄でそういう実験をして、良いモデルができたら日本のいろんな地方の参考になるんじゃないかと考えています。

西村　これまでは「物」がベースの観光が主流だったと思うのですが、「ああなりたいから行ってみよう」っていうのはすごくおもしろいです。

比屋根　「物」よりもやっぱり「人」ですよね。たとえば今、実験的にやっていて好評なのは、沖縄のユタ（シャーマン）のお孫さんが、子どもの頃に「おばあ」に聞いたすごく本質的な話を詩にして朗読したり、ミュージシャンとコラボセッションしたりするというものがあります。10名くらいの人たちと2～3時間かけてやるんですけど、話を聞いてすごく心が温かくなったり泣き出したりする人がいて。沖縄の「おばあ」の話をすることに、ものすごく価値があるのかなと思いました。目先のことではない本質的な話って世界共通だと思うんですね。

これからの地方にできる「観光」は未来への希望という「光」を「観る」こと

西村　文化とは、人々の日々の行動が蓄積された結果生まれたものなので、分解すれば「いろんな人が、何を考えて行動していたのか」ということになると思うんですね。「文化体験をしよう」というとセミの抜け殻を見ることになって、実際に起きている文化そのものは鳴いたり飛んだりしているセミそのものというか。文化に触れるには、そこで生きている人が何をしているかを見ることが重要なんだと、今聞いていて気づきました。

比屋根　すごいまとめをいただいてありがとうございます。そうですね。本当に文化を体験するというのは、日々のことに関わっていくということですよね。

杉本　観光は「光を観る」と書きますが、文化をつくる人たちの「光を観る」ということかもしれませんね。

比屋根　光は希望だと思います。いろんな地域に行っていろんな人たちと触れ合うことを通して、これからの人類のあるべき自然との調和、自分の心との調和、多様な文化との調和、国籍を超えた調和を学んで、未来の希望をもつみたいな。その希望の光を見つけに行くのが、これからの日本の観光で。

それがいわゆる「田舎」と呼ばれるところでできる、すごく貴重な体験になるんじゃないかという考えが、今お話ししていて自分の中で湧いてきた感じです。

西村　もうひとつだけ聞きたいことがあって。比屋根さんが「自然との調和」と言っていましたが、それを感じやすいのは海の近くじゃないかと思ったんですね。海ってコントロールできないし、まとめて横に置いておくこともできなくて。「どうしようもないもの」のわかりやすい象徴だなと。

海やその延長にある台風という、大きな自然との付き合い方と「自然との調和」って近いんじゃないかと思って、比屋根さんが感じる沖縄の人の自然との付き合い方について聞いてみたいです。

比屋根　今、僕は月に1〜2回は沢登りをしているんですけど、木も石も生きているし、流れている水もエネルギーになっていて、その循環とのつながりを感じることですごくリフレッシュできていると思うんですね。僕の中では、自然のエネルギーの循環ともうすでにつながっている。そのつながりを科学的に見える化できたらおもしろいなと思います。

沖縄にとっての海はもう文化に近いですね。沖縄では「海に行って飲もう」みたいなのが普通にあって。夏はたくさんの人が家族や友人を連れてきて一緒に遊ぶんですけど、ああいうのもすごくいいなと思います。夕日が落ちていく海を前に自分の思いを語り合ったり、仲間の相談を受けたりする。疲れているとき、ぼーっとしたいときや考えごとをしたいときに行くと気持ちを切り替えられる。沖縄の人は、海があるからバランスをとりやすい、というのは無意識のうちにあると思います。

杉本　誰もがそこにいていい場所として海があることは大きいだろうなと思います。京都だと鴨川に座って話したりしますが、東京に住んだときには「無料で座れる場所が少ない!」ということに衝撃を受けました。

比屋根　沖縄の人たちがオープンマインドだと言われたりするのは、若い頃から何かあれば海に行く生活をするなかでアイデンティティが育てられて、「沖縄らしさ」みたいなものがどんどん刷り込まれているのかもしれません。東京のお客さんが来られたときも、ビーチパーティをするとすごく喜んでくれます。県外から来た人と開かれた場所に行って一緒に飲んだり食べたりできることも含めて、沖縄の強さだと思います。

西村　海の力をうまく表せるといいな。海って、砂浜のエリアで波打際との距離を自分である程度決められるのもいいなと思います。距離感をお互いにつくり合えるというか。

比屋根　波の音もすごく落ち着くなあと思います。あと、夕日や朝日が海に反射する光も含めて愛おしいというか。朝はエネルギーをもらえるし、夕方は柔らかい気持ちになるし。

西村　「海は青い、以上」とかじゃなくて、海のいろんな表情を豊かに語れる解像度をもっていることもすごく大事で、調和や平和という感覚にもつながっていくんじゃないかと思いました。ありがとうございました。

複雑な課題を表現してみると、解への道筋が必ず見えてくる。

筧裕介

課題解決とデザイン

筧裕介｜かけい・ゆうすけ｜NPO法人issue＋design 代表理事/慶應義塾大学大学院健康マネジメント研究科 特任教授。多摩美術大学統合デザイン学科 非常勤講師。1998年、株式会社博報堂に入社。2008年、ソーシャルデザインプロジェクト「issue＋design」を設立。以降、社会課題解決のためのデザイン領域の研究、実践に取り組む。代表プロジェクトに東日本大震災支援の「できますゼッケン」、子育て支援の「日本の母子手帳を変えよう」他。主な著書に『ソーシャルデザイン実践ガイド』『持続可能な地域のつくり方』（いずれも英治出版）などがある。グッドデザイン賞、竹尾デザイン賞、日本計画行政学会 学会奨励賞、カンヌライオンズ（フランス）など、国内外の受賞多数。

博報堂で学んだ難しい課題を解くおもしろさ

西村　まずは筧さんが「issue+design」を始める以前のところからお話しいただければと思います。

筧　僕が学部時代を過ごした大学は、いわゆる既存の社会システムを誠実に確実に回す人材、大企業の人事・経理、銀行マン、会計士・弁護士のような人を生み出すための大学なんですよ。確実な正解を出す能力を高める受験勉強をして、大学でも正しい答えをきっちり出して、「正解だね」と言われてきて。
　でも、「博報堂」という会社に就職して最初の半年くらいで、その考え方を全部壊されました。正解的なものを出すと「おもしろくないね」の一言ですべて却下されるわけです。確実な正解よりも、気持ちが躍ったりワクワクしたり、自分の感性が震わされるようなもののおもしろさや大切さを教えてくれたのが、博報堂という会社での仕事でした。
　ただ、「確実に正解を出す」という日本の教育が間違っているとも思っていなくて。しっかりと正解を導き出したうえで、正解がないものを解いていくことが大事だと思っています。正解がない、すごく難しくて複雑な問題を解くことを、僕は「デザイン」と呼んでいます。いろいろな要素が入り混じったごちゃごちゃした難しい問題を解きたいというのは、僕の根本的な欲求としてあって、そういうものに出会うと「おもしろそうだな」と思いますね。

杉本　「ごちゃごちゃした難しい問題」に初めて出会ったのが、博報堂時代のお仕事だったのでしょうか。

筧　博報堂で出会ったのは、幅広い解の求め方だったと思います。入社してから3〜4年は、本当に死ぬほど働きました。広告制作とは、クライアントが抱えている課題を解決するためのアイデアを出して、広告というフレームに企画を落とし込んでいく仕事です。それを、2週間おきに違う題材でひたすらやり続けたんですね。家族向けのミニバン、生理用品、ペットボトルのお茶、水虫の薬……という感じで、ありとあらゆる領域のクライアントの課題を受け取って解を出していくという、千本ノックみたいなことをずっとやっていて。

また、博報堂という会社は極めてフラットな会社で、良いアイデアは年次などにかかわらずどんどん採用してもらえました。クライアントが評価してくれると、次から次へと営業がおもしろい仕事を持ってきてくれる。正解のない課題を解くことを、一番学ばせていただいた環境だったと思いますね。

非常事態宣言下のNYのホテルで自分の仕事を考えた1週間

西村　2008年に、阪神・淡路大震災の避難所生活の教訓を生かすプロジェクトとして「issue+design」を立ち上げられました。僕は、プロジェクト後に出された書籍『震災のために デザインは何が可能か』を読んで筧さんに出会ったんですよね。なぜ、阪神・淡路大震災とその避難所のプロジェクトをやってみようと思ったんですか?

筧　クライアントの投げかけてくれる問題に解を出し続けることはすごく得意だったんですけど、なんかちょっと物足りなくなったというか。周りには広告が大好きな人、それが得意な人がいっぱいいるから、誰も解こうとしていない問題を解きたいなと思い始めたんですよね。

社会課題をテーマにしてみようと思ったのは、「広告的なアプローチで、他の問題も解けるんじゃないか」という感覚があったからです。

西村　みんながあまり注目していないけれど「これが解けたらおもしろいんじゃないか」というようなテーマを選んだということですか？

筧　そうですね。社会課題というところまでは決めていて、その中で何をテーマにするかを考えたとき、「震災」という課題が、日本で日本人がやるべきテーマだと感じたことが一番大きかったですね。

当時は、温室効果ガスの削減目標を定めた「京都議定書」の施行や、G8の首脳が気候変動を議論した「洞爺湖サミット（第34回主要国首脳会議）」が開催されていて、社会課題といえば環境問題が中心でした。あとは、ちょうど「BOP（Base of the Pyramid：所得が最も低いと同時に最も人口が多い層）」やアフリカなどの貧困問題も注目を集めていた時代だったんですけど、日本で生活を送る僕らにとってもっと身近で切実に感じられる問題、そして解決できそうなテーマがいいなと思いまして。

僕らなりに、日本にいて日本人が世界に貢献できるテーマでやりたいと思って探しているなかで、震災というテーマにたどり着いたみたいな感じですね。

西村　社会課題をテーマにしようと決めた背景みたいなものってありますか？

筧　背景としてよく語っているのは、ニューヨークで経験した「アメリカ同時多発テロ事件」です。2001年9月11日、まさに僕は広告会社で絶好調に仕事をしていて、著名なデザイナーとの仕事のためのニューヨーク出張中でした。目の前でワールドトレードセンターに飛行機が突っ込み、ビルは消え、もちろん仕事も消え、マンハッタンの南側の進入禁止エリアのホテルで1週間過ごすことになりました。

ホテルからずっと出られずにいろいろ考えていたときに、行き詰まりを感じ始めていた広告の仕事ではなく、死や戦争、宗教や貧困など、より複雑で難しいテーマに取り組みたいなという思いが募りました。

そんな背景があって、帰国後しばらくして会社に所属したまま東京工業大学大学院に進学し、研究と仕事の二足のわらじを履き始めました。ただ、明確に「社会課題をなんとかしたい」ということは特になかったと思います。

杉本　今年はコロナ禍で多くの人が「STAY HOME」することになり、いろいろ考える時間をもつことになりました。ニューヨークのホテルから出られずに過ごした1週間、立ち止まることによって自分に問いが向かったということでしょうか。

筧　そうですね。仕事もなくなり、ホテルの近くで商魂たくましく開いている中華料理屋でご飯を食べて帰ってくるだけの毎日でした。当時はインターネットで得られるテロ関連の情報はまだまだ限られており、目の前で起きていることを理解するにはCNNなどの現地のマスメディアに頼るしかなく。そんな毎日を過ごすなかで、「今まで自分がやっていた仕事は何だろうか」ということを含めて考えさせられる時間がすごくありました。

そのときに「解きたい」と思った対象が、毎日のように降ってきていたクライアントの課題ではなく、自分がいるニューヨークで起きたテロを引き起こすような社会構造やシステムだった。「こういう問題にはなんか興味があるぞ」という感覚になったのは覚えています。

ただ、そこですぐに「宗教や戦争の問題に自分で取り組みたい」という強い思いをもったわけではないですね。

適切な出会いがあれば、最適解までのスピードが変わる

西村　コロナ禍以降、筧さんは新型コロナウイルスとともに生きる未来を考えるプロジェクト「ミライ＋コロナ」と「感染予防Play!」の2つを立ち上げましたよね。今回、すごくプロジェクトの立ち上げが早いなと思いました。

東日本大震災のときは、神戸での「issue+design」の取り組みから生まれた「できますゼッケン」がすでにあったので、すばやく動くことができた。でも、今回の感染症については準備されていたわけではなかったのに、すぐに打ち返していた感じがあります。このスピード感の変化の背景に何があったのかを聞いてみたいのですが。

筧　10年前と比べると、最適解を出すためのチームづくりに関する能力が圧倒的に高まっているので、スピードは格段に上がりましたよね。

課題に対する解を出すには、自分で考えることに加えて、どういうネットワークにアクセスできるかがすごく大切で。それができないと良い解は出せないという実感が、最近は非常に強いです。

今回の「感染予防Play!」で言えば、感染症の専門家がまず必要です。それに加えて、ウェブエンジニア、グラフィックデザイナー、オンラインでのワークショップ運営ができるメンバーにも加わってもらい、全体のプログラムをつくっていったわけです。

西村　つまり、人と情報にアクセスすることが解の出し方の一部だということですよね。

筧　そうですね。「何をやるか」を決めるにあたって「誰とやるか」が大切だなと思います。そこを同時に考えていくというか。

西村　解を出すときに「誰とやるか」が適切であれば、その人と一緒に「何をやるか」が出てくるから、完全に見通しが立っていなくても解が見えてくるという感覚ですか？

筧　新型コロナウイルスの感染拡大が始まったときから、この問題に対して自分なりにどうアプローチできるのかをずっと考え続けていて。

その過程で、適切なプレイヤーと会って話したときに、次の見通しが生まれていきました。それがない限りは、適切な解を出すプロジェクトにならないのでスタートしなかったと思います。

西村　最適解を出すまでのスピード感が変わってきた今、筧さんにとって今まさに「おもしろい問題」というとそれはなんでしょうか？

筧　長年、頭の中で問い続けて解を出せていないものをずっともっているんですよね。なかなか難しくて解が見えないなっていう課題は今でもいっぱいある。そういう意味では、昔も今もあまり変わっていないなと思います。大抵は、誰かに会ってその解を得る道筋が見えるとすごいスピードで動き始めるんです。

個の力が発揮しやすい時代において、一人ひとりの創造性を加速させるには？

西村　では、メイントピックスの「時代にとって大切な問いを問う」に移りたいと思います。筧さんが「今の時代、この時期においてみんながこういうことを考えるといいんじゃない？」と考えるのはどんなことですか？

筧　僕は、今は「個の力」が求められる、すごく良い時代だと思っているんですよね。個人個人の創造性の価値が高くて、個がすごく力を発揮しやすくて、その力が世の中に機能する影響力を発揮しやすい時代だという感覚があります。
たとえば、飲食・宿泊・イベントなど、人が集う場を運営する人たち向けの感染予防のプログラム。場を運営する人たちに「どこにどんなリスクがあるか」を問うて、感染を防止する策を考えるためにそれぞれの創造性を発揮できれば、感染拡大という問題の解決に寄与できると思うんです。一人ひとりの個の力で社会が変わっていく時代だからこそ、個人の創造性を加速させる仕事をしていきたいですね。

西村　たとえば、デザインに携わる人がこの記事を読んだときに、「個人の創造性を加速するうえで、こんな風にデザインの力を生かせるんだ」とイメージしてもらえたら、「自分もやってみよう」と思えるんじゃないかと思うのですが。

筧　まさに今、僕は個人が創造性を発揮することをエンパワーする仕組みや環境のデザインをやりたいと思っています。ただその感覚は、「できますゼッケン」の頃からあまり変わっていないんだなと、最近気がつきました。

西村　「できますゼッケン」は、避難所というある種の極限状態の中で、自分たちの力を生かし合って状況をよくするには何ができるだろう、というものですよね。

筧　そうですね。「自分にできることは何だろう?」と考えて、それをみんなに伝えて。「個人ができること」でコラボレーションしながら避難所をつくっていく。その場にいる住民や支援者の創造性を高めるための仕組みが、社会課題を解決するためにすごく大切だと思います。

大きな組織が力をもっていた時代は、結局のところは組織が社会を変えていましたが、今は個が力を発揮しやすい時代で。それはすごくハッピーなことだと思います。博報堂を離れたことによって、僕自身も「個である方がやりやすいことが多い」ということを実感していますね。

形あるデザインを通じて人の創造性が高まり、課題解決に寄与するものをつくりたい

西村　そういう意味では、本来は社会全体がもっと創造力を発揮できるはずなのに、気づかないうちに箱の中に閉じこもってしまっているような状況なのかなと思っていて。

「個人の創造性を高めることが社会課題の解決につながるんだ」という気づきの瞬間がもしあったなら、伺ってみたいです。

筧　2015年から約5年間、高知県の佐川町という人口1万3000人の中山間地域の町で、地方創生の仕事をしていました。ほぼ毎月のように高知を往復して、うちのスタッフも深く関わり、良い仕事ができた実感はあります。

佐川でのプロジェクトが終盤に差しかかる頃に、まちづくりに関わる人が全国から300人くらい東京に集まるイベントに呼んでいただく機会がありました。そのとき、そこで議論されている内容が10年前からほぼ変わらないことに愕然としました。この10年、まちづくりという領域があまり進化していないことに気づき、自分の無力さを痛感したんです。

ただ、それと同時に、この10年で地域に関わるプレイヤーは格段に増えています。僕らが個別の地域に入って仕事をするよりも、地域に関わる人々の創造性を高める仕掛けや仕組みをつくることの方が、自分は貢献できるのではという思いに至ったのです。

僕らが特定の地域で仕事をさせていただく際に必ずやることがあります。それは、その地域で暮らすさまざまな人の声を聞き、その人たちに集まっていただき、ひとつのチームをつくる活動です。「地域で活動しているプレイヤー同士の分断」が地域全体の変化や成長の最大の阻害要因であり、住民同士の対話を促し、互いの協働を生み出すことが地方創生にとって最も重要だと考えているためです。

『SDGs de 地方創生』は、この地域内での分断、それを乗り越えるための対話と協働を実体験できる、カードゲーム型のワークショッププログラムです。その実践書として、『持続可能な地域のつくり方』も出版しました。

この1年半で全国に約600名の『SDGs de 地方創生』を運営するファシリテーターが生まれて、プログラムの開催数は年間数千回に上ります。僕やチームのメンバーがいくらがんばって、地域でプロジェクトをしたり、講演を繰り返しても絶対に成し得ないことです。

ゲームという形のデザインが、地域に思いをもつ人の気持ちを動かして、創造性を高める装置としてうまく機能している手応えがあります。

西村 今の話でいうと、『SDGs de 地方創生』はプロダクトであり教育みたいな側面もあるなと思います。筧さんの中で何が「手応え」になったのでしょうか。

筧 僕の中では、アウトプットになるモノをつくりたいという欲求は極めて強くあります。やっぱり、誰かに届いて、使ってくれた人の気持ちが動いて、何かの問題を解決する、そんなモノをつくりたい。形あるデザインを通じて人が変わり、創造性が高まり、課題が解決されていくためのモノをつくりたいという思いがあり、それができていることに「手応え」を感じています。

杉本 筧さんは、人の創造性を高める仕組みをデザインするうえで、きっといろんな手法を検討してこられたと思います。その中で、「このやり方が一番自分にフィットするな」というやり方を選ばれているのではないかと思いますが、いかがでしょうか?

筧 僕はつくりたい人なんですけど、大したものがつくれないというところがポイントだと思っていて。たとえば、すごく素敵な建築を設計できるとか、グラフィックデザインができる人はたくさんいますが、僕は何ひとつできない。だからこそ、課題やテーマに対して、僕がアクセスできる範囲の中で一番良いアウトプットをフラットに選べるし、それを形にするところに全力をかけられるのかもしれません。

「+design」がつくる変化が生態系になって広がっていく

西村 寛さんたちは、どのテーマでも「+design」でより多くの人が参加できて、効果的な解決ができるんじゃないかと考え、「+design」をずっと掲げてきたと思うんですけど。「+design」ということに関しての進展についてはどうですか？ 広がったり、研ぎ澄まされていたり、あるいは次の課題が見えていますか？

寛 デザインの定義のスライドはこの十数年の間いじっていないし、「美しさと共感性」というところでは変わらなくて。ただ、自分たちがデザインしたアウトプットの効果の範囲が変わってきたと思います。

昔は、受け取って使ってくれた人が「すごくいいね」「自分もやりたい」と思って行動が少し変容するという一時的なアプローチでいいと思っていました。でも、受け取ってくれた人だけの行動変容だと、社会の中で変えられる範囲はすごく狭い。

今は、受け取ってくれた人からの二次的な波及効果がある

+design
デザインとは
論理的思考や分析だけでは読み解けない、
複雑な問題の本質を直感的、推論的に捉え、
そこに調和と秩序をもたらす行為。
美と共感で多くの人の心に訴え、行動を喚起し、
社会にシアワセなムーブメントを起こす行為。

ものをつくって、もう少し社会の中で生態系のように広がって機能しないと意味がないんじゃないかという風に進化したという感じですね。

西村　なるほど。課題解決に向けたアクションだけでなく、その後の課題解決に限らない行動までを含めて考えていくという感じですか？

筧　課題解決への行動も、そうでない行動も含めてですね。僕たちのアウトプットを受け取った人たちが行動することで、周囲の人たちに広がったりとか。課題解決の輪というか、知の生態系みたいなものが徐々に広がっていくようにならないと、大きな変化には至らないということですね。

西村　今日お話を伺いながら、時代を追うごとに僕と筧さんの関心が入れ替わり続けている感じがしました。

僕はもともと形をつくることに全然興味がなかったけれど、最近はモノをつくるときに最後までやり切るってすごい大事なんだということを知って。「7割くらいで手放せばいいや」から「やり切ってみよう」になったんですけど。

するど、今度は筧さんたちが「7割くらいで、あとの3割はみんなに動いてもらう」みたいな方向に入っていて、相互に行き来している感じもします。やり切るという点についてはどうでしょうか？

筧　今でも、アウトプットするときは、10割やり切ったものじゃないと広がらないという感覚はあります。細部まで詰め切ったものだからこそ波及力をもつし、きっちり再現されていく、広がっていくんだと思います。
たとえば、僕らはすごく緻密に細部までデザインして書籍をつくるんです。もし、見開きで文章が終わらずに次のページに3~4行の結論が跨いだりするだけで、人の気持ちを動かす力は落ちると思う。「受け取った人がどう感じるか」を考え抜いて、細部を積み重ねていくことでだんだん伝わる力、人の気持ちを動かす力が大きくなっていくんですね。頭で考えるだけではなく。

身体で表現することで「解」への道が見えてくる

西村　一周回って、最初の広告の話につながっている気がします。たとえば、教育と広告は真逆の世界だと思うんです。だけど、やろうとしていることはすごく良くても、デザインする力があまり入っていなくて、伝える力がすごく弱かったりします。まだまだ「+design」が入ることで世界が良くなっていく余地があるということなのかなと思っていて。
「避難所」のように区切られた空間ではなく、日本全国にまで対象が広がっているんだけど、対象を広げたときにぼやけがちなアウトプットを「+design」でぎゅっと明確にできるということなのかな、と。

筧　ちょっと余談になるかもしれませんが、僕は毎朝5時半に起きて、7時まで小学3年生の娘と勉強する時間をとっています。3年の算数は、分数、少数、円や球も出てきて、格段に難易度が上がるんです。文章題もなかなか手強いのですが、そこで気づいたことがあります。頭で考えるのではなく、身体で考えることで、解への道筋が見えるということです。
算数の文章題を読むと、どうしても「どう解くのか」を頭で考えてしまいますよね。僕も学生時代は完全にそうでしたが、今の僕は考える前に手が動き、文章で書かれていることを図や表にしていきます。手で描き目で見ると、途端に次やるべきこと、つまり解への道筋が見えてくるんです。
難しい図形の問題に補助線を引いた途端に答えがわかるのは、まさにその典型です。なので、娘にも「考える前に表現すること」を繰り返し言っています。
感覚的に、デザインと数学や科学は相性が良いと思っていたのですが、娘との勉強を通じてそれを確信するに至りました。学生のときにそのことを知っていたら、今より遥かに数学や物理が得意になっていただろうなぁ（笑）。このことは多くの人に知ってもらいたいとも思ってます。

西村　うちの長女は小学2年生ですが、筆算をするときにすごく悩んでいるんですね。「筆算は、見た目で解決する方法だから悩む必要はないよ」と言うんだけど、なかなか伝わらないんですよね。本当はめちゃくちゃ簡単なはずなのに、そもそも人間は難しくしてしまいがちな生きものなのか、よくわからないんですけど。
難しいものを難しくがんばるんじゃなくて、どんどんシンプルにして「ただやればいい」というところに落とし込んでいくことが必要だし、意外とそれって高度な能力なのかなと思いました。

筧　難しいものを表現していくと、本質や解に近づく道が見えるんですよね。僕も仕事では、直感的にわからないこと、解への道筋が見えないことは、描いて表現してみるところから始めます。そうすると、描く過程、描いたものを眺めている過程、それを見ながら仲間と議論する過程、そのいずれかで「このあたりに本質があるんじゃないか？」と気づける。こうやって気づくことって、意外と難しいことなんだと思いますね。

杉本　先ほど、西村さんが避難所との対比で、時間と空間が限定された状態で課題解決に向けたアクションを生むデザインと、特に限定のないところに気づきを生み出して波及効果までを期待するデザインについて問われていたのかなと思います。後者の方が、より大きな社会課題の解決が可能だと考えておられるのでしょうか？

筧　人が考えたり創造力を発揮したりするには、時間軸や場所、空間的な制限がすごく必要だと実は思っています。人は、あるフレーム、仮の思考空間、物語の中で生き、考え、行動しているので、そのフレームがないなかで何でもいいから自由に考えるって、すごく難しいことなんですよね。『SDGs de 地方創生』はSDGsがテーマなので、2030年までの10年間という期間の中で、あるひとつのまちで自分の職業や立場を与えられることを前提に考えます。避難所のプロジェクトも、阪神・淡路大震災レベルの震災が発生したときの「300人くらいがすし詰めになっている小学校の体育館」という状況設定から考えてもらっています。

問いをフォーカスするきっかけは人との出会い、旅、そして「無用の書」

西村　本書のインタビューのひとり目は『問いのデザイン』の著者・塩瀬隆之先生にお話を伺ったのですが、まさに「問いのデザイン」という言葉は本質を突いているなと思いました。課題を考えるときに、状況や制約をいかに設計するかで勝負が半分決まっているというか。そこがうまくいけば、多くの人が良いアイデアを出せるし、良いアクションを起こせるということなんだと思います。

箟　塩瀬さんの『問いのデザイン』は本当にその通りですね。僕は、ヤフー株式会社のＣＳＯ・安宅和人さんの著書『イシューからはじめよ』などにもすごく影響を受けていて。僕らも「イシューをいかに設定できるかで8割は決まる」と思っています。

そして、まだ設定し切れていないイシューのフォーカスが合うきっかけは、誰かに会うか、旅をするか、本を読むかの3択で、一番強いのは、やっぱり「誰かに会う」です。

西村　今年6月に東京・神保町に「無用之用」という書店をつくられましたよね。「無用の用」は、すごく好きなテーマで。役に立つかどうかは状況次第なので、役に立たないと思っていることはむしろやった方がいいと思うんですけども。今の話は、「無用」にフォーカスした背景にも実はつながっているんじゃないでしょうか。

箟　イシューのフォーカスが合わないということは、自分の中にそのための知がまだないんですよね。だから、問いを定めるための外からの刺激や知がすごく大切だと思うんです。

西村　「問いを明確にするための知がない」と言うと、人は役に立ちそうなものを手に取ろうとしてしまう。そうではなく、本当に無用だと思う世界に行っても大丈夫だ、と思ってもらうにはどうしたらいいのかなと思うんですね。

最近、僕は天文考古学の本を読んでいたんですけど、天文考古学が僕の役に立つ可能性は2ミリくらいしかないと思われる。でも、僕はそこに本当にすごい可能性があると思うんです。

なぜなら、自分が取り組めていないテーマはきっとまだ残っているし、それに気づいていなければ役に立つと思えるはずがない。だからこそまったく関係なさそうなテーマに行ってみるんです。

それでも、今見えているテーマに紐付けようとするところが前段階にあるなと思っていて。ある講演で「いっそ役に立たない方向に行った方がいいよ」と話してみたら、みなさんがポカンとしているのがすごい伝わってきて（笑）。

筧　すごくよくわかります。「役立ちそうだ」と自分で気づいていることは、自分が属している狭い世界でしか役立たないですもんね。いかに自分の意識の外の世界に気づけるかが、今一番大切なことだと思っています。関心なさそうな書籍を眺めてみるというのは、その絶好のトレーニングです。

よくわからないけど、感性や気持ちがちょっと動くものを見つけ、「普段は興味をもたないけど、ちょっと興味が湧いた」みたいなことに気づけるようになると、自分から少しずつ遠いものに、徐々に気づけるようになっていきます。そういうトレーニングは、今誰もが大切にすべきことだと思います。

西村　子どもと遊んでいると、すごく役に立たないところに向き合わざるを得ないのがいいなと思っていて。

うちの子どもは今、すごく鳥が好きで「あの鳥は、○○科のこういう鳴き声の鳥で、たぶんあれは冬羽《ふゆばね》だから、夏はこういう色で……」みたいな話をしてくれるけどまったくわからない。下の息子は電車が好きで、やたらと電車の型番を知っている。家族の中で、自分にはない趣味をもっている人と向き合っていくと世界が広がるなと思います。

筧さんは、自分の世界を広げるための出会いってどうやってつくっていますか？

篁　昨年亡くなられたエンジェル投資家の瀧本哲史さんは、教養というのは「自分とは思想が異なる人、自分にとって未知の領域に精通している人」と対話ができる能力だという趣旨の発言をされていて、すごく共感しました。

最近は「この人たちと対話できるんだろうか？」と感じるような異分野の方が募るパネルディスカッションには、できるだけ積極的に登壇させてもらうようにしています。僕は、そういう場でたまたま隣にいた人との出会いから、視界が開け、イシューのフォーカスが合い、プロジェクトが生まれる成功体験が結構あるので。

本の選び方も、そういう成功体験に出会えるとやっぱり変わりますよね。だんだん誰とでも、どんな領域のテーマでも、比較的理解しながら話せるようになって、瀧本さんが言うところの教養が身に付くんだろうと思います。自分が「無用の知」に触れるために、「無用之用」という書店をつくったというところもありますね（笑）。

西村　なるほど。特に最後の「無用之用」の話は、すごく聞きたかった話でした。今日もいつにも増してありがとうございました。

組織が求めるゲームのためではなく、「自分は何者なのか」を感じて仕事をしてほしい。

篠田真貴子

篠田真貴子｜しのだ・まきこ｜エール株式会社 取締役。慶應義塾大学経済学部卒、米・ペンシルバニア大学ウォートン校MBA、ジョンズ・ホプキンス大国際関係論修士。日本長期信用銀行、マッキンゼー、ノバルティス、ネスレを経て、2008年10月にほぼ日（旧・東京糸井重里事務所）に入社。同年12月から2018年11月まで同社取締役CFO。1年間のジョブレス期間を経てエール株式会社の取締役に就任。『ALLIANCE 人と企業が信頼で結ばれる新しい雇用』（ダイヤモンド社）監訳。

周囲が期待する自分と「素の自分」のズレを感じ続けて

西村　僕は、篠田さんを「どういう人か」から知っていったので、実は「何をしてきた人か」は詳しくなくて。今さらながらにプロフィールを見て「あ、こういうことをやっていた人だったのか」と思いました。

杉本　おふたりはどんな風に出会ったんですか？

西村　共通の友人が会社を立ち上げるので、そのサービスを考える合宿に呼んでもらったんです。そこにいた人を全員知らなくて。そうしたら、篠田さんがぽろっと高知のカツオの話をして。

篠田　そうそう。その直前に私は初めて高知に行って、「今までカツオのたたきだと思って食べていたものはなんだったのかと思うくらい、すごくおいしかった」って話をしたんです。

西村　その表現が僕の中で完全に同じだったんです。初めて高知のカツオを食べたときに、まったく同じことを周りに言ってました。「またカツオの話をしましょう」ってその場は終わって、次は僕が篠田さんに自分の相談をしに行ったんですよね。

杉本　なんで「カツオの話をした人」に大事な相談をしようと思ったんですか？

西村　自分が興味あることをすんなり言う人は、僕の中ではすごくいい人で、意外とすごく少ない。「カツオの話をしたいときはカツオの話だよねやっぱり」というのがありますよね。ちょっと言いすぎかもしれないけど、「興味のあることを言う人でかつ、興味をもてない話はしない人」だと思うんです。相談をするなら、そういう人がいいと思ってます。

篠田　私が「何をしている人か」ではなく「どういう人か」から入っていただいたのは、ありがたかったなと思います。

というのは、私の経歴をご覧になると、かなりマッチョな印象があると思うんです。そこには何の嘘もないんですけど、周りから見たときのイメージと、自己像のズレに常に敏感だという自己評価があるんです。それは、子どもの頃から現在まで、実はつながっています。

私は東京の真ん中で生まれ育ち、5歳から9歳までは父の転勤でアメリカのロサンゼルス郊外に住んでいました。家庭では日本語、友達はアメリカ人だから英語で話すというのが、自己認識のスタートだったわけです。ところが、帰国して日本の小学校に行くと、所作も言動もアメリカナイズされているから、「アメリカ人」なんて言われたり。アメリカの学校と同じように手を挙げて積極的に発言したら嫌われたり。自分が素でやることと周りが期待することがズレるなと思っていたんですね。

また、高校時代に1年間アメリカに交換留学したのですが、オレゴン州の田舎にある人口約2500人の町の高校だったんですよ。

西村　都会で生まれ育っていただけに、極端に環境が変わりますよね。

篠田　好きな時間に好きなところに出かけて、都会的な遊びを楽しむ東京の高校生だった私が、その小さな町の中心部から5キロくらい離れたところにホームステイをして。車の運転ができないから行動の自由がまったくないんです。

でも、留学先の高校の同級生たちは、「都会の大学に行くのはいいけど、卒業したらすぐにこの町に帰ってきたい」って言うんですよ。「16歳なのにもっと人生に野望とかないわけ!?」ってびっくりしたんですけど、彼らには彼らの人生観や幸せがあって。

そこでも、やっぱり周りと自分のズレを味わって。「どっちが良いとか悪いじゃないんだよな」と幼いながらも理解する経験もしました。

じっくり話を聴いてもらうと「自分は何者か」がクリアになる

篠田　私が高校3年生のとき、男女雇用機会均等法ができたんですね。だから、就職活動のときは割とナチュラルに、「これからは女性も普通に大きな会社で仕事ができるんだな。イエーイ!」って思っていました。

ところが、面接を受けるといちいち「なぜ、あなたは他の女性が受ける一般職ではなく、総合職を受けるのですか?」と聞かれる。さらには、同級生にも「なんで?」と聞かれ続けるんですよ。社会に出てからも、自分が自然にする選択は、どうも周囲の人たちとズレる感覚は続きました。

西村　最初のキャリアは、日本長期信用銀行ですよね。

篠田　はい。日本長期信用銀行に就職して、なんか違うなと思って辞めて。アメリカの大学でＭＢＡ（経営学修士）を取って、マッキンゼーに入社してコンサルタントになり、ノバルティス、ネスレを経て、２００８〜２０１８年までは「株式会社ほぼ日（以下、ほぼ日）」のＣＦＯをしていました。

学生時代の自分の根っこにあったテーマは、周りと自分、社会と自分のギャップでしたが、社会に出てからは「組織が暗黙の前提にしている何かと自分がどうも違う」という違和感がテーマになりました。その「何か」がフィットすると居心地が良く感じるし、ズレているときは「これはどういうことなのかな？」ということに、ずっと関心を向けながら働いてきたと思うんですね。

それは、現在の私の問題意識にもたぶんつながっています。要は「女だから」「帰国子女だから」とかではなく「個の私を見てほしい」「個の私を発揮できる場所にいたい」という根源的な欲求です。組織と対峙したり、性別の役割分担と自分のジレンマがあったりすることに対して、「もっと楽にできるやり方はあるのに」と思う。一言で言うと、「みんなもうちょっと楽にできないんですかね」ということが自分の原動力になってきたと思います。

西村　２０２０年３月には、「エール株式会社（以下、エール）」の取締役に就任されました。

篠田　エールでは、企業で働く人が社外の人に一対一で話を聴いてもらうというサービスを届けています。人は、じっくり話を聴いてもらうことで、自分が何を感じ、何を考えているかを言語化できるからです。

特に大きな企業では、私から見ると、組織から求められた役割をプレイするゲームが上手になっていくように思う。エールのサービスを通して「自分が何者であるか」をきちんと考えたり感じ取ったりする機会を提供することで、一人ひとりが自分の個性や強みを生かしたかたちで仕事できるようになってほしい。

あるいは「なぜ自分はここに所属しているのか」がクリアになると、同じ仕事をしていても意味が変わってきて、楽しく仕事できるようになると思っています。

「期待値に追いつかない現状」が世の中の閉塞感をつくっている

西村 篠田さんから見て、2020年代の社会は「自分の素が出しやすくなっている」感じはありますか?

篠田 世の中の仕組みやムードという意味では素を出しやすくなっている一方で、素を出しやすいことへの期待値が高まっているのに現状が追いついていないから、むしろ閉塞感を感じやすい面もある。少なくとも、閉塞感を感じている人が減っている感じはしないですね。

西村 篠田さん自身はどうなんですか?

篠田 本当に運が良いことに、私自身はすごくやりやすくなっていますね。たとえば、こうして自分が考えていることを改めて言葉にする機会もいただいていて。先ほど西村さんに問われた「今の時代は自分の素が出しやすいのかどうか」ということも、ちゃんと言葉にしたのはたぶん初めてなんですよ。問われて言葉にすることで、自分の考えをクリアにして蓄積できるので、「今、自分はどこに立っているのか」が少しずつわかりやすくなっています。

もうひとつ、これも運が良いとしか言えないのですが、自分のことだけを考えてした人生の選択が、数年後にちょっと世の中で話題になることが多いんです。MBA留学したときも「女性が自費で行く」ことが話題になる程度に珍しい時期でした。

また、「クリエイティビティが大事だ」という議論が盛り上がった頃、私はちょうどほぼ日にいたんです。最近だと「女性管理職を増やそう」と言われていますが、すでに女性管理職の経験もあります。

たまたま私が経験したことに対して、常に世の中の要請があるめぐり合わせになっているんですね。そうなると、自分のありようをフラットに出す機会もいただけるのだと思います。

西村　世の中で話題になっていない選択肢を選ぶのは、ある意味ではリスクテイクしていると思うんです。「自分はこれが大事だと思う」みたいな感じで決めるんですか?

篠田　興味深いという意味でおもしろいと思って選ぶ感じですね。ただ、私は普通に社会で生きているビジネスパーソンなので、世の中の流れをある程度は読んでいますし、それによって自分の興味の方向性も左右されているとは思います。「この流れはあるよな」という認識がベースとしてあったうえで、「自分なりの理解」をしたいから選ぶんですね。

要は、まだあまりでき上がっていないから、失敗も成功もないじゃないですか。あえて説明すると、そういう風に思っているんじゃないかな。

西村　形式化された成功みたいなものはないから、成果が出れば全部成功という状態ですね。

篠田　そうそう。そこで理解できたことは、「実はこういうことが起きているんだ」という自分なりの発見になる。ベースにあるのは、個人としてすごくワクワクして、周りと共有できることにもワクワクして、ちゃんと組み立てれば事業的にもその「ワクワク」を本当に価値として世の中に出していけるみたいな状態ですかね。

杉本　先ほど「組織が暗黙の前提にしている何かと自分がどうも違う」という違和感のない場所にいたいと言われていましたが、「ワクワクする」場所だと「自分が楽でいられる」感じがあるということでしょうか？

篠田　ああ、そうですね。どうしても、20歳くらいまで若干アウトサイダーだったという自己認識があるものですから、既存の価値観や枠組みのある場所に違和感を覚えるんですよね。

でき上がった場所では、自分の居心地の良さが発生し得ないと思っている。これから新しく価値観や枠組みがつくられる場所の方が、自分が楽にいられる可能性が高いと思っているんでしょうね。

「聴く」ビジネスで世の中が良い方に変化するかもしれない

西村　たぶん、篠田さんは「おもしろそうなもの」にいっぱい出会っていると思うんです。その中で、グッと入りたいと思うことを選ぶのは、どういう感覚なのかなと思っていて。

篠田　そうですねえ。「なぜエールに入ったのか」をお話ししてみますね。ほぼ日を卒業したのは2018年11月だったのですが、それは大きなトランジションだったわけです。

卒業する少し前から、たまたま参加していたのが経営者6人が集まるピア・メンタリングでした。「この場で話したことは外に出さない」と約束した安心安全な場所で、毎週3時間、12回やったのがすごく良くて。私が、精神的にきつい思いをしすぎずにトランジションできたひとつの理由は、その場があったからなんですね。聴いてもらうということが、どれだけありがたいかをすごく感じました。

じっくり自分の話を聞いてもらうのもうれしいんですけど、相手の方が問わず語りでいろいろと深い話をしてくださることが一度ならずあって。聴くということに自分の感度が立っていたせいもあり、聴くことをテーマにした本を読み直してみると、改めて感じることがある。エールに出会ったとき、「聴くこと」をBtoBビジネスにしているのはすごいなって思ったんですよね。

杉本　ビジネスにしているということもポイントだったんですね。

篠田　私はやっぱりビジネスが好きなんです。既存の常識からちょっとズレていると、その業界のスタンダードから見るとバカっぽく見えるんだけど、実はめちゃめちゃ筋がよくて伸びる、みたいな。そうなるためには、概念的に考えていることから、それぞれのお客さまに届ける価値までを一気通貫させるような整合性をとらなければいけない。このあたりがすごい好きなんですよね。

エールに関しては、パーソナルに感じていた価値が、ビジネスとして提供できる仕組みになっていることに、まずおもしろさを感じちゃったんです。加えて、自分の原体験として日本の大企業のありようは、どうにも人を幸せにする仕組みになっていないと感じてきました。個人としてはすばらしい方々が、あの仕組みに組み込まれると、ご本人もハッピーに見えないし、ビジネスとしてもさほど付加価値を生めなくなっているなんて、「なんたる無駄遣い！」と思っていて。

エールのビジネスが育つということは、日本の大企業が良くなっていく事例が集積するということ。それをもとに大きな組織が良くなる仕組みに関する仮説を出せるかもしれないと思いました。概念整理ができれば、もっと大規模な「聴く」ビジネスが出てくるかもしれない。それが続くと、私がいいなと思う世の中に一歩近づくんじゃないかと思って、「エールでやりたい」と思ったんですよね。変化の真実は、ものすごく具体的な事例の中にあると思うので、できる限りその現場に近いところにいたかったんです。

西村　「いいなと思う世の中」にしていくために、自ら起業したいという思いはあまりないということも興味深いです。

篠田　そうですね。「自分がやらねば」という問題意識や欲求はあまりもったことがないんですよね。

杉本　「こういう組織はしんどいな」と思うことはあるけれど、組織そのものはいやではないんですね。

篠田　いやではないです。組織の良さも同時に知っているので、信じているんだと思うんですよね。仕事をするなかで、小さな良い事例を見つけて広まるようにしたい。私は、その良い事例を自分がつくらねばとは思ってないし、できるとも思っていないんですけど。「なんで良い事例なのか」をまだわかっていない人の枠組みに沿って、説明して理解してもらうことにすごい喜びを感じるんですよね。おもしろくて自然にやっている自分の役割は通訳的なところがあって。そこなんだと思いますね。

杉本　エールでされているのは、「話を聴く」ことによって相手が自分の枠を外して、自分自身を起点とした組織への参加の仕方を紡ぎ直すことかなと思います。外から関わる感じでいうとコンサルタントのようにも思うけれど、現場の真ん中にいらっしゃる。ほぼ日でも、ビジネスの立場でクリエイターに寄り添うけれど、黒子ではなくあくまで主役を張る感じもありますよね。

篠田　まさにそうです。メディアとは違うけれど、ちょっぴりメディア的というか。自分が発見したおもしろいことを、顔が見えている人たちに「見て見て、これおもしろいでしょう?」と共有したいんですよね。

雑多なかたちのものがうまく組み合わさる方法が試行錯誤されている

西村　今は多様化に向かっているのと同時に、変化のスピードも速まっている時代なのかなと思います。篠田さんがこれからの時代に向けて感じている可能性、「こういう時代になればいい」と思っていることについて聞いてみたいです。

篠田　変化のスピードが速くなっているかどうかは、ちょっとわからないです。もしかすると世の中の変化のペースは一定なんだけど、少なくとも日本においては、いろんな理由から変化を拒絶してきた30年があるので、異様なスピードでキャッチアップしなければならなくなっているだけかもしれない。

西村　なるほど。スピードが速いのは変化ではなくてキャッチアップの方ということですね。昨日のままでいると、今日生まれたものに追いつけないし、1年くらい経つと大きく後れをとってしまう感じなのかなと思います。

篠田　今は移行期だと感じています。2000年くらいまでは、組織も社会もパリッとしたヒエラルキーがあったんですよ。ピラミッド型の組織がうまく機能していて、「経営陣が頭脳で社員はその手足となって働く」という世界観だった。日本の社会全体で見ると、官公庁と民間、大企業と中小企業、男と女、大人と子ども……とすべて上下の関係になっていたと思います。

もうひとつは、産業革命以降の機械が規格品を大量生産するやり方がうまくいっていた時代には、組織における人間も規格品のようにあることを理想とする、暗黙の前提のもとにものごとが組み立てられていたと思います。この構造が変わり始めていると思うんです。

「角砂糖みたいに同じかたちをぴったり積み上げるのがいいよね」ではなく、「石垣のように一つひとつの形が違うものを組み合わせて組織や社会をつくる方が堅牢だよね」という方向に移行し始めている。でも、石垣をつくるスキルや方法論がまだないので、ちょっと困っているのが今かな。

その中で、雑多なかたちのものをうまく組み合わせる方法が試行錯誤されていて、実装に向かっていると思うんですよね。それこそ、異分野の出会いを促していくミラツクの取り組みも、この流れにあると思って見ています。

杉本　エールがやろうとしているのは、企業の中で角砂糖のかたちに成形されていた人たちを、その人自身のかたちに戻して、新しく石垣を組み上げられるようにすることだと言えるでしょうか？

篠田　一見ミクロに見える個人の中の変化が、超マクロな変化には必須なんですね。それなしにはつながり方の変化は起き得ないというのが、私から見た世の中の動き方の変化です。

たとえば、エールのクライアントの中に、トヨタの「先進技術開発カンパニーＡＩ統括室」の方たちがおられます。「今までにない新しい事業を考える」というミッションを負っているので、これまで叩き込まれてきたトヨタウェイがミスマッチだと頭ではわかっているけど、どうしたらいいかわからない。意識できるマインドより深いところで「自分たちはどうしたらいいのか」を模索する必要を感じて、エールを使ってくださっています。

エールではない領域の例をお話しすると、以前は、上場した直後のベンチャー企業にご相談いただくこともあったのですが、まったく新しい領域のビジネスなのに、組織のつくり方や上場に関することになると、経営者が古いパラダイムに盲目的に囚われているように見えることがあって。「新しい組織のあり方で世の中のルールと付き合わないと、本当に新しい事業はできないんじゃないか」と発破をかけたりしていましたね。

西村　お話を聞いていて思い起こしたのは、特にこの1年くらい「僕は一体何をしているんだろう？」と考えるような仕事が増えていることです。今までは、「成果をどうつくるか」に焦点が当たっていたし、今も成果に焦点は当たっているんだけど、どちらかというと「動き方」が大事になっている。それはすごくおもしろい変化だなと思いました。

篠田　本当にそうですね。動き方と、その動き方を駆動するマインドや価値観みたいなところが求められていると思います。

環境が変化するなかで「長期志向」を問い直す

西村　終身雇用という仕組みでは、人を育成する計画を立てるときに「最初の5年はひとりで仕事ができるように育てる」「次の5年で管理職へのステップをつくる」みたいに考えていたと思います。ところが、入社3年や5年で辞められてしまうので「5年単位で育成を考えていたのに」となったのかな、と。

でも、今は1年刻みぐらいの階段にして、人が抜けても元の状態に戻せばいいみたいな感じなのかなと思います。

篠田　なるほど、そうですね。今の話でいくと、ある部分は小分けになっていて、ちょっと抜けたら、またちょっと戻ればいいじゃないという仕組みにできている、という意味での変化ですね。もうひとつは、人の人生やキャリアという観点でいうと、むしろすごいロングスパンになっている。両方あるなと思います。

西村　確かに。本当にそうですね。

篠田　事業というところでは、日本にいるとなんとなく「欧米の会社は短期志向だけど、日本の会社は雇用環境を長期で保つから長期志向だ」と思い込んでいるけれど、私は決してそうじゃないと思っています。長期を見据えるということは、3年後、5年後、10年後に「こういう姿になるのだ！」という事業戦略を描けている状態だと思うんですよね。

だけど、長期で事業戦略をつくれないくらい環境が激変して、どうしたらいいかわからなくて、「古くなっているのはわかっているけど、とりあえず今までのやり方でやろう」という事業って結構たくさんある。それって、むしろスーパー短期志向だと思うんですよね。

雇用関係にしても同じことが言えます。もしも「この事業は10年はもつかもしれないけど、環境変化が続いたら20年後はないよね」と判断したら、今のうちに社員の方にその認識を共有して、10年後までにその先を描ける組織に移ってもらう方が、信頼関係としては長期志向的です。あるいは、「先を見据えて別のスキルを身に付けてもらえるようにしよう」というのが長期志向だと思うんです。

だから、変化をつくる側にいなかったり、変化する方向に自分も移っていこうとする力が足りないと「変化のスピードが速い」と感じちゃうのかなと思います。会社や事業によっては、すごく迅速に変化しているところもあるけど、全体の仕組みとしては遅いかな。

西村　ちょっと怖いなと思うのは、なんとかしようとすればするほど短期志向になってしまっていて、変化していると思いきや、すごい勢いで崩壊しているかもしれない。そういう意味では、いろいろと新しいことをやってみるのはいいけれど、そればかりになるとすごく短期志向に陥る危険性も同時にあるのかなと思います。

篠田　ありますね。いずれ長期的にどうなるかを見抜くために、今は短期的にいろいろ試みているのだという自覚があれば、たぶん大丈夫なんでしょうけど。

西村　確かに。そのままずっと短期的にくるくる回っているのはすごく危ういですね。「だったら組織じゃなくていいじゃん」となってしまう。それでも、組織であることの可能性や価値を篠田さんがどう感じておられるのかを聞いてみたいです。

篠田　やっぱりシンプルに、ひとりでは到底なし得ない規模感のことを、長い時間軸で実現できるのが組織だと思うんです。

組織がある目的を達成するために、再生産可能なプロセスを上手につくって、それが世の中のニーズに合わなかった場合、空間軸と時間軸がものすごく広がっていくのはやっぱりおもしろい。同時に、組織に所属することで自分の生きる意味を見出せる人もたくさんいて、個人の幸せにも資するものだと思うんです。私が「良い組織が増えればいいいな」と思うのは、そういうところですね。

組織は「人工環境」であり建造物にも似ている

杉本　自分にとって違和感のない組織にいて、きちんと人と関わっていくことによって、組織にいる人たちの関係が良くなり、その組織を通じて社会とのつながりも良い方向に向かっていく。そういう流れをつくろうとされているのかなとイメージしました。

篠田　ありがとうございます。言われてみれば、確かにそうだなと思って聞いていました。ひとつだけ、いわゆる「人と向き合う」「人が好き」というのとはちょっと自分は違う気がします。どちらかというと、人によってなされることに興味が向いているんですよね。

西村　組織というものを使うことでピラミッドもつくれるし、世界中に宗教を伝えることもできるというのが、人類のすごさなのかなと思います。

篠田　まさに、それがおもしろいの。起業家のように、何もないところから自分の意志だけで何かを切り拓ける人はごくわずかで。私を含む環境に順応して生きていく大多数にとって、組織は「人工環境」だし建造物にも似ていると思うんです。良い建物にいると暮らしやすい、ダメな建物にいると暮らしづらいじゃないですか。良い建造物としての組織ができたら、そこに所属する人の人生はすごく良くなると思っている感じですかね。

西村　家を建てるときは、みんなすごく時間をかけて考えるのに、組織をつくるときってサクッとつくるなと思いますね。

篠田　そうそう！　バンバンつくっちゃって「何気なくやっちゃうと後で直すの大変よ？」みたいなことがありますよね。

杉本　個人としてミクロな幸せを求めることと、社会というマクロなものが良くなることを、うまく接続できない感覚をもっている人は多いと思うんですね。篠田さんは、確実に接続していると繰り返し言われていたことが印象的でした。

篠田　そこは、私の中で明確につながっていますね。これまで、私は大きな会社でもほぼ日でも予算管理の仕事をしていて、予算通りに事業が動くように調整するのが割と好きなんですよ。その理由は、まさに今言っていただいたことなんです。

会社の理念や戦略のようにすごく抽象度の高いものを数字に落としたものが予算です。会計というのは、現実に実績をつくっていく過程で、商談があったり、モノを買ったり売ったりして、お金が動いていくその記録なんですね。数字という面でしか切り取らないがゆえに、ものすごく整合性があり、予算とのズレを探っていくと、本当に最後は伝票1枚の話になる。その伝票を動かした人がいるわけです。

「こういう世界をつくるんだ」というすごく概念的なところから、「○○さんが、今月こういう商談をして交際費が増えたね」というところまで、全部一貫性があるということ。すごくミクロなところからマクロなところまで必ず連関している、その全体が見えているのが好きなんですよね。

「聞く」ことは「最適な石」を探すコミュニケーション

杉本　会社の理念や戦略から伝票1枚の動きまでを、「ミクロからマクロまで連関している」と実感をもって捉えることは、「国の動きと自分が投じる1票に実感をもてるのか」ということにも近くて、自分と社会の関わりを見ていくうえですごく大事な感覚だと思います。

篠田　そうです。まずは人が字を読めるようにならないと、民主主義にならないみたいなことですよね。先ほどお話しした「これからの時代にどういう可能性を感じるか」というテーマにもつながるのですが、組織において構造やルールというのは一面にすぎなくて、一番大事なのは情報がどう流れるのか、その中で意思決定がどうなされるのかというコミュニケーションだと思っているんです。

情報の通路は、ヒエラルキーとそれに基づく役割とともに固定化されてしまいます。なおかつ、ヒエラルキーはパワーと情報を一箇所に集中させる構造だから、組織や社会に影響を与えたいという思いがある人は、出世して情報経路の根元まで行かないとどうにもならなかった。

今起きつつある変化は、かたちが違うものを生かし合う世界観なので、石垣のたとえで言うと、大きな石が良いということでもなければ、形が整っている石であれば良いというわけではない。今の自分たちにとって、お互いに最適な石を探してこなければいけないんです。そこでのコミュニケーションは、上流から下流への一方通行ではなくて、お互いに「聴く」ことの重要度が高くなるんだと思うんですね。

20年前に「PowerPoint」を使うようになって、みんな一所懸命にプレゼンテーションスキルを身に付けたじゃないですか。たぶん、それと同じような感じで、これからは文脈が異なる人が発信しているものをちゃんと聞いて、それをキャッチできる人が今の変化にうまく乗れるんだと思います。いろんなかたちをしている人が言っていることを聞いて理解できたら、かたちが違うものを生かし合うことができる。そういう社会の変化が今起き始めているのだと思います。

西村　コミュニケーションって、一方通行的に聞くということだと思っていて。「聞く」と「話す」を順番にやるのではなくて、「聞く」こと自体が双方向のものだと思うんです。

「聞く」ことがすでにコミュニケーションであり、よくよく聞けば話さずに終わることだってある。こちらがすごく能動的に働きかけたから、「聞く」という地点にたどり着ける。

「どうしたらよく聞けるのか」を一所懸命考えるということは、すでに能動的に働きかけて聞いているから、その時点で双方向なんですよね。

今ここにあるものに耳を傾けて、この世界に対する解像度を高めることが「未来を考える」ことに近い。

土谷貞雄

土谷貞雄｜つちや・さだお｜株式会社貞雄 代表。コンサルタント、建築家、住まい・暮らしに関する研究者、コラムニスト。1989年、日本大学大学院理工学研究科建築史専攻修士課程修了。ローマ大学への留学や住宅不動産系のコンサルティングなどを経て、2004年に株式会社良品計画のグループ会社に入社し、「無印良品の家」（現・株式会社MUJI HOUSE）の開発に従事。2008年に独立し、住宅系の商品開発やWebコミュニケーションの支援を行う。無印良品のWebメディア「くらしの良品研究所」「みんなで考える住まいのかたち」の企画・運営をはじめ、現代の暮らしについてアンケート調査やフィールドワーク、執筆活動などを行い、未来の暮らしのあり方を提案。住まいに関する研究会「HOUSE VISION」を企画・運営、中国での暮らし調査なども行ってきた。2020年より、北海道・ニセコで「都市未来研究会」を運営している。

日本の住宅はなぜこんなに美しくないんだろう？

西村　本題に入る前に、その背景となる人生のお話を最初に伺っています。どの時点から始めるかはお任せしますが、土谷さんのストーリーを聞かせていただけますか？

土谷　僕は建築史を学んだ大学院を出てからローマ大学に留学し、イタリアで5年間を過ごしました。陽気な国だからすごく解放されたし、慣れない言語で外国人と話すことが、自分の主張を伝える良い訓練になりました。違う文化に触れられたのもよかったと思いますね。

西村　ローマ大学で学んだ後、現地で仕事していたんですか？

土谷　現地の設計事務所に勤めた後、友達と一緒に独立して仕事をしていました。30歳のときに帰国して、父が経営していた建設会社に入り、34歳くらいで父が亡くなって会社を継いだんですね。いろいろおもしろいことを考えて新しい会社をつくって……。ちょっとした事業者気取りになるわけですが、38歳で会社が倒産しました。明らかに慢心の結果でしたし、本当に申し訳なくて叩きのめされました。

そのとき、会社のひとつに住宅会社があって、「資生堂」にMBO（Management Buyout：金融支援を受け自ら自社を買収して独立する手法）してもらって最悪の状態を切り抜けたんです。ただ、大企業の傘下でマネジメントするのは性に合わなかったし、おもしろくなかったので3年で閉じてしまいましたが、今となっては良い経験でした。

西村　その住宅会社がＭＢＯされる先として、なぜ資生堂を選んだんですか？

土谷　今は資生堂の連結から外れて社名も変わっていますが、かつては「資生堂開発」という不動産関連会社があったんです。僕らも、資生堂開発でも住宅をつくっていたという関係がありました。住宅産業以外のブランドと住宅事業をやることに意義を感じていたんですね。

資生堂を離れた後、自身の会社でＭ＆Ａ（Mergers and Acquisitions：企業や事業の合併や買収）を経験していたことから、不動産系Ｍ＆Ａのコンサルタントとして全国各地を訪ねるようになりました。Ｍ＆Ａの成功率は1割、10社中9社は倒産します。バブルが崩壊し、まさに日本中で倒産劇が起きていた頃ですから、ものすごい数の整理をしました。改めて、倒産することの厳しさを深く考えさせられましたね。

杉本　もともと建築に興味をもたれたのは、ご実家の事業が関係していたのでしょうか？

土谷　そうですね。子どもの頃から父の仕事をやりたい気持ちがありました。会社を継ぐなら建設会社のエンジニアを選ぶべきでしたが、デザインが好きだったので建築家になろうと思ったんです。

建築がすごく好きだったから設計も好きだったし、施工もおもしろくて、どんどん仕事にのめり込んでいきました。その中で、「日本の住宅ってなんでこんなに美しくないんだろう」と思ってつくったのが、資生堂開発に譲渡した住宅会社でした。この会社での仕事は、後に「無印良品の家」の仕事につながりました。

「無印良品の家」の始まりに誘われて

杉本　「無印良品の家」の立ち上げは2004年ですよね。土谷さんは、どういう経緯で関わるようになったんですか？

土谷　不動産系のM&Aコンサルをしていたので、施工エンジニアをたくさん知っていて、新しく住宅会社「ムジ・ネット（現・株式会社MUJI HOUSE）」を準備中だった「良品計画」に「マネージャーやスタッフを探すのを手伝ってほしい」と相談されたんです。その流れで「土谷さん、来ませんか？」と声がかかりました。ムジ・ネットでなら資生堂開発でできなかったことをできるかもしれない。すごく大きなチャンスだったし、「これは運命だな」と思いました。

2004年12月に入社してすぐ事業責任者になり、最初のプロトタイプの販売準備に参画しました。ところが、いくらがんばっても一向に売れなかったんですよ。「無印良品」というブランド力もあるし、すごく話題にもなっているんだけどまったく売れない。展示場で建物を見せてお客さんと一緒に設計する注文住宅が主流だったなかで、16パターンのプロトタイプの販売を目指すことは、そもそも難しさはあったんです。

とはいえ、何百人から問い合わせがあり、多いときには無印良品の店舗にお客さんが200人も来ているのに、まったく売れない状態が何か月も続きました。

西村　もちろんゼロではなくて、買った人もいたんですよね？

土谷　4か月目にたったひとりのお客さんが買いましたね。そのくらい売れなかったんです。理由はいろいろあるんですけど、まず住宅はやっぱり雑貨と違うんですよ。店頭でお客さんのささやきが聞こえるんです。「無印良品の家具は良いけど、家は壊れないのかな」「住宅事業は本気でやるつもりあるのかな？」とか。プロトタイプが敷地の形に合わないときは、僕らから断らなければいけないケースもありました。

僕ら自身も寄せ集めの非常にデコボコしたチームでしたし、メンバーからガンガン責められました。さらに、一気に20社にフランチャイズ展開したので、参加したいろんな会社の社長たちにも「土谷さんの商品はここが良くない」「これを改善してほしい」と言われるわけです。今までは、僕がいろんな会社のコンサルをしてきたのですが、今度は逆に多くの方からアドバイスを受ける立場。ただ意見を聞きながら、改善に力を入れながらも、やはり当初考えていたプロトタイプを売るというコンセプトにはこだわり続けました。

杉本　針のむしろに座らされるとはまさにこのこと、という状況ですね。

土谷　つらかったですねえ。そうこうするうちに「商品が良くない。2番目の商品を開発しよう」と言われて、今度は僕がつくりました。2008年にグッドデザイン金賞を受賞した「窓の家」です。業界でも非常に話題になりましたが、これもやっぱり一向に売れませんでした。

するとと、事件が起きたんです。「売れないのは商品が悪いのではなく、土谷が商品開発しているからだ」ということになり、当時僕はすでに役員でしたが、事業部から降りることになりました。そして、「土谷くんはちょっと外れていなさい。仕事はしなくていいから」と、会社の中でぽつんとひとりだけの小さな「島」に左遷されました。

ユーザーを味方につけた「ひとり研究所」が大ブレイク

杉本　「島」というのはひとり部署のことですよね。そこでは何が起きたのでしょうか?

土谷　それがですね、人生の中でやっと行き着いたその島で、僕が大ブレイクするんですよ。時間だけはたくさんあったから、「みんなで考える住まいのかたち」というアンケートサイトをつくって、「ひとり研究所」を始めたんです。「どうして家が売れないか」よりも「一体、みんなどういう暮らしをしているんだろう?」ということに興味をもったんですね。

最初のアンケートには、当時10万人の会員のうち1万人が参加してくれました。「きっと何十人かしか応募しないから、懸賞つけてもいいいですか?」と言っていたくらいだったのに、とんでもないことになって会社は大変な混乱ですよ。それからアンケートを続けていたら、半年くらいで会員は80万人まで増えました。

杉本　すごい。会員を増やすことにも貢献してしまったんですね。

土谷　アンケートでは、たとえば「家族は何人で、靴は何足もっているのか?」とかなり詳しい質問をしていました。そして、「家族で6足」とか「ひとりで200足」みたいに、中央値から大きく外れた回答をした人に会いに行くんですよ。そこで聞いた話をもとに、「ものを持たない暮らし」と靴を6足しか持たない家族の話をコラムに書くわけです。営業部からは「我々はものを売っているのに、『ものを持たない暮らし』とは何ごとか!」とめちゃくちゃ怒られました。ところが、その記事を手にした人たちが無印良品に収納家具を買いに来るんですよ。

コラムを書くと、多いときは1日に200通くらいの返信がありました。「私の家はこんな間取りで、洗濯物はこうやって干していて」とものすごく長いメールを、間取りをメモしながらパズルを解くように読み込んでいく。みなさんのメールがおもしろくて必ず返信していたら、コミュニティもどんどん育っていきました。

調査をすること、情報の伝え方の大切さをすごく考えさせられて、「ひとり研究所」はどんどん進化しました。いろんなメーカーやデベロッパーのオファーを受けてコラボレーションするようになり、今度は「ひとり商品開発」を始めました。これもバンバン当たりましたね。そもそも80万人の会員にメールマガジンを送っているわけですから、広告費は入るし、商品開発も成功するし、前の部署にいたときより利益を出すようになりました。

杉本　土谷さんは、もともと暮らしの細部に注目して興味をもつ傾向があったんですか?

土谷　ないです。左遷されなかったら今の自分はいません。だから、僕を左遷した社長には本当に感謝しています。机ひとつの島が、僕の人生においてはなんとすばらしいことだったかと思いますね。ただ当時は、1万人がアンケートに回答してくれて跳び上がって喜んでいても、誰も話しかけてくれない(笑)。うつむいて「ねえ、みんな。すごいよ」って言いながら、ひとりニヤニヤしていました。

ただ、ひとつだけ僕がやったのは、お客さんからの返信メールをマネージャー以上の全員に届くようにしたことです。「仕事の妨害だ」とも言われたのですが、会社は「お客さんの声を大事にしよう」と言っていましたし、本当に学びがあるので読んでもらいたかったんですね。それがやがて無印良品全体にとって大きな力になり、いろんな部門から「この商品が売れないんだけど、どうしたらいいだろう」と相談がくるようになりました。

そうこうするうちに、住宅も売れ始めました。やはり住宅に安心感をもってもらうには、雑貨や家具よりもずっと長い時間がかかるんです。アンケートを通じて顧客に寄り添うなかで、本当に「無印良品の家」がほしい人たちとのニーズが合うようになってきたのだと思いました。そんなある日、また会社に呼ばれたので「いよいよ役員復帰かな?」と思ったら、「もう辞めてほしい」と言われました。

会社から遠く離れて、島の農民になりかける。

杉本 ええっ!? ユーザーからも社内からも評価を得られていたのに、なぜ「辞めてほしい」と言われたのでしょうか?

土谷 ひとりで勝手なことをしておもしろがって、いろんなデベロッパーとコラボレーションして。「ひとり研究所」が力をもち始めてしまい、「ガバナンスがとれない」と問題になったんですね。「ひとまず六本木のけやき坂にある普段誰も使わない『MUJI STUDIO』にいなさい」と言われました。ところが、またそこでおもしろいことを考えてしまって、デベロッパーを集めて仕事を始めてしまいました。

西村 どんな状況になっても勝手に仕事が始まってしまう(笑)。

土谷 そう、何がどうなっても始まっちゃうんです。その場所を、夕方以降は学生に開放するようにしたら、だんだん授業が終わるとすぐ来るようになっちゃって。昼過ぎから学生だらけ、夜はイベントだらけになるわけですよ。そこからおもしろいことがたくさん生まれました。するとあるとき、大イベントでハチャメチャになっているときに、たまたま役員が現れて……。その件を含めてまた会社に呼ばれて、今度は「なるべく遠くへ行ってくれ」と言われたんです（笑）。

「いろいろ問題が起きるから、近くにいない方がいいよ」みたいな。それで、五島列島の福江島に行きました。半泊《はんどまり》という、住民6人（当時）の小さな村で、廃校を利活用して集落の景観を取り戻す活動をしている仲間がいて、会いに行ったんですね。本当にめちゃくちゃきれいなところで、友達も交代で来て、一緒に棚田の開墾を手伝うようになるわけです。

杉本　落ち込んだりはしなかったんですか？　それとも、ちょっと引いた目線で自分の状況を楽しんでいたのでしょうか。

土谷　開墾を手伝っていたら「土ってこうなんだ！」って夢中になるし、汗をかいて泳ぐと気持ちが良いし、釣りをしたら「わあ！　釣れちゃった！」と、すべてが感動に包まれるわけです。もう会社のことなんか忘れちゃって、「いよいよこれで農民になるぞ」と思っていたら、「すぐに戻ってこい」とまた社長から電話がかかってきて。

無印良品に創設当時から関わっている、クリエイティブディレクターの小池一子さんを代表に迎えて「くらしの良品研究所」を開設するから、そこに入れと言われたんですね。２００９年からは、「くらしの良品研究所」で暮らし調査やいろんな会社とのコラボレーションを本格的にやるようになりました。同時に独立して、他の会社の顧問もするようになり、それもすごく勉強になりましたね。

また、デザイナーの原研哉さんが発起人として始めた「HOUSE VISION」の活動にも参加、その後共同世話人となり、アジア中を駆けめぐることになります。2013年に世界規模の展覧会「HOUSE VISION 2013 TOKYO EXHIBITION」が開催されました。最終的に、無印良品から完全に離れたのは2015年。10年以上、関わっていたことになります。

「今あるもの」を読み替えていくと、そこから見える未来がある

西村 土谷さんのストーリーがおもしろすぎてもっと聞きたくなるのですが、そろそろ本題に入りたいと思います（笑）。今までの仕事を振り返ってみて、「そもそもこれがやりたかった」というのはどういうことですか？

土谷 「そもそも」はわからないけれど、やっと今行き着いたのは「未来を考える」ということです。調査を通して、すでに今あるけれどよく知らないことを知る、読み替えていく作業をたくさんやったことによって、未来を考えるときの幅が広がったと思うんです。

よく、食べもの調査をやるんです。2021年1月に中国で実施した調査では、「昨日食べたもの」「お母さんがつくったもの」「最近成功した料理」「子どもが好きな食べもの」を聞いたのですが、主な3つが全部同じになりました。紅焼肉《ホンシャオロウ》という豚の角煮と、じゃがいも炒めと魚料理、ちょっと離れてトマト卵炒め。どこで聞いてもブレないんです。

実際に現地のご家庭を訪問して冷蔵庫を見せてもらうと、紅焼肉が入っていたりする。「ちょっと食べ

てもいいですか?」とごちそうになってみると、同じ紅焼肉でも家によって随分違うことがわかってきて、ひとつのものごとに対する解像度がどんどん上がってくるのがおもしろくてしょうがないんですね。

西村 土谷さんのアプローチって、すごく横に広げていくんだなと思います。中国人の「昨日食べたもの」を知っていって、パイ生地みたいに薄く積み上げていくと、だんだん新しいものが見えてくるというか。

土谷 まさにそういう感じ。こういう暮らしの話って、普通の人にとっては大しておもしろくない話ですよ。だけど、それをおもしろがって記事を書き続けていると、文化が浮かび上がってくる。薄く広げて積み重なったときに、すごい密度になっていくというか。人間の暮らしの中にある一点を深掘りしていくなかで、全体が見えてくるみたいなイメージをもっています。

西村 土谷さんは結構現地に行って、人に会って話を聞きますよね。

土谷 仮説を立ててるときは、現場に行くのが一番おもしろいです。たぶん、10年前より今の僕の方が、洗濯物の干し方ひとつで想像力が広げられるし、おもしろがれます。「もしかして、こういう理由でこの干し方をするんですか?」と聞いて当たっていると、その人もすごく喜んでくれる。洗濯物の干し方だけで3時間くらい話していられるわけです。

杉本 洗濯物の干し方を言い当てられると、なんでうれしいと感じるのでしょうね。

土谷　結局のところ、調査は「深く知る」というコミュニケーションだと思っているんです。しかも、自分の意見を言わずに、１００％相手に寄り添うスタンスで聞くという立場をとります。取材もそうですが、人はちゃんと聞いてもらえると気持ち良くなるんじゃないかと思います。

解像度高く「ものを見る力」があれば
おもしろいことができる

西村　土谷さんは、たとえば「靴箱」とか「洗濯物の干し方」のように、誰の暮らしにもある一点を狙っていくので、何万人にもアプローチできるような広げ方ができるのかなと思います。すごく薄くて広いデータを縦に積み重ねていくとすごく分厚くなる。世界が今どうなっているのかを知る、新しい方法だなと思いました。

土谷　そう言っていただけるとありがたいです。どうしてもみんな、真ん中だけを見ようとするんですね。でも、中心ってすごくわかりにくいし、予想したものが出てくるだけなんです。たとえば、靴箱の商品開発をするときに、「家族で30足持っています」という平均的な人の話を聞いても何もわからない。ボリュームゾーンだけを見ていると想像力が発揮されないんです。

ところが、「ひとりで靴を２００足持っている」という極端な人は、靴の手入れの仕方も収納方法もすごいわけです。そういう人に会って話していると、「靴箱ってこういう風にも考えられるな」と新しい視点が見えてくる。また、「靴箱」とのさまざまな付き合い方を知っていくと、自分の解像度が上がっていきます。ちょっと訓練は必要ですが、コツが掴めると非常に細やかにものごとを見られるようになるんです。

商品開発とは、調べたことを翻訳して商品にすることではありません。その翻訳には必ず嘘が入ってしまう。そうではなく、とにかく「何になるか」なんて考えないで、僕らが「すごい！　おもしろい！」と思うことだけを拾い上げて解像度を上げていく。そして「解像度を高めた自分」が、新鮮な目で考えて商品を開発するということじゃないかなと思うんですね。「未来を考える」ということも同じです。未来なんてわからないのだけれど、自分の解像度を上げて、その場において新たに何かを提示することが「未来を考える」ことに近いと思います。

「受け止める」は創造的かつ積極的な行為である

西村　今朝、本を読むことについて話していたんですが、「何かの役に立つ」というモチベーションで本を読むとおもしろくない方向に行ってしまう。そういう目的意識をもたずに読んでいると、「なるほど、そういう風に世界を見るんだ」という視点にどんどん出会えて、自分の世界の見方がちょっとレベルアップするという感覚なんです。

土谷　そうそう、そんな感じです。また、良いフィードバックをすることも解像度を上げるきっかけになります。僕はいろんな会社のコンサルをしていますが、よくみんなに文章を書いてもらいます。自分の新しい気づきをさらに楽しむには、感じたおもしろさを論理的に書くという作業がいいんですよ。

鍋を開発したい人には「この鍋でどんな料理をするかな？」と聞いて、「シチューです」と言われたら「野菜はどのくらいの大きさで切るのかな？」とどんどん聞いていく。そうすると、その人の文章がどんどん良くなっていきます。フィードバックは、答えをあげることではないと思っています。答えを渡そうとすると、その時点で僕の方にも間違いが起きるだろうし。答えを出すためのプロセスを共有して、先に進むことよりもていねいに地面をつくってあげるわけです。

西村　その解像度で進んでいくと、土谷さんはただ歩いているだけでもおもしろいものを見つけていける。結果として、一見よくわからない良い組み合わせの出会いがバンバン起きるんじゃないですか？

土谷　どうかな。西村さんはおもしろい出会いをつくる天才だと思うけど。まあ、「おもしろい」と思えることがすごく重要なんだろうね。西村さんと出会ったのは「キリン食生活文化研究所」のウェブサイト「未来シナリオ会議」でのインタビューでしたが、インタビューがすごいのは「私はあなたの話を聞きます」と宣言することで、誰にでも会いにいけることですね。

　最近、僕らのコミュニケーションって「聞くこと」だったんだと本当に思うんです。年齢も上がってきたので、自分の感情を相手にぶつけることがなくなって、全部受け止める側になってきている。これがとても創造的なことだと思っているんです。受け止めるということは、消極的ではなくてすごく積極的なことで、それによってコミュニケーションの質がめちゃくちゃ上がるんですよ。

杉本　不思議なことに、インタビューなどで「ちゃんと聞けたかも」と思えたときは、まるで自分も話せた気持ちになることがあります。実際には、自分はほとんど話していないのに。

土谷　わかるね。「この人の言っていることはこういうことかもしれない」とわかったとき、まるで自分が考えたような体感があります。聞いているときは、とにかく相手のことに想像をめぐらせて、その人の情報も感情も全部乗り移ってもらうわけですよね。うまくいったときはすごい快感です。

どうすれば「手に掴む」ではなく「手放す」方法を手に入れられるだろう

西村　今年2月、土谷さんは北海道のニセコ町で、「人口減少社会において、どうやって持続可能な都市をつくれるのか」を考えていく「都市未来研究会」を立ち上げられましたね。「都市未来研究会」っておもしろい名前ですよね。ニセコは人口5000人の小さな町で、都市ではない場所から始まったわけじゃないですか。なぜ、東京でも札幌でもなくニセコでの研究会に「都市」という名前をつけたんですか？

土谷　都市から最も遠いからですよね。都市から都市を考えたら手がつけられないと思うけれど、都市から遠い人口5000人の町でなら都市を考えられそうな気がしたんです。

西村　順番としては「ニセコで何を考えたらおもしろいだろうか？」という問いが最初にあって、「一番遠いところにある都市だ」ということになったんですよね？

土谷　たぶん、そこには「これからの都市は一極集中型ではなく分散型になる」という仮説もくっついています。大きな都市を分解した小さなグリッドの最小モジュールがニセコであるならば、ここで凝縮して考えることがプロトタイプになるかもしれません。「まだ見えない未来をここニセコでつくる」という壮大な実験に、今ワクワクしています、大きな理想を掲げながらも、日々の活動は小さなことに意識を向けて、その小さなことを楽しんで生きていこうと思っています。

西村　この活動の先で、土谷さんはどんなことを世の中に問いかけたいですか?

土谷　今、僕は「都市未来」というテーマにはまっているんです。今の時代は、200年くらいかけて積み上げてきた社会の仕組みが、逆回転し始めている感じがするんです。成長ではなく撤退、集めるのではなく手放す、昇るのではなく降りる、というように。今まで当然とされてきたことの反対側を選んでいくんだよね。僕自身が、「手放していく」という生き方をもっと見つめていきたいと思っています。
　どうすれば、欲望が現れたときにその欲望を殺すのではなく、新たなる「もうひとつの欲望」へと自分たちをもっていけるんだろうか。どうやったら僕らはそれを手に入れられるのかを、これから考えなければいけないいんだろうね。

西村　僕は海に関する取り組みをしているので、46億年前に地球が生まれてから、自然と人間の関係を整理して考えてみたことがあるんです。およそ700万年前に人類が誕生して、自然と共生しながら暮らしていたのですが、約1万2000年前に農業革命が起きて、人類と自然が別れるんですね。「離婚をした」と捉えているんですけども。
　その後は、季節の変化や天候による飢饉を克服する営みが、エンジニアリングから科学へと置き換わっていきます。そして今は、人類と自然がものすごく離れて困っているという状態。「どうすれば、もう一度仲良くさせてくれますか?」ということを一所懸命考えているのかなと思ったんですね。

先ほど、土谷さんは「逆回転」と言われましたけど、今まで積み上げてきたものを使って、逆回転できるんじゃないかなと思っています。

土谷　「逆回転」といっても元に戻るのではなくて。スパイラル状に回転して同じところに戻ってきて、異なる位相で自然と再会するイメージです。２０１６年の「ＨＯＵＳＥ ＶＩＳＩＯＮ」のテーマは「ＣＯ-ＤＩＶＩＤＵＡＬ　分かれてつながる、離れてあつまる」にしたのですが、「個（individual）」に分断された人間、都市と地域もまた「つながる共同体」であると考えたんですね。

ただし、それは昔の村のように固定された個人が共同体になるのではなく、流動性をもちながら共同体をつくっていくステージであって、「共同化する」ことを強く意識していくんだと思います。都市未来研究会でテーマとしている「コモンズ」も、既存のものではなくて新たにつくるなかで再びつながっていくものだと思います。

それは、自由になるのではなく、ある意味では束縛される、規律をつくるということです。ただ、ぐるぐる回りながら位相が上がって「規律をつくっていくことこそ創造的だ」という地点に戻るんだと思う。

今、僕らが理解しようとしている自然は、外なるものだけでなく「内なる自然」というのもある。やっぱり、この目に見えないものと自分の身体や心を合わせていくことができそうな気がする、そんな時代になっているのかなと思います。

西村　そうですよね。「戻ろう」ではなく「進もう」なんだけど、その進み方は直線ではなくスパイラル。「上に上がろう」でもなく、くるっと回って気がついたら上の階に行くというような進み方ですよね。それを、都市の真ん中ではなく、都市と一番遠いところから始められたら、自然にくるっと回って上の位相に行けるような進み方になるはずだ、ということなのかなと思いました。

杉本　最後にひとつ聞いてみたいのですが、建築家を目指していたときから現在まで、ずっとつながっている興味の水脈はありますか？

土谷　若い頃は、「建築家として有名になりたい、評価されたい」という気持ちはあったと思うんですけど、建築家になりたかったのではなく建築をやりたかったんです。そういう意味では、暮らしの研究や商品開発で建築をつくっているので、建築家になっているのかなと思います。

「建築をやる」ことの中にいろんな役割があって、僕は僕にできることをやっている。なので、若いときよりもずっと建築家みたいな感じもありますね。

経済・文化・社会。人を幸せにする3つの資本を再生産する会社という「作品」をプロデュースする。

白石智哉

事業と投資

白石智哉｜しらいし・ともや｜フロネシス・パートナーズ株式会社 代表取締役(CEO/CIO)。シリコンバレーなど海外で10年以上ベンチャー・キャピタル投資の経験を積んだ後、1999年に帰国し株式会社ジャフコの事業投資本部長として日本でプライベート・エクイティ(PE)投資を開始した。その後、欧州系PE投資会社ペルミラ(Permira)の日本代表を経て、現在はPE投資会社フロネシス・パートナーズの代表を務める。事業投資と企業経営の経験を生かして、2012年にソーシャル・インベストメント・パートナーズを設立し、社会的事業を資金面・経営面で支える活動も行っている。GSGインパクト投資国内諮問委員。1986年一橋大学法学部卒業。

投資の仕事の中で「生命体」として会社を見てきた

西村　はじめに、読者に向けて「白石さんってどういう人？」を伝えるために、ちょっと長めの自己紹介をお願いします。

白石　やっぱり仕事の話からしましょうか。僕はずっと投資の仕事をしてきました。中でも、僕がやってきたのは会社あるいはNPOのように、人が集まって行う事業に対する投資です。

投資においては、決算書に記される売上や利益などの数字ももちろん大事なのですが、僕は常に会社をひとりの人格、あるいは生命体として見て理解してきました。その会社がどういう経緯で生まれて、どういう環境の中で育ってきたか。生物学的に言うと、「環世界（Umwelt）」を考えることが重要だと思っているんです。

西村　環世界について、少し説明していただけますか？

白石　環世界はドイツの生物学者・ユクスキュルが提唱した考え方です。一般的に、環境は客観的に存在すると考えられていますが、同じ環境でも生物によってどう知覚しているかは異なります。たとえば、犬は人間よりも少ない色しか知覚しませんが、嗅覚は非常に優れています。つまり、犬と人間ではまったく異なる主観をもって環境を捉えているわけです。これを環境と区別するために環世界と呼びます。会社についてもそれぞれの環世界は異なっていると言えます。

また、長い時間軸の中で、会社が属している産業の歴史、会社を産み育ててきた文化を、会社の沿革をなぞりながら自分で追体験していきます。こうした理解をもとに、「本当はこの事業はやりたくないんじゃないか？」と本質的な問いかけをすると、経営者から「実はこの事業は目先の利益のためで、うちの会社の強みではないんです」という話を聞けることがある。あるいは「本当の強みはここではないですか？」と問いかけることで、内省を促すこともできます。

生命体としての環世界での存在意義が明確であれば、会社は社会においてなくてはならない存在になれる。目先の利益を追いかける競争に勝つよりも、「なくてはならない存在」になることが大事なんです。そうすると、多くの人のサポートを受けられるので、会社は長く生き残れるんですね。

ものづくりとして「会社をつくる」仕事を選んだ

杉本　投資というと金融のイメージが強いのですが、お話を伺っていると全然違うイメージが湧きました。

白石　実は、僕は自分が金融業界の人間だと思ったことがなくて。金融はお金を融通する仕事ですから、銀行や証券会社の人と話をすると、「僕とは役割や仕事が全然違うな」と思います。ただ、付き合いはすごく多いので、それこそ彼らの環世界を理解しながら仕事をしてきました。

どちらかというと、会社は僕にとって「作品」ですので、プロデュース業に近いと思います。映画にたとえるなら、事業にとって良い脚本を一緒につくり、経営者がいなければ連れてきて配役をして、そこにお金をつけて会社という作品を制作し、世の中に広めていく仕事です。

西村　投資の仕事を始められたときから、そういう考え方をもっていたんですか？

白石　そうですね。大学で就職活動を始めたとき、「会社を選ぶ」という気持ちはなくて。「自分の仕事を選びたい」という視点で考えると、いわゆるものづくりがしたいと思ったんですね。ところが僕は法学部でしたから、ものづくりの会社に入っても現場にではなく、財務会計やマーケティング、法務などミドル・バックオフィスで働くことになります。でも、「何かつくりたい」という気持ちがなぜかすごくありました。

そのときに知ったのが、「ベンチャー・キャピタル（以下、ＶＣ）」という仕事です。当時、日本にはまだＶＣはほとんどなかったので、アメリカのＶＣについて勉強しました。そして、「これは金融と言われているけれど、会社という作品、さらには産業をつくる仕事なんだ」と理解し、ＶＣの仕事をやりたいと思いました。

すると、日本にはほとんど実績のなかったＶＣをやろうとしていた「ジャフコ」が、新入社員を採用し始めていたんです。ここで経験を積めば、僕はＶＣという仕事を自分の職業にできるかもしれないと思い入社しました。

杉本　ジャフコは日本の民間最古のＶＣと言われている会社ですね。

白石　はい。僕はジャフコに入社して3年目にシリコンバレーに派遣されました。当時のジャフコは非常にベンチャースピリットがあって、30代の優秀なアメリカ人をトップに据え、その下にほとんど新人で英語も拙い僕を送り込むという人事をしました。僕は25歳のときに本場のＶＣを経験し、それ以降は足かけ10年にわたり、シリコンバレーとアジアで仕事をすることになりました。

海外で投資を行うなかで、思っていた通り「ＶＣは金融の中でも、会社づくり、産業づくりの仕事なんだ」という考え方が染み付いたのだと思います。１９９９年に帰国してからは、日本で初めてバイアウトという投資を始めました。

バイアウト投資というと、真山仁さんの小説『ハゲタカ』で描かれたように、会社を買収して潰して儲ける連中を想像する方もいるかもしれません。しかし本当のバイアウト投資とは、既存の会社の大株主になって、社会における会社の存在意義を生かすテーマに沿って事業計画を立て、いろんな人材や経営資源を集めて会社の数年後を一緒につくっていく仕事です。

ＶＣは１〜２割の株式シェアを所有する経営者の伴走役ですが、バイアウト投資はオーナーとして会社をデザインしていきます。僕はＶＣとしてキャリアを積むなかで、そういう投資をやりたいと思ったんですね。

会社とＮＰＯの違いは時間軸の長さでしかない

西村　なるほど。先ほど白石さんが「プロデュース業だ」と言われていましたが、ジャフコでＶＣの仕事をするなかで、それに近い考え方をもった人との出会いがあったのでしょうか？

白石　シリコンバレーにいたとき、アメリカのＶＣの人たちと一緒に投資の仕事をしていたので、まず彼らの言動からすごく学ぶことがありました。彼らがベンチャービジネスの経営者に大事なこととして必ず聞いていたのは「What is your mission?」でした。マネタイズなんていう言葉は当時聞いたことがありません。

この業界で最も尊敬する人のひとりは、イギリスVC界の父と呼ばれ、また社会的インパクト投資のパイオニアとして知られるロナルド・コーエン卿です。彼は、1972年にイギリスで初めてのVCである「Apax Partners」を創業し、ヨーロッパでナンバーワンのVCに育てました。「Apax Partners」はその後、VCからバイアウト投資に転換。2002年にはヨーロッパのインパクト投資の先駆けと言われた「Bridges Ventures」を設立し、会長に就任しています。

コーエン卿は、会社の社会的な存在意義を大事にしてきた人です。僕は若い頃、「Apax Partners」の会長だった彼に会う機会がありました。私が「ソーシャル・インベストメント・パートナーズ（以下、SIP）」を創業し、その後バイアウト投資をする「フロネシス・パートナーズ」の経営をしているのは、コーエン卿を模範にしているところもあると思います。

西村　インパクト投資と営利のバイアウト投資の両方をやろうと決めたときに、何が白石さんの中でスッキリしたのかを知りたいです。

白石　インパクト投資は社会や環境が良くなることを目的とするので、お客さんは「受益者」という概念で考えます。受益者がどれだけ増えて、クオリティ・オブ・ライフ（QOL）がどれだけ向上するのかを考えます。株式会社や行政が救い切れない狭間にある人たちを、誰ひとり取り残さないように事業で解決しようとします。

「インパクト投資と営利を目指す投資はすごく両極端ですね」と言われることがあります。しかし、僕の中では事業で社会課題を解決しようとするという意味では、実は株式会社も同じ。時間軸が違うものだと捉えています。

杉本　解決にかける時間軸の長さが違っているということですか？

白石　はい。すごく端的に言えば、株式会社も社会や環境を良くすることを目指すＮＰＯも、「人を幸せにするためにある」と思います。人の幸せとは何かというと、それは豊かな人生にすることです。

僕は、最低限の生活ができる経済資本、人と人のつながりによる社会関係資本、教養や芸術などの文化資本が揃って初めて人間は豊かになれると思っています。この3つの資本を再生産するうえで、会社というのはすばらしい仕組みです。お客さんや会社組織の中の人とのつながりである社会関係資本や、学びという文化資本を豊かにできるのが、僕にとっての良い会社。その時間軸をずっと長くすれば、絶対に社会に役立つわけです。

もちろん、株式会社には短いタイムスパンで経済的なリターンを得なければいけないこともあります。しかし、経済的なリターンだけを追い求めている会社は、社会にとってなくてはならない存在になれませんから、長続きはしません。

日本ではＮＰＯと株式会社の人材的な交流が活発ではありませんが、両者をクロスオーバーさせることが大事だと思っています。たとえば、顧客ではなく「受益者」という概念で会社を考えると、実は会社というステークホルダーは受益者に近い。また、株式会社には良い経営や組織運営の仕組みがたくさんあります。会社組織における人材づくりや研修のノウハウを移植したらＮＰＯはもっと良くなります。両者同時に関わっていると、本当に学びしかありません。

本当の意味でのマネタイズとは何か？

杉本　「受益者」という言葉は、「お金の対価として利益を得る」というような、すごく狭い意味で理解されています。受益者という概念をもっと広く捉えないと、会社の存在意義を見出せないのではないかと思いました。白石さんは、視野が狭くなっている会社の方たちに対しては、どう働きかけていらっしゃるんですか？

白石　まずは、「あなたから見た世界の中に、大事にしたい人はもっとたくさんいるよね？」ということに気づいてもらいます。

受益者の「益」は便益の「益」。多くの営利事業では顧客と受益者がほぼイコールですので、お金を払ってくれる顧客に対してサービスや商品を売っているわけですよね。でも、今の世の中では顧客と受益者は必ずしも一致していません。たとえば教育では、一番の受益者は子どもたちですが、お金を払うのは国や自治体、あるいは保護者です。営利事業としての塾であっても、授業料を支払う保護者を顧客として考えて、受益者である子どもを忘れたら決して良い塾になりませんよね。

実は、どんな事業でも受益者は多岐にわたるケースが多いのです。誰に対してどんな「益」を提供して、もし受益者がお金を払えない場合には、代わりとなる誰からお金をいただくのかというパズルを解くのが事業の収益化であり、本当の意味でのマネタイズです。僕のやっている投資事業は、それを経営者とともに紐解くことから始めます。たとえば、フェイスブックの受益者は誰だと思いますか？

杉本　ユーザーでしょうか。「益」の捉え方は、人によってさまざまだと思います。仕事のために使う人もいれば、人とコミュニケーションするために使う人もいますね。

白石　ＳＮＳにはいろんな良い部分があります。昔の友人に会えたり、それによって元気をもらえたり、「いいね」が押されて励まされたり。それが便益であり、受益者はユーザーです。僕たちユーザーはお金を払っていないけれど、フェイスブックはおそらく何兆円という収益があります。そのお金は誰が払っているでしょうか？

杉本　広告主となる企業や団体、個人などですね。

白石　そう、フェイスブックのビジネスモデルは広告事業です。フェイスブックはＡＩを導入して常にユーザーを監視し、ユーザーデータを商品として広告主に売っています。つまり、僕らはフェイスブックにとってユーザーであると同時に商品なんですね。

残念ながらＳＮＳでは、収益の最大化に重きを置くために、ユーザーが商品化されて不幸になるケースがたくさん出てきてしまいました。仮に、フェイスブックの経営者が収益を最大化することだけを考えたら、ニュースフィードは広告だらけになるでしょう。グーグル検索も同じです。ＡＩは僕らのデータからクリックする確率の高い広告をいかに差し込んでいくかを考えています。

こうして、あらゆるＳＮＳは似たようなリコメンドばかりを表示するので、ユーザーの視野はどんどん狭くなっていく。社会の分断すら生んでいるかもしれません。

なぜこうしたことが起きるかというと、彼らが受益者という概念をもたなくなっているからだと思うんですね。これは人間の不幸な性なのですが、事業をやればやるほど、環境を壊してまで経済的なリターンを追い求めてしまう。そのときには、受益者という概念が大事だし、経済資本だけではなく、社会関係資本や文化資本、さらには自然環境という資本も大事だという根源的なことを考えないといけない。

もし僕がフェイスブックを買収できたら、経営者に「これが本当にやりたかったことなの？」と聞いてみたいですね。「実はそうじゃないんだ」と答えるのであれば、収益構造を変えればいい。株主は、経営者に「やりたいことをやれる方法を考えていいんだよ」と言える立場にあるんです。

この世界の仕組みを理解することから人間性を回復する

西村　このインタビューシリーズは「時代にとって大切な問いを問う」をテーマにしています。白石さんが考える「今の時代だからこそ考えてみたらいいんじゃないか？」ということを伺いたいのですが、いかがですか？

白石　たとえば、２０２１年ということで考えると、まさにパンデミックが教えてくれたことは大きかったです。

個人的には、２０２０年は「リモートワークが主体になれば居場所はどこでもいいんだ」と思ったので、東京と軽井沢の二拠点生活を始めました。軽井沢には同じような二拠点生活者や移住者がたくさんいて、自然の中で暮らしながら働ける人生の豊かさを本当に実感しました。都会だけで仕事をしていたときは、常にいろんな雑音が入ってくるなかでスケジュールをこなしている感じでしたが、オンラインで時空を超えて人とつながりながら、静かな環境でものごとを深く考える時間をもてた1年でした。

その暮らしの中で、社会的な存在であり、文化的な存在でもあり、また自然そのものでもあるという人間性の回復が必要なのだろうと思いました。自分が自然の中にある人間だという立場で考えれば、たぶん自然を破壊することはしないはずです。

新型コロナウイルスの感染拡大が始まったときに、五十嵐大介さんの『ＳＡＲＵ』という漫画を思い出しました。この作品には、善と悪が常に入れ替わり続ける地球の仕組みを理解することが、人間にとって大事なのだということが描かれています。僕らにとって新型コロナウイルスは非常に悪いものですが、新型コロナウイルスの環世界では、人間は彼らが現れるきっかけをつくった存在です。彼らは彼らなりに、ただ広がろうとしているだけですよね。

彼らがなぜ現れたのか、この星の仕組みはどうなっているのかを考えて、明らかにしていかなければいけない。『ＳＡＲＵ』の台詞ではないけれど、この星の仕組みとの戦いには勝てなくても、人間の叡智によって理解することなら可能かもしれません。その中での人間性を回復していくということは、大げさに言えば新しい文明をつくるぐらいの話だと思います。

西村　今の話を事業につなげてみたいと思います。仕組みと戦うのではなくて、仕組みを理解するというのは、事業の文脈ではどういうことになるでしょうか？

白石　たぶん、ひとつの事業では無理ですよね。仕組みを理解しようとするたくさんの事業の叡智を合わせれば、この星の仕組みがわかるかもしれない。

あるいは、学問の分野からのアプローチも当然あっていいと思います。人間を理解しようとする哲学、宗教学や歴史学、社会学、あるいは医学や自然科学の叡智を集めて仕組みを紐解けば、人間同士が地球と共存して生きていくためのデザインができるのではないかと思います。

そして僕は、資本主義経済そのものがそのベクトルに向かっていくべきだと考えています。

経済、文化、社会。3つの資本を豊かにする「新しい資本主義」

西村　資本主義の考え方のひとつは、今すぐ使ってしまうのではなくて、「銀行に預ければお金が増える」とか、「ちょっと待ったらたくさん返ってくる」ということだったのかなと思います。それによって、突然食料がなくなるとか、病気になるとか、いつ起きるかわからない困りごとを一所懸命減らしてきたのですが、実は増やしたものの使い方はあまり考えていなかったのかなと思ったんです。

とにかく増やすサイクルはうまくできているから、無駄なく回し続けることに集中した結果として豊かにはなった。でも、そろそろ増やすことよりも使うことを考えた方がいいんじゃないか、と。

白石　そうですね。そもそも「増えたのは貨幣である」ということをまず考えないといけないと思います。つまり、経済資本としての貨幣は増えましたが、社会関係資本や文化資本、自然資本は増えていないのではないかということを、営利・非営利、行政を含めたあらゆる事業で考えていくのが大事だと思います。

もうひとつは、貨幣は当初は交換の手段ですらなかったということです。貨幣は豊かさや部族内での地位の象徴であり、自然から与えられたものだから、個人が所有し続けると悪いことが起きると考えられていました。

たとえば、北米の先住民はトーテムポールを立てて富の再分配、あるいは分配した富を破壊する「ポトラッチ」という儀式を行っていました。富を独り占めしていると部族の中で尊敬されない。だから儀式で再分配や破壊をしなければいけなかったんですね。ところが貨幣が交換手段になったときに、人間は未来という時間を考え始めます。「未来のために貨幣を貯めておこう」と考えるようになったから、大盤振る舞いも破壊もしなくなった。

貨幣を貯めることによって投資が可能になり、株式会社が生まれました。資本と人を集めて設備を用意して、貨幣を再生産する仕組みができたわけです。問題は、貨幣という経済資本の自己増殖だけが目的化してしまったこと。資本主義や株式会社は再生産の仕組みとしてはすばらしい発明です。

これからは経済資本だけでなく、社会関係資本、文化資本、自然資本も増えているのかをちゃんと指標をもって測りながら、同時に増やしていくのが新しい資本主義だと思います。

人を不幸にする組織は勇気をもって潰した方がいい

西村　「自分だけが良ければいい」という考え方がベースにあるのがイズムなのかなと思います。不安や恐れが強くなると、自分を守ろうとする気持ちが強くなります。大盤振る舞いは、いずれめぐりめぐって自分に返ってくるという考え方なのかもしれません。そうすれば、お互いがもっているものが混ざり合いながら交換されていくんだろうと思うんです。

本来もっと交換できるはずなのに溜め込んでしまっているのは、お金の機能を使い切れていないということでもある気がしました。

白石　それが人間の性です。お金というのは、ビットコインもそうですけど、一種の記号のようなものです。それを増やすことで人生が豊かになるかというと、そうじゃないですよね。最初にお話ししたように、豊かさをきちんと定義し直してそこを人類の目的にできたら、すばらしい文明になりますよね。パンデミックをきっかけに、そういう文明に向かえたらいいのにと思います。

西村　お金って約束手形じゃないですか。いつか何かあるときのための約束手形をたくさんもっているなら、今どのくらい必要なのかをよく考えてみた方がいいかもしれません。もしくは、社会関係資本や文化資本に替えていけたら、約束手形が少なくてもやっていける社会になっていくのかなと思いました。

白石　僕はずっと事業投資をしてきたので、豊かな人生を送る人が増える事業をたくさんつくり、そこにお金が流れる良い事例をつくることを、自分の仕事の中でもやっていきたいと思っています。資本主義をイズムとして否定するのではなく、資本主義というメカニズムを人間主体に取り戻すことが大事なんじゃないかと思います。

杉本　会社が受益者という概念をもつこと、経済以外の資本に目を向けていくことをしないと、この社会は苦しいままだろうなと思います。

白石　単純に「事業や会社は人を幸せにするためにあるんだ」と言い切っちゃった方がいい。「会社は生命体だ」と言いましたが、逆に生命体として生き残るためにお客さんや受益者、社員の幸せをないがしろにする場合があります。そのときは勇気をもって会社を潰さなければいけない。生命体だから大事にしなければいけないわけではありません。それも資本主義のダイナミズムです。

組織で働く官僚やサラリーマンが、人々のために誠実に仕事をすることと組織を守ることの間で苦悩して、自殺に追い込まれてしまうなんて本末転倒もいいところです。そんな組織は勇気をもって潰してつくり直すことも、人間としてやらなければいけないことだと思います。

西村　白石さんのお仕事は、経済的資本を、文化や社会関係、自然という資本が増えることに振り向けていくこと、新しい資本主義の仕組みをつくっていくことで、新しい文明へとつなげていくということなのかなと思って聞いていました。今日はありがとうございました。

基礎科学によるイノベーションこそが、テクノロジーの限界を超える力になる。

岡島礼奈

基礎科学の推進

岡島礼奈｜おかじま・れな｜鳥取県出身。東京大学大学院理学系研究科天文学専攻にて博士号（理学）を取得。卒業後、ゴールドマン・サックス証券へ入社。2009年から人工流れ星の研究をスタートさせ、2011年9月に株式会社ALEを設立。現在、代表取締役社長（CEO）。「科学を社会につなぎ 宇宙を文化圏にする」を会社のミッションに掲げる。宇宙エンターテインメント事業と中層大気データ活用を通じ、科学と人類の持続的発展への貢献を目指す。

小さい頃から空を見上げるのが好きだった

西村　はじめに、岡島さんがどういう人で、何をやっているのかを自己紹介代わりに伺いたいと思います。よろしくお願いします。

岡島　10年前から「ALE（エール）」という宇宙スタートアップ企業で、宇宙空間に小さな粒を放出して人工的に流れ星をつくるプロジェクトに取り組んでいます。私は鳥取県出身で、いわゆる田舎育ちなんですよ。鳥取市内でも天の川銀河が見えるし、県庁の裏に「イノシシ注意」の看板が立っているし、徒歩15分で行ける公園にホタルが飛んでいました。今思うと、すごく豊かな自然に囲まれていて、星空がきれいだったから、そもそも小さい頃から空を見ていたんですね。

ただ、「星座が知りたい！」とかそういう方向には向かなくて。中学生の頃に流行していたスティーブン・W・ホーキングの『ホーキング、宇宙を語る』という本を読んだあたりで宇宙に興味をもち始めて。大学では天文学を専攻することになりました。

大学で「天文学を専攻している」と言うと、「なんで、そんなお金にならないことをやっているの？」「何の役に立つの？」ってすごく聞かれました。学問は役に立つためだけにやるわけではないと思うのですが、あえて言うなら、人類が大きなイノベーションを起こすには基礎科学の蓄積による土台が必ず必要になるから、基礎科学に貢献したいという思いが今も根底にあります。

それをどうしたら人生のテーマにできるだろうかと考えて、最初に浮かんだのは研究者の道だったのですが、私はあまり研究者に向いていなくてですね。研究者以外の道で科学に貢献する方法を考えたときに、人工流れ星のアイデアなら、たくさんの人にエンターテインメントとして宇宙や科学の楽しさを伝えることができると同時に、科学研究の進展に寄与できるビジネスになると考えました。

西村　先日、世界で初めて本格的な画像認識技術を発明して、25年前に自動運転でアメリカ大陸の横断に成功したカーネギーメロン大学の金出武雄先生にお話を伺ったんです。そのとき金出先生は、「どんでん返し的に全世界が変わるレベルで役に立つのは基礎科学なんだ」と言われていて、僕もそうだなと思ったんです。「役に立たないけど基礎科学は大事だよね」ではなくて、「基礎科学はめちゃくちゃ役に立つんだ」という話が以前よりは伝わるようになっている気はするんですよね。

サイエンスコミュニケーションのツールとしての人工流れ星

西村　ちなみに、大学ではどんな研究をしていたんですか？

岡島　私は天文学の中でも観測的宇宙論を研究していました。２０１１年のノーベル物理学賞は、Ｉａ型超新星の観測による宇宙加速膨張の発見をした研究者3名に贈られましたが、それに近いことを研究していました。私は、自分が概念を追求したいというよりは、人が追求した知識を全部知りたいという感じなんです。

基礎科学というものがすごく大きな神殿をつくっているとしたら、各々の研究者は神殿の細部に施される彫刻にきれいな模様を彫っているイメージなんです。私は、完成した科学の神殿をいろんな角度から見たいのであって、自分がつくりたいという感じでもないんですよね。むしろ、神殿をつくる人たちがどうしたら快適に神殿をつくれるのかに興味があります。

西村　その話をALEに置き換えたときに、ALEは科学の進歩に貢献する科学者のために、会社と社会の両方においてどんな状況をつくりたいと思っているのかを聞いてみたいです。

岡島　今の神殿のたとえはサイエンスにフォーカスしていたのですが、ALEにはサイエンスだけじゃなくてテクノロジーもあります。日本では、科学と科学技術が混同されがちなのですが、我々は科学をやりつつも技術的なところで人工流れ星を実現する必要があるので、その両立が実はなかなか大変なんですね。

我々は、2020年に人工流れ星を流す予定だったのですが、つくった人工衛星の95%はちゃんと動いたんですけど、一箇所だけ動作不良があったんですね。次は絶対に失敗できないので、本当は新しい技術的なチャレンジをどんどん応援する立場にありたいのに、確実性を求めなければいけない状況にあるというジレンマがあります。その中で、「R&D（Research and Development）」で投資家さんから預かった資金、時間とリソースの配分がすごく悩みどころなんです。

西村　一般的なR&Dは会社の競争力を高めるための技術調査や開発のことですが、ALEにおけるR&Dはもっとハイレベルなのだと思います。本当に科学的な発展までを含む開発をR&Dと言っている。誰もやったことがない、やり方がわからないことをなんとか実現しようとしているので、すごいことだと思います。今は、流れ星のコンセプトや方法論のイメージはついていて、あとは本当に作動するかどうか。流れ星が「燃える」という表現でいいんですかね？

岡島　厳密に言うと「燃焼」ではないんです。自然の流れ星は、さまざまな大きさの粒が大気に突入したときに高温のプラズマ状態になり、発光して消滅します。ALEでは、この粒を人工的に再現した直径1センチ、重さ数グラム程度の「流星源」を、独自に設計した人工衛星から放出して人工流れ星を発生させます。

人工衛星から放出された「流星源」が、大気圏内の薄い空気に反応して燃えるケースもあるようですが、熱で物質が溶けて大気中の分子などに反応してエネルギーが発生する現象が多いらしいんですね。実はどの程度が熱によって発光しているのか、何%がアブレーション（蒸発・侵食）するかもまだわかっていないので、ここにも科学が必要になります。

西村　なるほど。「実は流れ星って燃えているわけじゃないんだよ」という話が漫画などで紹介されているといいなと思いました。子どもたちも興味をもってくれそうです。

岡島　実は、「JETRO×小学館×ALE」による、人工流れ星を題材にした漫画ができたんです。『Make my dreams come true』というタイトルの、すごくかわいいラブコメディなんですよ。ALEのミッションは「科学を社会につなぎ　宇宙を文化圏にする」です。こうした漫画のようなエンターテインメントを通して、たくさんの人が科学に興味をもつといいなと思っています。

杉本　ALEの人工流れ星は、宇宙空間でのエンターテインメントコンテンツとしても位置付けられていますよね。「わざわざ宇宙空間に行ってまでエンターテインメントは必要ですか？」という問いかけを受けたこともあるのではないでしょうか？

岡島　多いですね。「無駄遣いは今すぐやめてください」なんて言われたこともあります。でも、そういうお電話やメールに対して広報担当の者が、「エンターテインメントのためだけでなく、科学の発展に貢献するようなデータが取れます」と、きちんと説明するとファンになってくださいます。

私の中では、人工流れ星はエンターテインメントのパッケージにしたサイエンスコミュニケーションの一環なんですよね。科学に興味をもっていなかった層にも届く、エンターテインメントの力を利用したいなと思っています。今までに受けた問いの中で答えられていないのは、「自分が見上げる夜空に人工物があってほしくない」というものです。

西村　ちょっとまじめな話をすると、人間だって天然のものだし、自然の一部として存在するなかで森や大地に手を加えてきているから、みんなが「自然」と思っているものすら、ある種もう天然ではないですよね。

岡島　そうですね。だから、私たちは大事なフィロソフィーに、広大な地球も無数の星屑のひとつとして捉える「Pale blue dot」の視点を入れているんです。人工流れ星を見た人が「人工物と自然物の境界は何だろう?」という問いをもったり、「実は自分たちも自然物の一部かもしれない」という視点で生きていけたら、世界の見え方が変わるかもしれないと思うんです。

ＡＬＥの流れ星は、研究者の「ものさし」になる可能性がある

西村　ＡＬＥの事業には、エンターテインメントと基礎科学の発展という2つの見え方があるのかなと思って聞いていました。人工流れ星をつくるという目的があるから科学が発展するし、科学が発展するから人工流れ星が実現するという関係性にあるように思います。

岡島　先ほどの「ＡＬＥは科学の進歩に貢献する科学者のために、会社と社会の中にどんな状況をつくりたいのか」というご質問で、社会に対しては、実は人工流れ星を流すこと自体にもいくつか科学的に貢献できることがあって。たとえば、研究者にとっては私たちの人工流れ星はひとつのものさしになるんですよね。

ＡＬＥの人工流れ星はどういう物質で、どんなサイズかがわかっているので、天然の流れ星と比較することができます。小惑星帯から来ていると言われている流れ星の物質は、「はやぶさ」などが一所懸命にサンプルを持ち帰っていますが、それに近しい情報が地上にいながらでも得られるという可能性もあるわけです。人工流れ星によって小惑星帯の研究が進み、太陽系がどのようにできたのか、できた当時の様子などをある程度解明できる可能性があるというのが、一番わかりやすい科学への貢献かなと思います。

さらに、ＡＬＥの人工衛星にセンサーを搭載して大気全体のデータを取得していくと、たとえば気候変動のメカニズムの解明に役立つ可能性も考えられます。

我々の人工流れ星が流れる中層大気については、まだまだわかっていないことが多いんです。今は対流圏と成層圏しか見えていないから、それぞれが別な事象として捉えられているのですが、実は中間圏でつ

ながっている現象もありそうなんです。それがわかると、大気全体の流れがわかってきて、さまざまな気象現象のメカニズムを解明するという科学貢献がまずは近しいところであります。

西村　人工流れ星そのものがサンプルデータになっていくのはすごくおもしろいです。ひとつ目の話は地球をある種の実験場として見立てようということだと思います。大気を含めた地球を実験場としたときに、この実験場で起きていることを見るものさしがない。でも、人工流れ星というものさしができれば、そこで起きたことをフィードバックできて、科学者が気象現象について仮説を立てたり、研究を始められたりするということですよね。

中間圏のことがわかって、対流圏と成層圏がつながる話もおもしろいですね。たとえば、地球環境シミュレーターでは地球側の物理法則によってシミュレーションを回している。一方で宇宙物理の研究者は、宇宙側のことに注目している。確かに、宇宙と地球をつなげてシミュレーションしようという話はあまり聞かないなと思いました。

岡島　上層部がつながっていないから、地球と宇宙の話が結構ズバッと切れちゃっている部分があるんですよね。

人間の限界を超えて知らない世界を見る方法とは？

西村　今、ＡＬＥのメンバーはどういう構成になっているんですか？

岡島　メンバーは30名くらいになっていて、エンジニアが20名弱、バックオフィスが十数名です。エンジニアには、もともと「欧州原子核研究機構（CERN）」で素粒子の研究をしていた人や航空宇宙工学で博士号を取得した人など、ドクターの人が多めかなと思います。今、ALEに在籍しながら東北大学でドクターコースにいるメンバーもいますね。

エンジニアの中には、宇宙バックグラウンドではなく、ソニーやキヤノンで本当に日本のものづくりを支えてきた、レジェンド中のレジェンドみたいな人、たとえばCD-Rをつくった人がいたりします。

杉本　みなさんはどういう動機でALEに参加されるのでしょうか。

岡島　やっぱり新しいものごとをつくり出す挑戦をしたい方が多いですね。また、我々のミッションに共感したり、スタートアップであるがゆえの裁量の大きさやスピード感に魅力を感じたりする方もおられます。あるいは、大企業にいるとすごく細分化された工程の一部分しか担えないし、コミュニケーションも組織に最適化されていくので、「このままでは社外に通用しなくなってしまうんじゃないか」という危機感から弊社を選んでくれる人もいます。全体として、ALEのメンバーは、ビジネスサイドも含めて好奇心旺盛な人が多いのが特徴ですね。

西村　岡島さん自身も好奇心が旺盛というか、いろんなことに興味がありますよね。人工流れ星がうまくいったら、次はこんなことをやってみたいというアイデアはありますか？

岡島　めちゃくちゃお金があって自由に使える時間がある立場なら、世界中のＡＩ研究を見ながら「物理学の新しい理論をつくるＡＩ」みたいなものをつくれないかなと思っています。

西村　それが一番、インパクト極大だということですね。

岡島　そうです。今まで物理学で解明できていない現象というのは、四次元で生きている人間に限界があるからじゃないかと思っていて。人間のバイアスを取り払った機械が考え出す物理学ってどんなものだろう、と思います。物理学が発展すると、たぶんまたすごい技術ができて、予想もつかなかったことができるだろうと思っていて。

西村　確かに。テレポーテーションですら量子力学の世界だから、さらに突き詰めれば空間を曲げたりできるかもしれない。

岡島　そうすると、効率の良い移動手段みたいなものができて、系外惑星とかに行けるかもしれないから、ビジネス的に有効な活用方法はありそうだし、いろんな課題を解決できるかもしれません。でも、私が系外惑星に行って何がしたいかというと、そこにある自然とか生命体を見たいんですよね。結局、どこまで行っても「おもしろい生きものを見たい」とか「知りたい」みたいなことになっちゃうだろうと思います。

西村　物理学にお金と時間を使ってみたいというのは、科学の探求でもあると同時に、それによって変わる世界を見てみたいんでしょうね。「いろんなものを見てみたい」といっても興味の対象が取っ散らかるのではなく、「いろんなものを見る方法」へと収束するのがすごくおもしろいなと思いました。

岡島　確かに、方法に収束しているかも。ALEでは自分たちを存続させるためにビジネスをやっているけれど、ビジネス自体が好きというわけではなくて。お金が儲かることにはあまり興味をもてなくて、「ふーん」ってなっちゃうんです。

人類が共有する海や宇宙を守るルールのつくり方

西村　ちょっと海の話をしてもいいですか？「シーレーン」という言葉が西洋発であるように、航路についての考え方が洋の東西で全然違っていて。西洋はどちらかというと独占的で「航路を確保して制覇する」、東洋では共有的に「自由に行き来することでつなげ合う」と考えられていました。今は世界はつながって考え方も混ざり合っていっているので一概に「洋の東西」と言うと語弊がありますが、仮にこうした考え方が宇宙への航路に応用されたとき、「一部で独占するのか」「みんなで共有するのか」が違ってくるなと想像したりします。

岡島　私はやっぱり東洋的に共有する方向でいきたいな。海と宇宙の共通点といえば、「宇宙デブリ（宇宙ゴミ）」の話があるなと思いました。宇宙空間で物質を放出するうえでは、「国連スペースデブリ低減ガイドライン」に基づいて、我々の人工衛星は宇宙デブリを出さないように、冗長化を重ねて非常に精度の高い装置を実現させています。「有人飛行レベルの安全性を確保している」と言われたほどです。

さらに我々は、「宇宙航空研究開発機構（ＪＡＸＡ）」と共同で、「ＥＤＴ（ElectroDynamic Tether：導電性テザー）」を用いた宇宙デブリ拡散防止装置の開発を進めています。実はその考え方を整理するのに、船舶のバラスト水（航行中のバランスを取るために船内に貯留する水）の処理の考え方を参考にしたんです。
船が港に到着すると船内のバラスト水を放出するのですが、そこに含まれているさまざまな海洋生物が外来種として生態系に影響を及ぼすと世界各地で問題になっています。2017年に発効した「国際海事機関（IMO）」の「バラスト水管理条約」がつくられたプロセスから、環境問題として宇宙デブリに取り組むうえではどんなアプローチができるかを話し合いました。

西村　どうしてバラスト水に注目しようと思ったんですか？

岡島　弊社メンバーのアイデアです。宇宙デブリ拡散防止装置って、人工衛星にとっては「余分なもの」だから積極的につけたいものではありません。でも「人類が共有する大事な場所を守るためのものをどうやって普及させたのかを考えよう」と言っていて。環境問題でいうと、二酸化炭素排出規制などもあるのですが、もう少し物質に近いものとしてバラスト水に注目しました。

西村　宇宙のことを考えるときに、「海のことを考えてみよう」というディスカッションができる会社っていいなと思います。「うちは宇宙だから海は関係ない」とは言わずに、異分野からも学ぼうとするというか。人間は、どうしても目の前のテーマに吸い込まれていくけれど、それだと全然発展しないと思うんです。

岡島　確かにそうですね。私は組織について考えるときも、人体について本を読んだり、粘菌類がどうやって組織をつくっているかを見たりしています。アプローチとしては完璧ではないけれど、意外と共通点があるんですよね。

西村　生態系は結果としてすごくうまくいっている。そういう、すごく長く続いている生命からメカニズムを学んで、自分たちがつくるものに取り込んでみようという考え方は、今後ますます注目されていくでしょうね。

地球の生物多様性を保ったまま人間も発展させるには？

西村　このインタビューシリーズのテーマは「時代にとって大切な問いを問う」なので、岡島さんにも聞いてみたいと思います。今の時代だからこそ考えた方がいい問いってなんだと思いますか？

岡島　もう結構みんなが考えていることだと思うのですが、地球の生物多様性を保ったまま人間も発展させる方法を考えないといけないとは思いますね。

西村　ちょっと切り込んでもいいですか？「生物多様性を守りながら人間も発展させる」というとき、「生物」と「人間」が分けられていますよね。つまり、人間が発展することによって、生物多様性が守れない現状があるという認識ですか？

岡島　人間が発展すればするほど、自然がなくなりつつあるイメージがあって。それを変えようとする動きが出てきているのが今の時代で。大事なところに目を向けられているなと思うし、その視点をやっぱりみんながもつべきだと思います。一部のスタートアップの人たちにある「これをやったらすごく便利で儲かる」みたいなスタンスに接すると、「それで人類はどうなるんだっけ?」みたいなことを思ってしまうんですよね。

杉本　岡島さんはALEで人工流れ星をつくっているけれど、流れ星を流す技術が可能にすることだけを目指しているわけではありませんよね。同時に、人類の科学の発展に貢献することを考えたり、宇宙空間の環境問題を生み出さない方法を考えたり、宇宙でビジネスを展開する企業としての倫理も考えておられるように思います。

岡島　そうですね。やっぱり宇宙を利用する責任は感じています。本当にただの商業利用ではなく、科学の発展に貢献するビジョンのもとで実際に行動もしているんだとあちこちで説明しています。たとえば、宇宙デブリの問題などを最もセンシティブに懸念している「国際デブリ学会」でも、自分たちのテーマを発表したんです。同学会では、科学的にも意義があり、宇宙利用を広げるものであると同時に、これだけ安全にも配慮していて本当にすばらしいプロジェクトだと評価していただきました。

西村　ALEで実現した安全性が、他の人工衛星にも生かせるようになると、宇宙デブリが出ない世界に近づく可能性もあるかもしれませんね。

岡島　我々の軌道計算の正確さを生かせる可能性もあります。今は宇宙デブリを廃棄するために大気圏に突入させているけれども、人工流れ星が流れることに関する計算が進むことによって、より安全性を高めることにもつながると思うんですね。
ただ一点、私が気にしているのは、今は問題になっていないけれど、人工衛星が何万基も打ち上がるようになり、そのすべてが大気圏に突入するとまた別の環境問題が起きないだろうかということです。

流れ星を見上げることから始まる未来がある

杉本　現在起きている地球上の環境問題、たとえば気候変動のような大きな問題は、テクノロジーの進化の過程で、環境への責任を考え切れなかったものが積み上がった結果ではないかと思います。その反省を踏まえて「宇宙で何をしようか」と考えるときに、今おっしゃったような課題意識はとても大事なことだと思いました。

西村　僕は、今だからこそ「生態系を保つこと」と「人間の発展」の両立に切り込んでいけるんじゃないかと思っていて。もちろん、テクノロジーの発展は問題を起こす側面もあるけれど、一方でテクノロジーがあるから解決できる部分も残っているのかなと思います。

岡島　たぶん、今のテクノロジーには限界があるからこそ基礎科学によるすごいイノベーションが必要なんです。よく言われるのが、馬車と自動車のたとえだと思うのですが、馬車が交通手段だったとき、馬の糞害が非常に問題になっていたんですね。その頃は「馬の糞をどうやってきれいに処理するか？」という方法が考えられていたのですが、自動車ができたら糞害自体が起きなくなりました。でも、今度は排気ガスが問題になり、電気自動車ができたら排気ガス問題は起きないけれど、長期的には発電量の問題が生じるかもしれません。
こうした歴史を見ても、テクノロジーはイノベーションを起こしつつ課題を解決して、また生じた課題を次のテクノロジーが解決するという繰り返しなのかなと思っています。

西村 本当にそうですね。「今をちょっと快適に」みたいな短期思考ではなく、「そもそも一度世の中を考え直してみよう」という長期的な視点から、科学とエンジニアリングをつなげられる人がつくったものが広がるといいなと思います。

もうひとつ、僕は良いテクノロジーが生まれたときにどうやったら広がるのかにも興味があるんです。「火力発電よりも風力発電の方が良いよね」みたいに、今の社会はなんとなくムードに流されるところが多いのがもったいない。「絶対このテクノロジーが良い」とわかっていても、ムードによって多数が流されてしまうような状況を解消するには、みんなが一度立ち止まる必要があると思うんです。

僕は『地球が静止する日』という映画がすごく好きなんですけど、ラストシーンで世界中の電気系統が停止してみんなが空を見上げるんです。立ち止まることの象徴だなと思います。立ち止まって「人類って何だったっけ?」みたいになると、今まで考えていたけどやってこなかったこと、すでにあるにもかかわらず注目していなかった可能性に目を向けられるんじゃないかと思うんです。

立ち止まる時間がすごく大事だと思うけれど、「立ち止まった方がいい」という論理だけでは全然伝わらない。そうではなくて「流れ星を見ようよ」と言われたら、結果的に立ち止まるじゃないですか。そういう意味でも、人工流れ星というアプローチはすごくおもしろいなと思います。理屈ではなく、流れ星を目指せば到達できる道になっているから。

個人の想像力の拡大が時代を切り拓いていく。

田崎佑樹

田崎佑樹 | たざき・ゆうき | 株式会社KANDO 代表取締役。クリエイティビティ/リベラルアーツ、サイエンス/テクノロジー、ファイナンス/ビジネスを三位一体にし、ディープテックの社会実装と人文社会学を融合させた事業を開発する「ENVISION Design」を実践する。その実例として、REAL TECH FUNDの投資先であるサイボーグベンチャー「MELTIN」において20.2億円を調達し、人工培養肉ベンチャー「インテグリカルチャー」においては8億円を調達。その他にパーソナルモビリティ「WHILL」のMaaSビジョンムービーや小橋工業ビジョンムービーなどを担当。彫刻家・名和晃平氏との共同プロジェクト「洸庭」、HYUNDAIコミッションワーク「UNITY of MOTION」、東京工業大学地球生命研究所リサーチワーク「Enceladus」、荒木飛呂彦原画展「AURA」といったアートプロジェクトも手がける。

我々はどこから来たのか、我々は何者か、我々はどこへ行くのか。

西村　まず、田崎さんのバックグラウンドについて、自己紹介も含めて話してもらってもいいですか？

田崎　バックグラウンドにあるのは、考古学、建築、アート&サイエンスの3つです。小さい頃から「我々はどこから来たのか、我々は何者か、我々はどこへ行くのか？」ということが気になっていて、考古学者になりたいと思っていたんです。20歳になる前には、アメリカのマサチューセッツ大学ボストン校に留学して人類学を専攻していました。

２００１年9月11日、アメリカ同時多発テロ事件が起きたときは、ちょうど1週間くらい前にニューヨークにいて。2日後くらいには、友達と一緒にニューオリンズまで車で60時間かけて旅をしました。だから、9・11から3日後くらいのニューヨークや、ペンタゴンが焦げているワシントンDCを見ていたんですね。

文明の衝突をまざまざと見せつけられて、「明日はわからないな」と思ったことがきっかけになり、ずっと引きずっていたデザインへの道に踏み切るために帰国。インテリアと建築の学校に入り直して空間の勉強をしました。

杉本　考古学とデザインや建築は領域が違っているイメージがあるのですが、田崎さんの中ではどうつながっていたんですか？

田崎　たぶん、空間に興味があるから遺跡が好きだったんですよね。今も好きですけど。僕は、「テオティワカン」や「チチェン・イッツァ」などの南米文明の遺跡に興味があって。当時の神殿って、基本的に神の世界を具現化することがミッションなので、建築物自体に叡智が集まっているんです。つまり、文明が失われてどれだけの時間が過ぎていても、遺跡が残っていれば建築物を通してその叡智をトラッキングできるし、当時考えていた人の知性に触れることができる。

実は、人類学とデザインは近いジャンル。日本語では「意匠と設計」って訳されてしまうけれど、英語の「design」は否定を意味する「de-」と象徴や標識を意味する「sign」という言葉から成る「常識を否定せよ」という概念です。僕は最初にそれを教わったから、「デザインは色やかたちではなく概念論なんだ」と思って、学生の頃から概念設計ばかり考えていたんですよ。

世界を牽引するビジョンをかたちにするデザインとは？

西村　今回のインタビューのテーマは「時代にとって大切な問いを問う」。ひとつの文に「時代」「大切な」「問い」という3つの概念が入っています。まずは、今の時代をどう捉えているのかを聞いてみたいと思います。

田崎　産業革命から20世紀までは大量生産・大量消費のための技術が、資本主義と社会主義、経済性と人間性、ローカリズムとグローバリズムなど、二項対立的な世界を生み出した時代だったと思います。ところが、インターネット以降は「iTunes」と「iPod」のように、概念化されたサービスとプロダクトが結びついていて。物質ありきだった世界が抽象化してグニャグニャした感じになっている。現代の概念化された社会の中では、20世紀までの大量生産・消費のための「Technology Driven」な世界から、概念の方向性を照らし出す「Vision Driven」な世界になっているという認識ですね。

この時代を代表するビジョナリーは、経営者、アーティストとサイエンティストだと思います。突出した経営者は資本主義で勝ち上がったうえで、そこを飛び出す事業を生み出します。アーティストは資本主義を利用してやるくらいの心構えでいるし、サイエンティストは世界の真理を追いかけることに集中している。この三者は資本主義の枠を飛び出し、ゼロイチで立ち上げていくという点で共通性が高いんです。覚悟の総量とある種の狂気をもって、次の世界を切り拓いていく力があるなと思います。

僕は、未来を切り拓いていくことにコミットしたいと思ったので、彼らとどういう風に仕事ができるかというところを考えていて。「世界を牽引するビジョンって何だろう?」と考えると、ファクトとイマジネーションがバランスよく掛け合わさっているものじゃないかなと思いました。そのビジョンをかたちにするということに関しては、デザインにできることがありそうですね。

たとえば、CGは抽象的なものをビジュアル化できます。もともと「WOW」という会社に7年いたベースがあって、「ENVISION Design」というメソッドを思いつきました。

西村 「ENVISION Design」について、少し説明してもらえますか?

田崎 ビジョンの具現化には、哲学や思想、アートやデザインなどのクリエイションの力と、真に革新的なサイエンスおよびテクノロジー(リアルテック)、そして研究開発や事業化を最速で推進するためのファイナンスおよびビジネスが必要です。これらが三位一体となり、高次元に融合する新たなデザインを実現するのが「ENVISION Design」です。

科学やアートには、経済性を突き破れるパワーがあります。たとえば「牛肉を供給できない」という状況が生まれたとしたら、科学は「人工培養肉をつくる」ことを実現して、経済限界を超えて新しい市場をつくることができる。ただ、一番大きいスポンサーは軍事だから、科学は主に人を殺すことに使われてしまう可能性が高い。人類学や社会学、哲学や倫理のようなリベラル・アーツも同等にインストールして事業をつくらないと、新しいカルチャーは生まれません。

ところが、哲学や倫理の重要性は理解されていても、それを経済性にどうやって引き込むのかはイメージされていないと思うんです。僕は、クリエイティビティとリベラル・アーツ、ファイナンスとビジネス、サイエンスとテクノロジーという三者の真ん中ぐらいにいるので、その大切さを伝えられたらと思います。

三次元の世界における「3」という数字の重要性

西村　なるほど。この「ENVISION Design」の図の左右にある、「社会実装・社会変革」と「新文化育成」はどうつながるんですか？

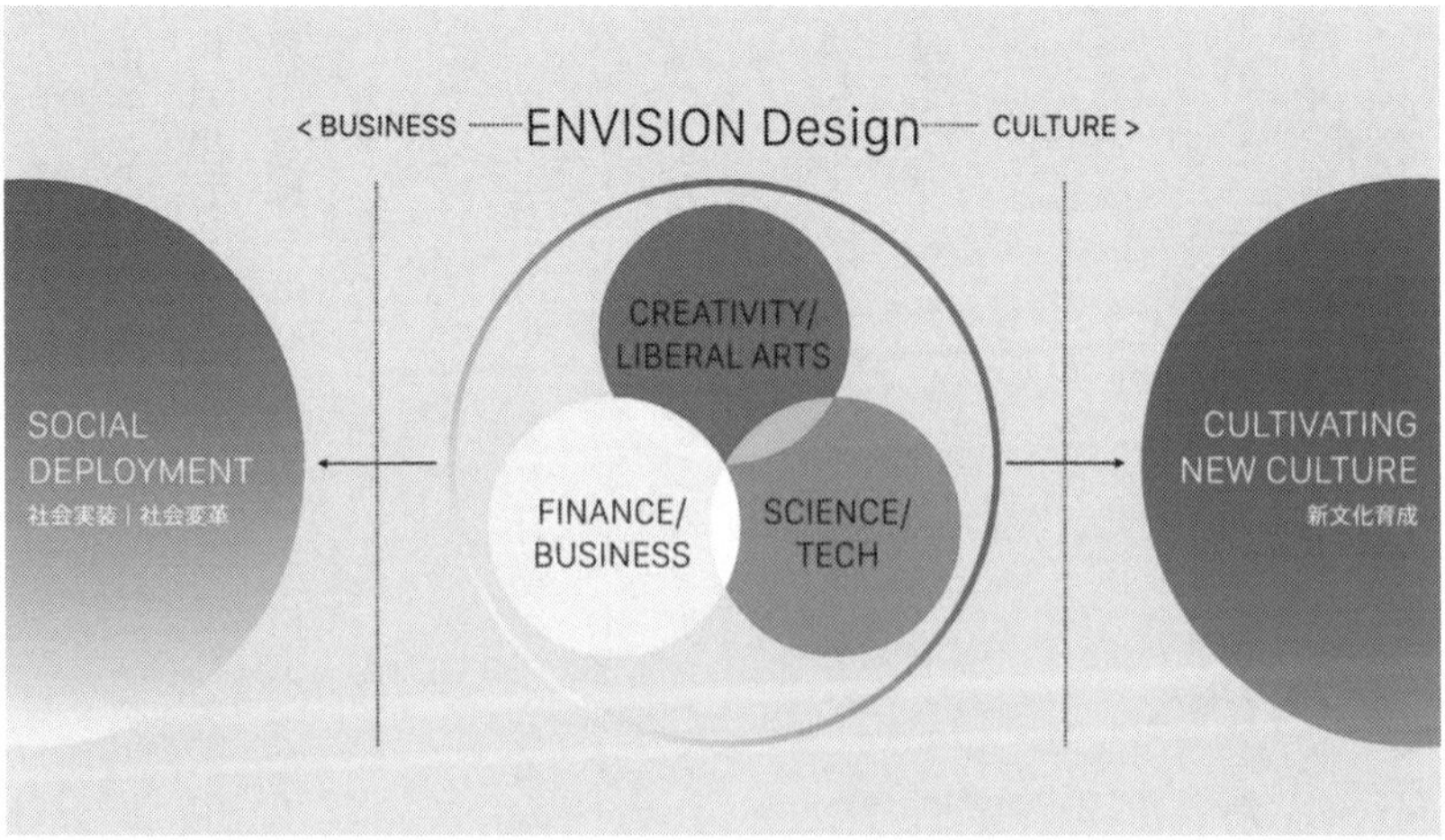

田崎　このスライドは、パワーポイントでは二次元で表現していますが、本当は印刷してくるっと丸めて左右をつなげたいんです。

人間はA対Bの構図でわかりやすく理解しようとするけれど、二項対立的な発想では何かを切り捨てて何かを選ぶという極端な話になってしまいますよね。自然の世界では淘汰圧は高いけれど、適正な数がコントロールされたうえで環境が成り立つようにできているので、人間みたいに「どちらかが悪い」みたいな極端なことにはならない。人間だって、自分の人生をよくよく見れば90％ぐらいはグレーでできているじゃないですか。白黒をつけるのはきつすぎるんですよ、本当は。

世界は三次元的にできているので、三次元的に考えないと本質にたどり着かないんですよね。国の統治権は立法・司法・行政の三権だし、安定した分子の径も3つです。相対化するときのフォーメーションとしては、最低3つの視点がないと輪郭が見えてこないんじゃないかと思っています。第三項を考えるトレーニングをしておかないと、みんなずっとA対Bの構図で考えて何かを切り捨てることをしてしまうんじゃないかな。

概念設計をするときも、3という数字をめちゃくちゃ大事にしています。たとえば、あるサービスにおいて一番大切にしたいものが「やさしさ」だったとしたら、その概念構成を考えるために思考実験をします。「やさしさを定義する」ってすごく難しいんですけど、まったく違う3つの構成要素で精度高く設計することができたら、製品開発をする段階でのデザイン・ディレクションやブランディングの基礎になり得るんですね。

現代美術家の名和晃平さんは、「コンセプト（概念）を語れる田崎くんはすごいレアだよ」と言ってくれて、僕の職業名を「コンセプター」と名づけてくれました。概念設計ができると、さまざまなジャンルの表現者とコラボレーションが可能だという感覚はありますね。

新しい評価指標があれば、お金の流れを変えられる

西村　AとBという一見対立する概念があったときに、二項対立的な構図で考えるのではなくて「両方大事だよね」という視点に立って、第三項を考えていくにはどうしたらいいと思います？

田崎　たとえば、都市と自然はどちらも必要だと考えたときに、「どうやって都市と自然の間にあるグラデーションをつなげられるだろう？」と考えることがすごく大事だと僕は思っていて。「矛盾する２つの概念を両方ドライブさせるキードライバーは？」みたいなことをずっと考えています。

そのためには、人類がもっているさまざまな能力を評価する指標が必要だと思います。たとえば、経済性を評価するときにGDPというひとつの評価指標だけで見るのは無理があると思うし。「じゃあ、経済性を評価できる新しい指標をつくるにはどうしたらいいだろう？」と考えるんですね。

今は、気候変動によるティッピングポイント（それまで小さく変化していたあるものごとが、突然急激に変化する時点）を迎えつつある時代でもあって。その被害を食い止めるためには、本気で課題解決に取り組まないと間に合わないし、企業利益を追求する社会から課題解決型社会にシフトできるかどうかの瀬戸際……、もう遅れ気味だけどやらなければいけない。

「じゃあ、課題解決型社会に必要な評価軸は何だろう？」と考えるんですよね。たとえば、自給率という評価軸を「GDPに換算すればこの比率になる」と言えたら、自給率の高い小さな村に投資を集めることができるじゃないですか？　新しい経済指標をつくれたら、お金の流れも分散させられるだろうと考えています。

そして、その新しい指標には想像力も入れたいんです。もし、人間の想像力を経済的な評価指標に落と

し込めたら、大学での教え方も変わるだろうし、人間の想像力の使い方も変わると思います。

経済を動かす「すごい想像力」とは？

西村 仮にその視点で評価するとして、「すごい想像力」ってどんなものだと思いますか？

田崎 宇宙輸送を可能にするロケットを製造開発する「スペースX」や大手電気自動車企業「テスラ」を起業したイーロン・マスクの想像力じゃないかな。彼から想像力の文脈を抜いたら、ただのロケットインフラ屋ですよ。それだけでも恐るべきものですけど。
なぜ、彼がただのロケットインフラ屋ではないかというと、「月に行くじゃん。そしたら多星間航海ができる多星間生物になるんだぜ？」と語れるところがポイントで。「えっ、マジで？ 人類進化しちゃう？」ってなるじゃないですか。経済的な指標をもちつつ「多星間生物になります」みたいなことを言えたから、ＮＡＳＡもテスラを支援せざるを得なくなったんだし、民間初の有人宇宙船が実現したんだと思う。

西村 物語を語れる力と、つくる技術や経済力を両方もっていることが大事ということでしょうか？

田崎 想像力とクリエイション、経済力というスキルセットを合体させて運用できるのは天才だと思う。
イマジネーションとクリエイティブという2つの領域を見たときに、イマジネーションの世界のトップは、手塚治虫や宮崎駿、富野由悠季や士郎正宗みたいな人たちですよね。その中でも、手塚治虫くらいになると己の想像力だけで描けるけれど、他の人たちはファクトを取り入れたうえでSFをつくっていると思うんです。

近代科学が現れるまでは、イマジネーションに基づいて神話や神殿をつくってきたけれど、科学革命以降はイマジネーションが経済性に関わるクリエイションにダイレクトに関わるようになっています。たとえば、原子力からエネルギーを抽出して爆弾にするということが現実になったわけですよね。科学革命によって、人間の想像力はグッと違うパワーになったんだと思います。

ただ、イマジネーションの中から取り出したクリエイションの運用は、軍事国家や資本家にパスしちゃうから使い方がめちゃくちゃになってしまうことがあります。また、イマジネーションだけのパワーでも、プロパガンダ的に人々を洗脳できてしまいます。

たとえば、選挙コンサルティング会社の「ケンブリッジ・アナリティカ」は、フェイスブック上の個人プロフィールを取得して、イギリスの欧州連合離脱やドナルド・トランプ大統領を支持する政治広告に利用したとされていますが、これもまたイマジネーションのパワーを発揮させた例と見ることもできます。

今はネットを含めたテクノロジーによって、イマジネーションとクリエイティブのパワーがつながりやすくなっていて、めちゃくちゃおもしろいし基本的にはすばらしいと思っています。

ただ、イマジネーションの人たちに、運用の部分まで考えられるようにしっかりトレーニングをしたうえでクリエイションしてもらわないといけないんだけど、それはすごく難しくて。評価指標側でコントロールした方がいいだろうと思っているんですよ。

個人の想像力の拡大こそが、常に時代を切り拓いてきた

杉本　田崎さんは、すさまじい打ち込み方で刀づくりをする刀匠や、人類の進化を目指してサイボーグを開発しようとする「ＭＥＬＴＩＮ」の粕谷昌宏さんのような人には、ある種の狂気があるとおっしゃっていますよね。今お話しされていた想像力もまた、狂気に近いものでしょうか。

田崎　そうですね。想像力が強い人は異常なほどの執着力をもっています。昔のシャーマンみたいな人たちなんじゃないかな。何かにとんでもなく執着している人には、その人にしか見えない地平がある。そこが大事だと思うんですよね。みんなに見えているものは民主主義的にはあっているけど、次の時代をつくっていく突破力にはならない。そういう意味では、時代を切り拓いてきたのは常に個人の想像力の拡大だと思っています。

最も考える時間に投資してきた人間が、最も解像度高く考えることができる。だから圧倒的に説得力があるしおもしろい。先ほど、この時代を代表するビジョナリーとして、経営者、アーティストとサイエンティストを挙げましたが、彼らもまた狂気じみたパワーをもつ人たちだから、次の時代を切り拓くことができるんです。

逆に言えば、最大公約数をまとめようとする日本のデザイナーは、広げるための力にはなるけど突破する力にはならないんじゃないかな。未来を切り拓くためには使えるけど、未来をつくるための力にはならないかな。

西村　なるほど。イーロン・マスクのように突破していく想像力は縦軸的だなと思うんだけど、横軸的な想像力もあるのかな。

田崎　たとえば、熊本で豪雨被害に遭った人たちは、その原因である気候変動をスーパーリアルに感じていると思う。一方で「気候変動って本当に起きているんですか？」という人もすごくたくさんいて、彼らは自分の生活以外のところへの想像力が及んでいないんです。だけど世界中で起きていることは、何かしら連鎖的に自分に関係しているから、それに対して他人ごとでいられないはずで。
想像力をぶん回したら、見えていないもの、感じられていないものを掴み取ることができます。僕はテクノロジーをつくることはできないけれど、意識の方を変えることはしていきたいです。

西村　実は縦軸と横軸の想像力はつながっているんだろうね。横に広げられる人は縦にも高く飛べるし、縦に突き抜ける人は横に対しても見通せている。だから気候変動の問題を自分ごと化することから、未来を切り拓くようなアイデアやその世界観に必要な新しい物語が生まれるのかもしれない。

基本的な所作をわかっていないと、プレイすることさえできない

西村　最後にもうひとつ。想像力がめちゃくちゃある世界になったらどうなると思いますか？

田崎　ひとつ良い面では、共感性が上がるはずだと思います。脳がつながっているような状態になって、他人の痛みを想像できるようになれば、少なくとも相手のいやがることをしなくなると思う。

西村　今、僕の手元にアダム・スミスの『道徳感情論』があるんですけども。アダム・スミスの「神の見えざる手」の前提条件は、人間は「利他の精神」をもっているから放っておいても大丈夫だと考えているんです。だから、人間というものをもっと信じていい。利他の精神で、経済みたいなものもみんなで自然に回していけるというんですね。

田崎　本当はそうなんだろうし、アドルフ・ホイジンガーの『贈与論』とかもすごく好きだけど、彼らの時代と圧倒的に違うのは人口の多さだと思っていて。利他の精神や贈与って、140人くらいの村じゃないと機能しないんじゃないかな。人間の想像力の範囲を超えてしまっているから、「もう殺していい」とかって話にすぐなっちゃう。人が増えすぎたことによって、人はどんどんアホになっていると思うんですね。

西村　なるほど。想像できない人の数がどんどん増えている。

田崎　国家が大きくなると階層ができて身分差別も起きる。想像力が及ばないから、第二次世界大戦においては原子力爆弾という禁忌の兵器を投じるわけじゃないですか。今は世界的に食糧自給率が危機的な状況に陥っていて、いずれは生きるための争いが起きるだろうし、そうなるともう良いも悪いもないって話になってきます。

だからこそ、新しい評価指標をつくれるかどうかがすごく大事だと思って。人間の想像力が働く範囲で小さな自給自足ができるように、もう一度、町や村をスケーリングできたらいい。悲しいかな、僕を含めて都市に家畜化されているからトレーニングが必要だなと思っています。都市と自然の間をちゃんと埋めなきゃいけない。

そういう意味では、たとえば農業ひとつとっても、ちゃんと体験してその価値を理解したうえで魅力的に発信できる人があまりいないんですよね。

西村　何かを伝えるときに、それがどこか魅力的であることは結構大事だなと思っていて。人は必然性にだけ惹かれるわけじゃないし、物語の力がすごく大事なんじゃないかと思うんです。ところが、日本では物語の社会的な地位が下がっているように感じる。小説や物語って、楽しいけどそれはエンターテインメントであって、という風に捉えられる。物語の力についても少し伺えますか？

田崎　物語の力自体は普遍的だと思うし、たとえばハリウッド映画なんて人間のテンションを解析して1分1秒までを設計しています。ＡＩ技術が進めば、大ヒット映画と大ヒット曲をジェネレートできるようになるだろうと思います。一方で、現実の世界の方は複雑性が増しすぎて、大多数の人類がついていけなくなってしまっていて。

だったら全部は理解できなくていいからポイントだけを楽しみたいという欲求になってしまって、「いかにシンプルなメッセージを出すか？」というゲームになっています。ハイコンテクストな物語って、価値を認められないくらいの勢いになっちゃっている。

文化が積み上げてきたものは、そんなにわかりやすいものじゃないからちゃんと勉強しないとわからないんです。だけど茶道がそうであるように、基本的な所作をわかっていないとプレイできない。野球やサッカーを観るにしても、ルールがわからないと楽しくないですよね。

杉本　田崎さんは、ものごとの根本原理を見極めていこうとする態度を基本所作にされているように思います。なぜでしょうか？

田崎　知性に対する愛があるからじゃないですかね。ギリシャの時代には、技術もフィロソフィアのもとにあったわけで。知性の最深部にあるのは全部共通しているような気がするんです。知性には領域を分ける必要がないから全部をおもしろがれる。知性があれば、ビジョンドリブンの時代もサバイバルできるし、横軸に想像力を広げることもできるし、良いことだらけなんですよ。

新たなフロンティアに挑むとき、人類は常に同じプロセスを繰り返している。

石田真康

石田真康｜いしだ・まさやす｜2003年、東京大学工学部卒。「一般社団法人SPACETIDE」の共同創業者兼代表理事（CEO）として、新たな民間宇宙ビジネス振興を目的に年次カンファレンス「SPACETIDE」を主催。グローバルコンサルティングファーム「A.T. カーニー」にて宇宙業界、ハイテク業界、自動車業界を中心に15年超の経営コンサルティングを経験。内閣府宇宙政策委員会基本政策部会 委員。ITmediaビジネスオンラインにて「宇宙ビジネスの新潮流」を2014年より連載中。また著書に『宇宙ビジネス入門 Newspace革命の全貌』（日経BP社）がある。

宇宙のスケールは桁違いだと知って
頭の中で何かがパリンと壊れた

西村　それでは、自己紹介からお願いできますか？

石田　私が究極的にやりたいことは、宇宙産業の発展と拡大を通じて未来をつくること。その目的のためにいくつかの仕事をしています。

ひとつ目は、「一般社団法人SPACETIDE」で国内外含めて宇宙ビジネスに関わる人たちのコミュニティをつくり、盛り上げていく活動をしています。具体的には、日本で一番大きい宇宙ビジネスのカンファレンス「SPACETIDE」を毎年開催したり、ゲストを招いて宇宙ビジネスについて語り合うライブ番組『SPACETIDE Q』を隔週でユーチューブ配信したり。半年に一度、宇宙ビジネスの業界レポート『COMPASS』を日本語と英語で発行したりもしています。

2つ目は、宇宙に関する政策立案と実行を支援するために、政府の宇宙政策委員会などで委員をしています。つい最近では、日本の宇宙戦略の根幹となる『宇宙基本計画』を5年ぶりに改訂する委員を務めました。

僕は「A・T・カーニー」というアメリカのコンサルティングファームにも所属しているので、場合によっては政府機関や宇宙ビジネス関連企業の抱える経営課題を解決するために、コンサルタントとしてプロジェクトをやることもあります。

あとは、いわゆる執筆や講演などを通して、できるだけ多くの人に宇宙ビジネスの現状や魅力を発信する活動もしています。

杉本　現在に至るまでの道筋を「問い」の歴史で振り返ると、どんな問いがあったのでしょうか？　そもそも宇宙に関する仕事をするようになった始まりは？

石田　小学校３年生くらいのときに、『機動戦士ガンダム』や『聖闘士星矢』などのアニメからギリシャ神話に興味をもち、その延長上で星の本を読んだんです。当時は関東地方からも出たことがなかったのに、地球が太陽系の一部で、その外側に銀河系があり、さらにはたくさんの銀河があるという宇宙の存在を知るわけです。まだ10年しか生きてないのに宇宙は１３８億歳ですよ。あまりに桁違いなスケールに価値観がものすごく揺さぶられたのを覚えています。

西村　小学生にして価値観が揺さぶられて。

石田　そうそう。頭の中で何かがパリンって割れたみたいな衝撃でした。「宇宙って何だろう？　生きるって何だろう？　地球ってなん何だろう？」って、考えるけれど意味がよくわからなくて、すごく怖くなったりしたことも覚えています。

自分の人生を決めるものさしを「外の声」から「内の声」に切り替えた

石田　小学生の頃は「夢は宇宙飛行士になること」って書いていたんですけど、青春時代を過ごすなかで興味が他のことに移っていって。ただ、就職活動の前にＪＡＸＡの前身である「ＮＡＳＤＡ（宇宙開発事業団）」を訪問したんです。すると、当時の研究員の人に「ＮＡＳＤＡで活躍したからといってＮＡＳＡのプロジェクトの中枢に行けるとは限らないし、その逆もそう。宇宙は国に関わることだから」と言われてがっかりしました。

僕が大学を卒業した２００３年にはもうインターネットが普及していたので、「世界はつながっている。宇宙業界でも世界レベルでチャレンジができるのかな」と思っていたんです。だけど、実際は国境が歴然とあるんだと知って、もともと興味が薄れていたこともあり、一度宇宙への熱が冷めちゃった。だから、20代は宇宙に関することは１ミリもしていない。コンサルタントの仕事に打ち込んでいて、完全に忘れてしまっていました。

ところが、29歳のときにパニック発作を患うんです。コンサルタントって、インパクトを残すとか、意義あることや儲かることをやるとか、人生の成功要件みたいなものを並べて、必要以上に自分の人生に生きる意味や意義を求めてしまう人が多いんですよ。僕もそのループに入ってしまい、「僕は何のために生きているんだろうか？」とすごく悩んでいたけれど、答えがよくわからなくて。そしたら過労で倒れてしまったんです。

杉本　人生の成功要件みたいな価値基準に、自分自身をフィットさせられなかったということですか？

石田　まさにそうですね。そのとき、僕は自分の人生を決める「外の声」と「内の声」という概念に気づいたんです。外の声というのは期待とか評価とか、内の声というのは好きとか興味とか。倒れるまでは、外の声が僕の人生をドライブして、うまくいっていたんです。自分で言うのも変ですが、とても優秀なコンサルタントだったと思います（笑）。だけど、走り続ける間に走りすぎたというか、気づいたら内の声が聞こえなくなって摩耗して倒れたんですよね。

リハビリには4年間かかりました。一番ひどかったときは、本当に1カ月後に生きている自信もなかった。そのとき、ふと「どうせいつか死ぬなら、死ぬときに後悔したくない。僕は、人生でやりたいことをやったのかな」と思ったんです。すると、「来月死ぬとしたら後悔はないのかな?」というすごくシンプルな問いが立って。「あんなに宇宙が好きだったのに、宇宙のことを何もやっていないじゃないか」って思い出しちゃった。

外のものさしがぶっ壊れてしまうと、すごいことをやりたいとかはどうでもよくなりました。「何でもいいから宇宙のことを始めよう」と思って偶然発見したのが、日本の民間発の月探査のためのプロボノチーム「HAKUTO」でした。「何でもするから混ぜてほしい!」ってウェブから問い合わせして、プロボノメンバーとして参加しました。現在の宇宙に関する仕事への道は、そこから始まりました。

「後悔しない人生って何だろう?」という問いを立てると、とにかく好きなことをやるという、内なるシンプルなポリシーで走れるようになって。目の前に現れるいろんな人がくれる宇宙に関するチャンスを1個ずつ拾っていったら、記事を書くことになり、政府委員会に参加することになり、仲間と「SPACETIDE」を立ち上げ、A・T・カーニーでも仕事としてやるようになり、2005年にスティーブ・ジョブズがスタンフォード大学の卒業式スピーチで言った「Connecting the dots」みたいに、いろんな点と点がつながっていったんです。

10年、20年後に日本の顔となる産業って何だろうか?

西村 このインタビューシリーズでは、「今の時代、問うべき問いなのに盲点になっている」「こういうことを考えた方がいいんじゃないか」ということをていねいに聞いています。石田さんは「今の時代にとって大切な問い」ってなんだと思いますか？

石田　僕は、宇宙をより普遍的な産業にしたいんですね。たとえば、自動車産業には世界中で人々の移動と自由を支えるプロダクトがあるだけでなく、国内だけでも自動車の製造や販売に関わる人が数百万人といます。また、その基盤技術から新たな産業が生まれて、さらに雇用が広がるということも起きていますよね。僕が「宇宙産業の発展と拡大を通して未来をつくりたい」と言うとき、目指すのはそういうことです。

西村　なぜ、産業にすることにこだわるんですか？

石田　そうですね。ひとつは宇宙業界の職の少なさです。日本では航空宇宙学科を卒業した多くの人がまったく別の業界に就職するんです。「SPACETIDE」をやるなかでも、「宇宙ビジネスに参画したいけどどうやったら入れますか」とよく聞かれるし、欧米の人たちでも本業は別にもちながら「宇宙もやっている」という人をたくさん見ます。

宇宙の仕事をしたいのに活躍する場がない。それくらい狭く、小さいのが今の宇宙業界なんです。だから大きな産業にしたい。やりたい人が挑戦できる、続けられる、輝ける、そういう業界になればと思っています。

それと、もうひとつの理由は「10年後、20年後の日本の顔となる産業は何だろうか？」という問いですね。入社した当時、A・T・カーニーのグローバルミーティングに行くと、みんなが日本製のスマホやデジカメを持ち、日本車に乗っていました。この10年の間に、日本製を持つ人も、日本に紐付く話題もどんどん減っているのをすごく感じます。観光、食事、サブカルチャーがほとんどで、自動車ですらあまり話題にならない。

一方で、どれだけグローバル化が進んでも、国というアイデンティティは残ると思うんです。たとえば新型コロナウイルスの感染拡大以降は国境が閉じていって、ほとんどの日本人は今国内にいるわけですよね。ビジネスはオンラインで飛び交っているから国を感じないけれど、生活をする環境としては国を意識せざるを得ない。そう考えていくと、10年後、20年後に世界の人は「JAPANの顔」が思い浮かばなくなるんじゃないかと思ったんです。

西村　なるほど。「日本の産業の顔」って、あまり気にしていない人も結構いると思うんです。どうしてそこが盲点化してしまうのか、あるいはなぜ石田さんはそこが気になるのかを知りたいです。

石田　日本に生まれ育ったからかな（笑）。あと、宇宙業界の国際的なカンファレンスとかA・T・カーニーのグローバルミーティングに出ると、自然と「なんで日本はこうなの？」とか聞かれてきたからかな。石田の背景にある日本を見て問いかけられると、それに答えようとするんですね。

宇宙というフロンティアに挑むバックボーンはあるのだろうか？

西村　問われたら答えようとする。「自分は何をすれば悔いがないんだろう？」「宇宙だ」みたいな。石田さんはすごく素直なんだなというのが僕の素直な感想です（笑）。そこで僕からも問いかけてみたいのですが、石田さんがつくりたい「宇宙産業の発展と拡大による人類の未来」に関して、他の人にも考えてほしいことはありますか？

石田　他の人に考えてほしいこと……。うーん。考えたことがない問いだから、話しながら頭を回転させてみますね。

近年、イノベーションといわれる領域のテクノロジーは、100年前なら「神の領域」とされた世界だと思うんです。宇宙開発、深海開発、AI、あるいはフードテックもそうですね。これらはビジネスの側面で見るとフロンティア感があっておもしろいけど、そのバックボーンを捉えようとすると、すごく複雑性があると思うんです。

たとえば、月は一体誰のものか？　月には公共財のような側面があります。ビジネスの概念で見れば開発すべきフロンティアであり、科学の観念からすると未知なるもの、国家にとっては安全保障の対象ですよ。どれも正しいんだけど、全部を含めたときに「人類って何をやっているんだろう？」と思うことがあります。

結局、宇宙を通して、いやでも人類の歴史を見てしまう。たぶん100万年前と人類がやっていることは変わらないなと思うんです。フロンティアがあれば争ってそこを目指そうとする。テクノロジーが進化して神の領域に入りつつあるけれど、そこにおいて求められる哲学や倫理は追いついていないですよね。

西村　身体の拡張という意味では、頭脳を含めて神の領域に入りつつあるけれども、精神はまだまだ子どもの状態のままという感じでしょうか？

石田　そこについては、僕も自分の中で答えがなくて。そもそも正しい答えがあるのかどうかもわからない。ただ、できることが大きくなればなるほど、哲学的なバックボーンが追いつかないと、多くの人の賛同を得られなくなっていくと思うんです。

従来の宇宙開発は国家がやっていたから、国威発揚と安全保障がバックボーンでした。「自動車も飛行機もつくれるし、宇宙にも行ける」ということをもって、「日本は世界に冠たる先進国だ」と示す。そもそも税金を使うわけだから、国民に納得できるストーリーも重要でした。

ところが、宇宙に向き合う技術と資金を手にした起業家やビジネスパーソンのバックボーンは、「ワクワク」と「すごそうなビジョン」ですよ。それは強烈なドライビングフォースなんだけど、そろそろ「宇宙に挑むことに何の意味があるのか？」をちゃんと説明できないと、宇宙でビジネスを広げる説得性がなくなる気がしています。

新たなフロンティアに挑むとき、人類は同じプロセスを繰り返している

西村　たとえば、大航海時代のヨーロッパ諸国がアメリカ大陸に進出して植民地を獲得していったのは、まさに国威発揚と安全保障なわけですよね。そして、イギリスから独立する段になって「なぜ独立しなければならないのか」を『アメリカ独立宣言』に書いています。今はまだ「なぜ宇宙に行くのか？」はあまり問われていないということですよね。

石田　新しいフロンティアって、まずは土管を通してみんながトライする、その後に「何のためだろ

う?」と問い直してルールメイキングをするというフェーズで進んでいく人ですよね。宇宙は今、土管が通っていろんな人がトライし始める、とにかくおもしろいフェーズですよ。ただ、そろそろ次のフェーズも見えてきています。宇宙ゴミの問題なんてその走りじゃないかな。

これだけ新しいビジネスがトライ&エラーを始めているのに、宇宙におけるルールメイキングについては、まだ誰も答えをもっていない。今のところ、宇宙のルールメイキングの方法は大きく2種類です。ひとつは拘束力をもつ条約。ただし、宇宙に関する国際条約は、1969年の「宇宙条約」以降ひとつも結ばれていません。利害の調整が複雑すぎて、みんなで一緒にサインできる条約がないんです。

しかも今は、世界の3分の1にあたる約60か国が、JAXAのような宇宙機関をもっています。加えて、ジェフ・ベゾスやイーロン・マスクのようにNASAなどに予算をもつビリオネアもいます。そこでもうひとつ、「ソフトロー」といわれる罰則のない紳士協定のようなものと強者連合によるルールメイキングがあり得ますが、その議論は全然追いついていないんですよね。

西村　宇宙に関わる理由も背景もバラバラなプレイヤーたちが、同じ空間に押し寄せているんですね。

石田　うん。かつては宇宙活動を行うのは米国とか旧ソ連とか限られた国家だけだったので、良くも悪くもそこで共通認識ができた。だけど、ここ10~20年で急激にプレイヤーの数が増えていて、共有しているのは宇宙空間というフロンティアだけ。テクノロジーと資本に後押しされてプレイヤーは増加しているのに、共通のルールも歴史認識も十分にはないし、目指している世界もバラバラです。そんな中で、「どうやって宇宙に関する共通認識をもち、人類としてのルールメイキングをしていくのか?」は非常に難しい問いだと思います。

「人類と宇宙とは？」という問いを考える場がない

西村　以前、脳科学の研究者にお話を伺ったとき、「脳のある部位に処置を施せばある行動を変えられることが判明したとして、その処置をしてよいのだろうか」と言われたんです。たとえば、罪を犯した人になら処置してよいのか、罪の重さに合わせるべきなのか、と考えていくのですが、科学者は刑法の勉強をしているわけでもなければ人間性の研究をしているわけでもなく、科学の専門家なわけですよね。「治療の是非を決めるのは科学者の役割でしょうか？」というのが、その研究者の方の問いだったんです。

こうした専門性を超えた問いにぶつかるケースは、どの分野でも同時に起きていると思います。宇宙を目指している人たちも、決して国家や安全保障に詳しいわけではなかったりしますよね。

石田　そうそう。「そもそもみんなが同じ問いを見ているのか？」と思うときがあります。「宇宙における安全保障とは？」のようなサブテーマで議論する場所はたくさんあるんです。ただ、「人類と宇宙とは？」という統合的な問いを考える場がないんですよね。

西村　人体や社会に関わる問題であれば、比較的倫理の問題として議論しやすいと思うんですけど、深海や宇宙のように人間が存在しない空間のことになると、「なんで宇宙に行くんだったっけ？」みたいな問い直しが起こりにくい。

石田　宇宙はあまりにも遠い存在だったからこそ、人類はそこに神を感じることができたんだと思う。ところが、飛行機が発明されると宇宙は「空の上にある夢の空間」になり、さらに月面着陸に成功して宇宙ステーションができると「未来を思い描く場所」になった。長らく「神の領域」だった宇宙が夢から未来へ、そして現実へと、どんどん手前に近づいている感じがするよね。

昔の人類は、宇宙を見上げて深遠な問いを立てて、哲学や宗教をつくり出していたわけだけど、今は「行くのにいくらかかるの?」って、宇宙をコストで語る時代ですよ。宇宙が身近になったせいで、人間が立てるあらゆる問いが些末になっているのかもしれないと思いますね。

それでも宇宙に挑む瞬間には、大企業だろうがベンチャー企業だろうが、やっぱり一定の倫理観が求められるんです。「法律上問題はないですか?」「月は一体誰のものなんですか?」とか。そんなことを問われる業界って他にないと思う。

西村　『機動戦士ガンダム』の世界でいうと、その哲学がないままに宇宙に行ってしまった人類が哲学を問い直したときに、「なぜ地球に支配されないといけないのか?」という問いが立って戦争が起きるというパターンですよね。

石田　今は「土管を通さないと話にならない。行った先に何が起きるかを考える前に、ひとまず行こうよ」と、ガンガン投資しているフェーズじゃないかと思う。宇宙にたくさんの人が住み始めると「一体俺たちは何をしているんだろう?」と戦争が起きて、また歴史は繰り返すのかもしれないですね。

西村　価値観って環境から形成されるものだから、宇宙で育つ人たちには宇宙の価値観が育つと思うんですよ。

石田　確かに。僕たちは今、地球の価値観を宇宙にもっていこうとしているんです。まさに、ジェフ・ベゾスが発表したスペースコロニーもすべて地球を再現しようとして。いずれ、地球を一度も見ずに宇宙で生まれて一生を終える人たちが出てくる。地球を見て「あの青い星は何?」という子どもたちの世代になった瞬間、宇宙の文明は変わるんだろうと思いますね。

共有できるのは「幸せ」か「悲しみの予防」か?

石田　この1~2年で、僕の関心は宇宙そのものから、「宇宙を通じてどんな未来や社会をつくれるのか?」という風に変わりつつあります。普段は感じにくいけど、衛星放送とかナビ・アプリとか、飛行機の機内Wi-Fiとか、僕たちの現代生活って宇宙技術に支えられているんです。だけど、昨年後半から政府の宇宙基本計画の議論に参加するなかで、まだまだ宇宙と地上のユーザーは遠いなと強く感じました。

そこで、「宇宙を普遍的な産業にしたい」という思いも重なって、いろいろな人と議論してたどり着いたのがSDGsでした。「世界共通言語であり、世界共通課題であるSDGsに宇宙ビジネスが貢献できたら、何か新しい地平線が拓けるのではないか」と思って立ち上げたのが「Space Biz for SDGs」というイニシアチブです。

ただね、僕はSDGsというのをまだ十分咀嚼できていなくて、「SDGsをすべて達成したら良い世界になるのか?」というと、わからないなと思っているんです。西村さんはどう思っているの?

西村　SDGsを達成したら、負の外部性を誰かに押し付けない、副作用で苦しむ人が少ない世界になるとは思います。

石田　僕は初めてSDGsの17項目を見たとき、西村さんがおっしゃる通り「負」を全部消していくように見えたんです。それは、サイズ感は全然違うのだけど、僕の20代と似ていると思いました。

コンサル業界には「Development Needs」って言葉があるのですが、「クライアントの期待には応えよう」「人より早く成長しよう」とか、誰にも否定しようがないKPIを追いかけて、僕はそれを満たしていった。そして、コンサルタントとして成長して成果も出したけど、結果としてパニック発作を起こして、自分の内側に幸せを見つけたわけです。だから、「2030年にSDGsをすべて達成した人類は幸せなんですか?」という問いに対して「イエス」とは言えないなと思うんです。

西村　問いの出発点が「人間が幸せになるためにどうしたらいいか?」ではなく「自分がその立場に置かれたらいやなことは何だろうか」というところからきているので、幸せになるかどうかとは別な話ですよね。SDGsの達成は、幸せの基盤にはなるかもしれないけれど……。

石田　まさにそうだなあと思う。ある意味でネガティブチェックなんだよね。今、「あれは良くない」「これは良くない」という考え方や振る舞いがすごく多くて、極端に社会的な正しさを求めるあまり自粛警察みたいになる人たちまで出てきてしまう。人は社会的な動物だから、ルールというのはもちろん重要だけど……。

人って、根源的には幸せになるために生きているのであって、正しいことをするために生まれてきて死んでいくわけじゃないんじゃないか、と思うわけですよ。正しさを突き詰めた先に幸せはあるんでしょうか?

西村　心理学でいうと、悲しみの裏側に喜びがあるわけではないんです。悲しみと喜びは別軸だから。かといって、喜びの創造だけをして悲しみの予防をしないと、悲しみは増えてしまう。結局両方をやろうという話になるんだけれども。

杉本　世界中のインテリが「ポリティカリー・コレクト（あらゆる差別をなくすべきという考え方）で幸せになれるのか？」という問いに答えられなかった結果として、ポピュリズムが台頭したのかなと思っていて。だから、悲しみの予防だけでなく、喜びの創造の方を、もっと一所懸命やらなければいけないのかもしれませんね。

石田　おっしゃる通りですよね。高度経済成長期のように、みんなで幸せになる方法を共有できた時代を過ぎて、社会が成熟して幸せが多軸化すると共通項になり得るのがネガティブチェックだということだよね。宇宙の話も、ＡＩの話も同じだと思う。可能性を解放しようという議論と不幸をなくそうという議論の界面がすごく難しいし、間違えたときのインパクトが昔とは比べられないくらいに大きいんですよ。

宇宙に挑む大義ってバラバラなんです。ジェフ・ベゾスは「人類の持続可能性」と言っています。今、日本では１００を超える企業が宇宙ビジネスに参加をしているけど、将来的な事業領域の拡大を掲げていたり、あるいは先進的なイメージをもちたいという企業もある。バラバラの大義をもつ国や企業が一緒にやっていくためのルールメイキングをするとき、共通項は「何をやりたいか」ではなくてネガティブチェックの方になるんだよね。

「好き」という感情だけはブレイクダウンしようがない

石田　今日話しながら思ったのは、「宇宙産業の発展と拡大を通じて未来をつくりたい」ということを実現するための問いはいくらでも立つけれど、「それにはどんな意味があるんですか？」という問いは立てたことがないんですよね。

なぜかというと、「宇宙が好きだから」にすべてが帰着してしまうからです。僕は宇宙に恋しているようなもので、本当に「好き」だけでここまできた。「好き」という感情はブレイクダウンしようがないから、自分の中に問いが立たないんだよね。

杉本　「宇宙が好き」という感情は子どもの頃と同じですか？　それとも違ってきていますか？

石田　宇宙が好きだということは変わっていないけど、今の僕をドライブするのは、宇宙を通じて次世代の未来をつくれるかもしれないという喜びも半分あると思います。そういう意味では、軸足は内の声にあるのだけど、社会との接点で感じられる外の声もまた僕のモチベーションになっている気がします。

ジェフ・ベゾスやイーロン・マスク、その他いろいろな起業家が見せてくれた「宇宙の技術は地上で生きる僕たちの生活をこんなに変える可能性がある」ということにリアリティを感じるようになって。それこそ、顔がなくなっていく日本の中で、こんなに可能性のある産業はないんじゃないか、ひょっとしたら「宇宙の日本」になれるかもしれないと思ったこともひとつです。

宇宙に関わるステークホルダーが多様化するなか、もしかしたら僕みたいにどこにも属さないニュートラルハブみたいな人が、複雑化している議論をまとめていくときに意外と役に立つかもしれない。いろんな意味で可能性を感じているんですよね。宇宙はもう夢ではなくて近い未来だし、今周りにいる仲間とだったらすごいことができそうだという手応えもあります。

今より良い未来をつくれるという手応えにワクワクを感じていますね。そういう意味では、ひょっとしたら僕の中には、大義の卵ぐらいはあるのかもしれません。

杉本 コンサルティングのお仕事では、あらゆるリスクを想定してプロジェクトを成功に導くこともされていると思います。その一方で「好きだから」という気持ちに基づいて宇宙に取り組まれることが良いバランスになっているのでしょうか。

石田 そうだね。だって、この3人で来週ミーティングできる保証はないでしょう? いつ何が起きても後悔しないように、自分の好きという気持ちに従うということが……あれ? 「後悔しないために」って僕が言ってるね。これって、ネガティブチェックだな……。

西村 衝撃の瞬間が訪れましたね!

石田 衝撃ですね(笑)。僕の場合は「後悔しない」の裏は「好きなことをやりたい」だったんですよ。

西村 そこには何らかのジャンプがありますね。

石田 うん。ネガティブチェックがきっかけだけど、飛躍して「好きなことがやりたい」になったんですよね。何か行動するときに「それは好きなことなのかどうか?」を無意識に自分に問うている。時間を使うときには「好きかどうか」「関心があることかどうか」で明確に選別するようになったと思いますね。

僕は20代にコンサルタントとして仕事をしてきたから、常にソリューションと解を見出そうとする癖みたいなものがあります。それに対して「好き」という感情は思考を停止できる唯一のものなんです。僕が西村さんをすごいと思うのは、答えのない問いをずっと考え続けているでしょう？ 最後に聞いてみたいんだけど、なぜ終わりのない問いを考え続けようとするんですか？

西村 僕は中学生の頃にコンピュータゲームをつくるのが好きだったんです。無限に続くゲームをデザインしたくて。それと同じように、今はいつまでも突き詰められる終わらない問いをもちたい。むしろ、解が見えたら冷めちゃうんですよ。人生を懸けるに値する問いについて考えていたいと思っています。石田さん、今日はありがとうございました。

多様な「接面」をもつことがアイデンティティを強くする。

谷本有香

経済の多様性

谷本有香｜たにもと・ゆか｜Forbes JAPAN Web編集長。証券会社、Bloomberg TVで金融経済アンカーを務めた後、2004年に米国でMBAを取得。その後、日経CNBCキャスター、同社初の女性コメンテーターとして従事。3000人を超える世界のVIPにインタビューした実績があり、国内においては多数の報道番組に出演。現在、経済系シンポジウムのモデレーター、政府系スタートアップコンテストやオープンイノベーション大賞の審査員、企業役員・アドバイザーとしても活動。2016年2月より『フォーブスジャパン』に参画。2020年6月1日より現職。『アクティブリスニング なぜかうまくいく人の「聞く」技術』(ダイヤモンド社)、『世界のトップリーダーに学ぶ一流の「偏愛」力』(ディスカヴァー・トゥエンティワン)などの著書がある。ロイヤルハウジンググループ株式会社 上席執行役員、株式会社ワープスペース 顧問。

人生を揺るがした「山一證券」の倒産劇が、その後の人生の基盤にもなった

西村 いつもと立場が逆転するのですが、今日は谷本さんのお話を聞かせていただきます。最初に、簡単に自己紹介をしていただけますか？

谷本 私がキャリアをスタートしたのは山一證券という会社です。毎朝、社内向けの経済番組でキャスターとしてニュースを読み、その他の時間は営業企画の仕事をしていました。ところが、入社して3年が過ぎた1997年11月、山一證券は自主廃業を踏まえた営業停止の道を選びました。社長が記者会見で「社員は悪くありません」と言って号泣した、あの劇的な倒産劇を役員のすぐ隣で見ていたんです。

それは、私の人生を揺るがし、また私の人生の基盤にもなった出来事でした。経済は人間を幸せにするためのものであるにもかかわらず、ひとりの人間、ひとつの企業のエゴによってこんなにも多くの人たちの人生を狂わせるんだということを、まざまざと思い知ったんですね。

あの経験があったからこそ、「金融経済の視点で多くの人たちを本当に幸せにするにはどうしたらいいんだろう？」「真の意味での経済をつくるにはどうしたらいいのか？」という問いが、私の中で大切なテーマになっています。

西村 もともと、どういう仕事をしようと思って山一證券に入られたのですか？

谷本 私は団塊ジュニア世代で、バブル景気がはじけた後の就職氷河期の中で就活をしました。特に4年

制大学を卒業した女子学生は、会社説明会などで「4大卒の女子学生はいらないから、後ろの席に座って」などと言われるような時代でした。すぐ上のバブル世代は踊りに踊っていて、就職も売り手市場だったのに、「一体これはなんだ？」と思いました。

大人たちが勝手にバブル景気をつくって崩壊させて、私たちはそこから何も享受していないのに、そのツケを払う役割になったわけです。経済や景気というものが、人を踊らせてダメにして、そのツケを学生たちに払わせてしまうのなら、それをコントロールする機能はどこにあるんだろう。そう考えたときに、証券会社や金融機関ではないかと思ったんですね。いくつか内定をいただいたなかで、一番私たちを人間として見てくれた山一證券に決めました。

だからたぶん、今日私がお話ししたいのは、「強欲な資本主義が続いていくなかで、何を変えたらこの国は変わるんだろう？」という問いについて。この15年以上にわたって経済や金融の世界を生きてきて、なんとなく見えてきた解をお伝えできたらと思っています。

日本の経済リテラシーを高めるために
メディアの仕事を選んだ

西村　なるほど。その谷本さんの解を聞かせていただく前に、ひとつお聞きしておきたいことがあります。経済や金融の世界の中でも、なぜメディアに身を置こうと思ったのですか？

谷本　私自身が、本当の意味で経済ときちんと向き合える接点が、そこしかなかったんですよね。山一證券が自主廃業した後、私自身はまだまだ経済を知りたいと思っていました。

というのも、私の隣の部署の部長さんが、山一證券のいろんな不祥事に巻き込まれて殺されてしまうという事件が起きたり、同じ部署で働いていた方のお子さんが「お前のお父さんは泥棒の会社の子だ」といじめられて学校に行けなくなったりもして、社員だけでなくその家族にまで影響を及ぼしていたからです。なぜ、これほど多くの人たちの人生を揺るがしてしまったのかを知るために、やっぱりもう一度、私は金融の世界に入りたいと思いました。でも、私はずっと本社にいて顧客ももっていないし販売もしたことがないから、どこも採ってくれないわけですよね。ただ、少なくとも私は3年弱の間、社内で経済キャスターをしていたので、この経験を生かせないかなと思ったんです。

日本には経済ニュースや経済番組が本当に少ない。バブルの崩壊を経て、経済リテラシーを高める必要性があるのに、経済を伝えるメディアも人もいない。じゃあ、私が経済を伝える人間になろうと思いました。今では「経済を立て直す」「経済を良くする」という矜持をもってメディアに携わる、日本では数少ないメディアの人間のひとりだと自負しています。『Forbes JAPAN』という経済メディアをメインにしているのは、そんな理由からかもしれません。

杉本　先ほどお話しされた、山一證券の自主廃業のときに社員のご家族が責められたり、まじめに働いてきた社員の方の誇りが傷つけられたりと、多くの方の人生を揺るがした原因の一端はメディアによる過熱報道もあったと思います。

その後、ご自身がメディアに携わるなかで、同じような事件が起きたときにどのような報道があり得ると考えられますか？

谷本　まさにファクトフルネスだと思います。正しくデータを切り取り、正しい報道をする。その当たり前のことができていないんですよね。特にここ数年のメディアは、扇情的なニュースで大衆のストレスを発散させる傾向がすごく強かったので、まさにファクトに戻ることが必要だと思います。

証券会社や金融機関は、モノでなく信頼を売っています。その信頼が揺らいだときに「あの銀行は危ない」と、預金者が預金を取り戻そうと窓口に殺到する取り付け騒ぎが起きてしまう。「人気《じんき》」を乱すことが、世の中を乱すことにもなるわけです。メディアには、その「人気」をつくってしまう力があるので、必要以上に邪念を醸成しないように、事実に沿って正確な報道をすることが重要だと思いますし、私自身も非常に気をつけているところでもあります。

人の気持ちを上げないと経済は動かない

西村　掘り下げたいテーマがたくさんあるのですが、ここで谷本さんが今日話したいとおっしゃっていた「何を変えたらこの国は変わるのか?」という問いと解の話に戻りたいと思います。

谷本　マーケットをずっと見てきて思ったのは、日本はいろんな技術をもっているし、いろんな良いプロダクトももっているのに、なんでこんなに冴えないんだろうということでした。順位こそ落ちましたが、世界3位のGDPを誇る経済力のある国なのに、なんでこんなに盛り上がりに欠けるんだろうなと思ったんですよ。

それが、先ほどお話しした「人気」だと思うんです。「景気を良くする」とはまさに言い得ていて、人の気持ちを上げないと経済は動かないということに気づいたんですよね。時価総額などはまさにそういったもので、私たちの期待感が乗って株価が上がっていきます。日本は、時価総額を上げるために必要な気の部分、心の部分がスカスカなんです。そこをどうやって満たせるのかを、すごく問われていると思います。

もちろんそれは、謙虚な国民性であるということもあると思います。「これはできそうだ」とハッタリをかけて失敗するのが怖いのか、多くの企業は6~7割の実現可能性が見えないと新製品や新サービスの発表をしないんですよね。「この会社は世界を動かしそうだ」という、夢を見せられないから誰もワクワクしないわけです。

以前、「日本電産」の永守重信社長にお会いしたときに、「ホラを吹くような経営者を増やせ」とおっしゃっていました。大ボラを吹いて、それを達成させる実力をもっているのが本物の経営者だと言うんですね。それを聞いたときに、経営者がワクワクできる未来予想図を出せる世の中になることで、日本はきっと大きく変わることができると思いました。

どうすれば経営者たちはワクワクする夢を語れるのか、ということが今の時代においてすごく重要な問いだと思います。

西村　「夢を語れるかどうか」と「夢を受け止めてくれるかどうか」は、鶏と卵のようなもので、循環させていくようなことなのかなと思いました。つまり、すごいビジョンを語る経営者がいても、それだけだと世間との乖離が生まれてしまう。どの順番で伝えていくと、人々はその夢を受け止められるのかというときに、メディアが非常に重要な役割をもっているのではないでしょうか?

谷本　金融市場は、必ず勝ち負けができてしまうというロジックで成り立っていますが、そうではなくて、風呂敷ですべてを包み込むような考え方をするべきだと思うんです。メディアもまた、「ここが一番だ」

と順位をつけて伝えることをしてしまうのですが、そうではなくて、すべてが立つ状態を目指すべきだと考えています。

自分と他人を分けてしまうのが新自由主義的な考え方であるなら、「私たち」という一元論的な考え方に戻っていくことが、おそらく日本らしい社会のつくり方になる気がしていて。戦後にGHQがつくった白人思想的な二元論からの脱却がすごく必要だと思います。

私たちメディアとしては、「みんなが幸せになるにはどうしたらいいか」「これは地球のためになるかどうか」という、大きな視点を入れていかなければいけないと感じています。

経済合理主義に埋もれたアイデンティティを取り戻す

西村　せっかくみんながんばっているし、GDPは世界3位なのに、なぜかそこに気持ちが乗っていないから「すごくダメだ」と思ってしまう。それが気の話であるなら、「すごくダメだ」と思ってしまう人々の気持ちの方にフォーカスがあるのかなと思いました。「そんなに残念だと思わなくていいよ」と伝えていくというか。

谷本　そこはすごく重要なポイントで。なぜこんな風になってしまっているかというと、多くの日本企業が自らのアイデンティティを見失ってしまっているからだと思います。アイデンティティは一朝一夕にたどり着けるものではありません。企業も個人も、「自分自身を聞く」という作業を重ねる必要があると思うんですよね。

私は世界の著名人を含めて約3000人にインタビューをしてきた経験を「アクティブリスニング」と

いうメソッドにして、本を出しました。「listen」だけでなく、自分の意思を伝える「ask」を組み合わせて「聞く」、インタラクティブなコミュニケーションがすごく重要だと思うんです。なんとなく経済合理主義に埋もれていくと、「他人をぶちのめしてでも自分だけ一番になればいい」ということがアイデンティティになってしまう。だから、もう一度「自分自身に聞く」という作業をしなければいけないと思います。まずは自分自身に尋ねる。「自分は何者か？」「何をしたいのか？」と「Why」を積み重ねて自分を深掘りするタイミングが、まさにこのコロナの時代に訪れているのではないかと感じています。

西村　日本人のアイデンティティみたいなものは、生活様式や文化、行為の中に埋没していて言語化されていなかったと思うんです。だから、生活様式を変えられてしまった結果、根っこにあったアイデンティティがゴソッとなくなっちゃったんじゃないかという気がします。

根が弱っているのに、樹上の部分で「お金を稼ぐ」みたいなことはうまくやっているんだけど、今は弱っている根っこの方に目を向けるべきというか。ただ、新しくつくる必要はなくて。もともともっていたものだから、「思い出す」「掘り返す」という作業で見つけられるのかなとも思います。

経済について考えるとき、どうしても前に向かって新しいものをつくらなければいけないという感覚が強いと思うんですね。でも、本当の意味での経済を考えるのであれば、足元を問い直すこともしないとバランスを欠いてしまうということなのかなと思いました。

谷本　そういった唯心論的な考え方が、日本人の精神に似つかわしいものであったにもかかわらず、欧米型の唯物論的な考え方に移ってしまったことに問題があったと思うんですよね。

「良いプロダクト、良いサービスをつくろう」というのが縦軸なら、自分だけではなくて地域、日本、世界の人たちへの愛みたいなものを横軸に据えることが重要だと思います。愛や夢みたいなものがあると、結果的に人もお金もついてくるものだと思うんですよね。

私たち日本人は、横軸の部分をきちんとつくって、そこからプロダクトやサービスを考えるのが上手なのではないでしょうか。さまざまな国際的なカンファレンスに参加するなかで、そんな風に考えることがあります。

自らを問い直すことから「otherness」の受け入れが始まる

西村 つい先日、『京都派の遺伝子』を出版された写真家のエバレット・ブラウンさんにお会いしたんです。その本は、作家や画家、建築家など世界中から京都に集まった芸術家の方々へのインタビューを通して、京都の今とこれからを論じていて。京都のような場所が外の人を受け入れていることに可能性があると思えて、すごくおもしろかったんですね。一番人を受け入れてこなかった領域の、最後の扉が開いた感じがして、もう本当に問い直さないといけないところにきているんだな、と。

そして、そこに自信がもてるといいなとも思ったんです。「問い直さないといけないとダメなんだ」ではなく、「問い直すことでやっていけるんだ」と前を向けるといいなと。そのためにも、どうすれば問い直すことの可能性を学べるかなと思うんです。

谷本さんがいろんな方とお会いするなかで、「問い直すことで前を向いているな」と感じられた事例があれば教えてください。

谷本　たとえば、日本は世界に冠たる長寿企業がある国ですよね。私は、いわゆる老舗企業の経営者にもよくインタビューをするのですが、今年8月に老舗の和菓子店「榮太樓總本鋪」が日本橋本店をリニューアルオープンされたので、副社長さんにお会いしに行ってきたんです。すると、オープンキッチンのある実演コーナーを設けられて、創業菓子の「名代金鍔《きんつば》」を200年前と同じレシピと焼き方で提供しておられたんですね。

今はオンラインショップで何でも買える時代だし、特にこのコロナ禍では本店に足を運ぶことも難しい。しかも、榮太樓總本鋪のECサイトはとても充実している。「なのにわざわざ実演販売をするなんて、コストがかかるだけではありませんか？」と少し意地の悪い質問をしてみたんです。すると、副社長は「今はウェブで商品を知った人がわざわざ本店を訪れて、実演を見てお店のアイデンティティを確認してから買う、という風に変わってきている」とおっしゃるんですよ。

江戸時代の技術で金鍔を焼ける職人は数少なく、榮太樓總本鋪の職人さんは全国でもトップ3に入るような人だそうです。その職人さんにわざわざ実演をしてもらうのは、店の歴史、心の部分までを価値として感じてひとつの商品を買う、という総合体験を提供するためなんですね。

特にコロナ禍以降は、商品の価値の中に、手触り感や体験、企業のあり方までを含めるように変わってきているそうです。

また、副社長は「榮太樓總本鋪はまだまだ200年の会社だけど、いつも時代を問うて、時代を生きる人たちと答え合わせをしてきたから生き残れた」とも話されていました。自分たちの歴史や伝統に執着するのではなく、そのアイデンティティを誠実かつ謙虚に見つめると同時に、社会とのインターフェースをどう変えていけばいいかを常に問い直す。そうしていかないと生き残れないんだなと思いました。

杉本　「時代を問い、時代を生きる人たちと答え合わせをする」とは、どういうことでしょうか?

谷本　榮太樓總本鋪だけでなく上場企業のみなさんは、いろんな意味において「otherness(異質なもの)」を受け入れることがすごく重要だと言われます。ただし、「自分たちのアイデンティティは揺るがない」という強い自信がないと、「otherness」を受け入れることはできません。まずは自分たちが何者であるかをきちんと知って、そこに対する信頼感を得たうえで、「otherness」を受け入れることによって引き継がれるものがあるとおっしゃっていたんですよね。

分子生物学者の福岡伸一氏が提唱する「動的平衡」という言葉がありますが、細胞は常に変わり続けながらも全体としてはバランスをとっている。つまり、時代に合わせて分子を入れ替えていかなければならないけれど、その軸はブレてはいけないということ。これこそまさしく長寿企業の姿なのではないでしょうか。

それぞれの時代の「正しさ」は刻一刻と変わっていくものです。揺るがないアイデンティティをもちながら、縷々《るる》変わっていく時代とのインターフェースをどうつくるかを考えられる人たちが勝ち残れるんじゃないかという気がします。

外界との接点を多くすることが生き残る力を強くする

西村　日本には優良企業も多いですし、優れた職人さんの考え方も受け継がれています。世界的に見ても、その数は決して少なくないと思うんですね。おそらく、身の回りでそういった良いものに触れる機会も多いはずなのに、先ほど谷本さんが言われていた「時価総額を上げる心の部分がスカスカ」になったり、アイデンティティが揺らいだりするのはどうしてなんだろう？

谷本　近年、多くの経営者がアート思考を取り入れるようになったのは、これまでのロジックを積み重ねて解を導くやり方に限界を感じ始めたからだと思います。さまざまな解の求め方があるなかで、自分軸を重視するアート思考を求めようとするのは、2つの意味で正しい方向だと思うんですよね。

「正しさ」は地域や時代によっても変わるし、視点によって定義自体も変わるものです。GDPという尺度が絶対的に正しいのではなく、「自分たちは何をつくりたいのか」をそれぞれの尺度から提示することができるようになる。そして、左脳的な論理思考だけでなく、自分の手や体を動かしてみないとわからないことの中に、新しい解の出し方があるのではないかと思います。

以前、アーティスト集団「チームラボ」の代表・猪子寿之さんに取材したときに、彼を天才たらしめた環境を知りたくて幼少期について尋ねたことがあるんです。すると、「子ども時代に遊んだ徳島の原生林で育まれた空間認識力がなければ今の自分はない」と言うんですね。

裏山で遊びながら全身で得ていた体感知みたいなもの、そこで腹落ちした自分の3D感覚があるから、いろんなものが見えてくる。頭で知ったことだけでジャッジするのではなく、体の感覚から突き動かされて何かを生み出すことができる。だから、彼らのプロダクトは心にリンクするんじゃないかという気がしています。

改めて、そういった体感知のような部分を活性化することで、古き良き時代の日本の強さみたいなものも出てくるのではないでしょうか。

西村　なるほど。ということは、そういった体感知をもたない人が増えている、あるいは決定権をもつ人たちに体感知がないということでしょうか。

谷本　そうだと思うんですよ。「MITメディアラボ」の教授であるジョン・マエダさんは、世界的チェリストのヨーヨー・マさんから「アマゾン川は水陸の接点を増やすことで生命体が繁殖する確率を高めるためにS字に進化したという説」を教わったそうです。

水陸が交わる沼地のような場所で生きる生物が、サバイバルのために種を強くする「エッジ効果」を得る。人間も同じように、「外界との接点のない直線的な人生ではなく、非線形の人生から新しい考えが生まれる可能性が高い」とマエダさんはおっしゃっていて。

経済も同じで、非線形の経済をつくることが、結果的に強さにつながるのではないかと思うんです。

西村　たとえば受験勉強は、一番点を取れるところを目指して最短の直線で行こうとする。そのために、偏差値や大学のランキングや専門性でジャッジして、「ここでがんばってください」と最適化する。そういう考え方をちょっと横に置いて、無駄とされることもいろいろやってみようよ、みたいなことかもしれませんね。

谷本　そうそう。受験勉強だと「合格するために強い科目を伸ばそう」ってなるけれど、足りない部分を見つけて苦手な部分をやってみようとすることが結果的に、また相対的な自身の形成に向けて大事なんじゃないかと思います。あえて苦手な人に会う、嫌いなことをやってみる。陰陽の関係で言えば、陰の部分を見つけて、陰陽を一元化していくことがすごく重要な気がしています。

サイエンスとアートの掛け合わせが、新しい時代の突破口を開く

西村 先ほど、経営者がアート思考に注目するというお話がありましたけども、今年から『THE KYOTO』というメディアで京都の伝統文化を担う人たちにインタビューする「文化の未来時評」という連載をしています。

この3年間、サイエンスにどっぷり浸らせてもらったのですが、サイエンスだけだと出口がないなと思って。何か出口をつくるには、ちょっと違うものが必要だと思ったので、一番遠くにありそうな文化に興味をもったんです。すると、みんなが同じことを言っているなと思って。

茶道の人は、要は自然、山の感覚をお茶室の中に入れると言うのですが、花道の人も短歌の人も、能楽の人も結局みんな自然を持って帰ろうとしているし、そのときに起きることも似ているんじゃないかと思ったんですね。

華道の池坊の方々にお話を伺ったときに「華道の良いところは何ですか?」と聞いたら、「心が空白になること。お花と向き合うことで心に空白をつくれる」と言われたんです。

もともと日本の暮らしは、「空白をつくる」「自然を持ち込む」という要素で溢れていたわけですよね。でも、その意味を大切にせずに、華道も茶道も昭和の時代にお稽古ごとという文脈に乗せてしまった途端、「自分を取り戻すためにするもの」ではなくなってしまい、ましてや「経済のためのものではない」という感覚になってしまった。

谷本 日本は、自然の中で研ぎ澄まされた感覚があったから、自然を表現する言葉もすごく豊かなんだと

思います。

つまり、それは私たちの生活の中にそもそも自然が包摂されている、または、自然の中に私たちの生活が内包されているということです。その感覚知みたいなものを、うまく製品サービスにつなげられていないというのかな。

やっぱり、欧米がつくったルールの中で製品や技術をつくっているから、こういう風になっちゃうのかなと思ったりするんですよね。まさに、私たちの感覚知みたいな部分を生かせる経済のつくり方ができれば、すごくしっくりくるし、やりやすいだろうと思います。

西村　ある和菓子職人の方にお話を伺ったときに、「欧米の人は和菓子の色を認識するのが苦手だから、形で表現するんです」とおっしゃっていました。日本だと桜の色をしていれば「桜のお菓子だな」と感じてくれるけど、欧米の人は形を桜にしてあげないとわかってくれない。それを聞いて、日本人は桜色のお菓子から桜のイメージを受け取る力をつくり上げてきたんだなと思って。

歌人の方のお話を聞いたときは、世界の隅っこにあるものに気づける人たちだなと思ったんですよね。短歌を詠むことで、道端に咲く花にも新しい視点をもつことができる。どう表現しようかと考えることで言葉が研ぎ澄まされていく。

短歌を詠んでもお金は儲からないけど、世界の解像度はものすごく上がる。こうした力をもつことによって提示できる何かをつくれたとき、新しい価値が生まれるんだと思います。

谷本　「ダウン症の書家」として知られる金澤翔子さんに何度か会ったことがあるんです。彼女には、『風神雷神』という有名な作品があるのですが、すごい余白があるんですね。金澤さんはその理由を、「ここに神様がいるから」と答えたそうです。驚いたことに、金澤さんの『風神雷神』の文字は、京都の建仁寺にある俵屋宗達が描いた『風神雷神図屏風』の風神・雷神の絵と配置がほぼ同じだったそうなんです。
普通だと、空いている部分を埋めなければと思っちゃうんだけど、昔の人は空白に神様がいると思って空けておく。金澤さんはそれができるからすごいんだなと。やっぱり日本には、空白に何かを見ようとするところがある気がします。そういうことを、これから大切にしていってもいいのかなと思いますね。

西村　それはすごくおもしろいし、僕が「文化に何かありそうだな」と思ったところにつながった気がします。文化は大事だから保存しようということではなく、前を向くために必要なものなのだと捉えられるといいなと思っていて。
文化はすごくおもしろいものだし、自分たちの新しいイマジネーションにつながっていく。博物館の中に閉じ込めるのではなく、もっと親しめるものとして文化を経済というところに持ち込めるとすごくいいなと思いました。

もう一度、自然や死に向き合えたら人間にどんな可能性があるだろう？

杉下智彦

杉下智彦｜すぎした・ともひこ｜1990年に東北大学医学部を卒業。聖路加国際病院で外科医として勤務した後、東北大学心臓外科医局にて心臓移植の研究を行う。1995年に青年海外協力隊として、マラウイ共和国の国立ゾンバ中央病院に赴任。3年間の活動を経て、ハーバード大学公衆衛生大学院で国際保健学を、ロンドン大学で医療人類学を修学。その後、タンザニア共和国で保健プロジェクトのリーダーを務めたのを皮切りに、国際協力機構（JICA）のシニアアドバイザーとして、アフリカを中心に世界各国の保健システム構築に関わる。2015年に策定されたSDGs（持続可能な開発目標）の国際委員を務める。現在は東京女子医科大学医学部にて国際環境・熱帯医学講座の講座主任として活動しながら、引き続きアフリカを含め世界各国の支援を続けている。

自然の中で生まれて死んでいくって
どういうことなんだろう？

西村　今日はよろしくお願いします。杉下先生にお会いしたのが10年以上前。そこから貴重な機会をいただき、また本当に多くのことを学ばせてもらってきました。今日は杉下先生自身のお話をじっくり伺っていきたいと思っています。

杉下　小学生の頃は、北海道から関西、四国と5回転校をして、愛媛の松山で小学校を卒業し、高校を出るまで暮らしていました。道後温泉に行くことやお祭りが好きで。また、みかんをもいだり釣りをしたりして遊びながら育つなかで、自然と人間のコミュニケーション、そこにある「死」にすごく興味をもっていたんです。

死というものを自然の中に位置付けると、それは季節がめぐって花が散ったり木が枯れたり、あるいは魚を採って焼いて食べたりすることです。その中で、人間の生活にある死というものに関心を寄せて「この自然の中でなぜ生まれてなぜ死ぬのか？」という問いをもっていました。

また、松山は正岡子規の故郷であり、夏目漱石の『坊っちゃん』の舞台になっただけあって、文学のまちでもありました。僕も中学生のときは文芸部で小説を書いたり俳句を詠んだりしましたし、周りにもそういう人が多かった。当時、いろんな本を読むなかですごく衝撃を受けたのが、アウシュビッツ強制収容所での体験を記録したV・E・フランクルの『夜と霧』です。

「死んでいるのか生きているのかわからないような極限状態になったら、自分はどうなっちゃうんだろう？」と考えて。あのときに感じた「死への畏れ」は今ももち続けています。そんなモヤモヤした気持ちを抱えた中学3年生の私はある日、テレビでエチオピアの飢饉を知るわけです。地球の裏側で、自分と同じくらいの歳の少年たちが死んでいることに本当に衝撃を受けました。

エチオピアで起きた飢饉を知って アフリカで診療する医師を目指した

杉下 それまでは、地球ってすばらしいところだと信じていました。しかし、エチオピアのニュース映像を見て、実はすばらしいはずの地球は、こんな風に子どもが飢え死にしていくことを放置していたんだと。それはもう、天地がひっくり返るくらいに驚きました。このときの衝撃が「医師を目指してアフリカで診療したい！」という大きなモチベーションにつながり、東北大学の医学部に進学することになりました。

学生時代は、「生と死」「アフリカ」「自然」をキーワードに過ごしていたと思います。そして、大学1年生だった1985年に、アフリカ難民救済のための「LIVE AID」という世界規模のチャリティコンサートが開催されたんですね。

杉本 ブームタウン・ラッツのボブ・ゲルドフが中心となって結成された「バンドエイド」が「Do They Know It's Christmas?」を歌い、世界同時ライブコンサートを行いました。アメリカでは著名アーティストが「USA for Africa」として「We are the World」を歌いましたね。

杉下 そう、映画『ボヘミアン・ラプソディ』のクライマックスの場面です。当時、私もバンドをやっていて、まさにリアルタイムで見ていました。医師になってアフリカを救おうと思っていた自分にとって、

「ミュージシャンでもアフリカを支援することができるんだ！」ということにまた衝撃を受けたわけです。

文学や音楽のもつ人を変える力を意識するようになって、自分なりに「この理不尽な世界を自分はどう変えていけるんだろう？」と探求するために、自分の足元にある日本の成り立ちや魅力を知りたくなって、バイクにテントを積んで、北海道から沖縄まで日本一周に旅立ちました。

「日本はどこから来てどこに行くんだろう？」と思いながら、各地でいろんな人に出会って刺激を受けて。逆に、今度は世界を意識し始めて、生と死に関しても死生学に興味をもち、当時話題になっていたエリザベス・キューブラー＝ロスの著書『死ぬ瞬間』に出会いました。

医学部2年生のときでしたが、当時はまだがん告知をしてはいけないと教えられていた時代でしたから、ここでも衝撃を受けました。

「がん告知された人がその後をどうやって生きるのか？」「本当にがんを告知できるのか？」という問いが生まれたので、学生主体で社会人も参加する死生学を学ぶ勉強会を主催することになりました。最終的に、仲間と8ミリビデオを担いで、当時は日本に2つしかなかったホスピス（聖隷三方原病院と淀川キリスト教病院）を訪ねて、簡単な映画を制作して仙台の市民祭で上映しました。

アメリカやイギリスから終末期医療のコンセプトは入ってきていましたが、日本でもホスピスは必要じゃないかと問題提起をしたわけです。

アフリカで出会った
生と死を取り巻くコスモロジー

杉本　学生時代のさまざまな活動を経ても、医療でアフリカに貢献したいという気持ちは変わらなかったのでしょうか?

杉下　そうですね。そこがやはり自分のモチベーションの原点でしたから。大学卒業後は、日本における死生学に影響を与えた日野原重明先生がおられた聖路加国際病院での研修を希望し、切磋琢磨する多くの仲間に出会いました。

チーフレジデントを終えて、一度は東北大学の心臓外科医局に戻ったのですが、やはりアフリカに飛び出したくて、1995年に青年海外協力隊としてマラウイ共和国に行きました。人生の大きなターニングポイントだったと思いますね。あのときから、ジェットコースターみたいな人生が今も続いているわけですから。

マラウイで暮らして、アフリカの人々は、私たちが「生と死」と理解する世界よりもっと大きなコスモロジーの中で動いているんだと思いました。日本でいろいろ見てきたつもりなのに、家族や先祖、伝統社会などを取り巻く大きなシステム、個人や社会を超えた広大な宇宙観があるのを痛切に感じました。

いろんな人に「死とは何だろう?」と聞きまくって、伝統医や呪術・妖術など死に関わっている人たちに出会って、宗教的な儀礼にも積極的に参加しました。外から見ると「まじない」だと思えるようなことも、理路整然と行われていてニーズがあるんです。

地元の人と交流するうちに、どんどん深い世界が見えてきて、アフリカの魅力に取り憑かれてしまってね。自分たち独自の価値観や世界観で生きているのがすごく羨ましくて。今でもアフリカに行くと僕が元気になるのは、貨幣的なものとは違う生き方をもっている人たちに出会うことで本質的な刺激を受けるからです。社会の中で生まれて社会の中で死んでいく、というような大きな流れを体感しています。

杉本　社会の中で生まれて社会の中で死んでいく、というのはどういうことなのでしょう？

杉下　自然と共存しながら社会が営まれていて、自然なかたちで生と死がある……ピュアに死というものが存在する社会。そこには、医療だけではなくて、呪術や妖術のようなさまざまな装置がたくさんあって、そこに息づいている独自の価値観を通して、みんなが助け合って生きている。

私が赴任したマラウイの国立ゾンバ中央病院は、当時世界で最もＨＩＶエイズの感染率が高い地区にありました。成人の4割近くが陽性で、多くの仲間が亡くなったし、病院でも多くの人を看取りました。その中で、私もＨＩＶ陽性の方の手術中に事故を起こして、針が自分に刺さってしまったことがあって。

当時は抗ＨＩＶ治療薬もなかったので、ＨＩＶに感染したかもしれないという恐怖の中で、「アフリカで死にたい」と思いました。日本で家から出られずに幽閉されて残りの人生を送るよりは、アフリカにいて仲間に助けられて死にたいと強く思ったわけです。

だから、規範が強要され、周りに忖度し、気を使いながら生きることがデフォルトになっている日本にいると、ちょっと息苦しくなることがありますし、独自の世界観の中で助け合いながら生きているアフリカに行ったり、アフリカの話をしたりするとすごく元気が出ます。日本も、ああいう純粋に助け合いのできる社会であってほしいと思いますね。

経済的なエゴイズムが死への畏れを消し去っている

西村　今日の主題は「時代にとって大切な問いを問う」なのですが、杉下先生が「こういうことを一緒に考えようよ」「ここがちょっと盲点になっているけど大事なんじゃない？」と思っていることを聞きたいと思います。

杉下　やはり究極の問いは「自分にとって死とは何か？」だと思います。たとえばアフリカにいると、ずっと生きているんだけど、身体はなくなっちゃうような状態なのかなと思う。すると「生物学的な死と観念的な死は違うのではないか」という問いが立つんです。心臓死や脳死をしても、個人が生きていた証が文学や写真という残像として残っていると、死んでいないわけです。

死はもともと自然のもの。死への畏れは自然への畏れでもありますよね。その畏れをなくしてしまっているから、新しい農地や鉱物資源を求めて森林を開発して、新種のウイルスに感染して人間が死を迎えるわけです。個々人の経済的なエゴによって危険な森に入ってウイルスに感染する、森の伐採で地球温暖化を引き起こす、日常の生活で死への畏れがなくなっている振る舞いが、現代の私たちが死をちゃんと捉えられていないことの証左だと思います。まさに「永遠の命を得たかのような日常」という盲信が、未来の可能性を狭めているということかもしれません。

西村　本来、死への畏れがあれば立ち止まって考えられるにもかかわらず、経済的なエゴで突っ走ってしまうということもありますね。

杉下　「死ぬと終わりですから、価値はありません」というのがおそらく経済かもしれない。日本にいると、高齢者や子ども、女性、貧困家庭、障害者などは生産性もないし税金も払えないから「価値」がない、と言わんばかりの発言や報道に満ちていますよね。だけど、アフリカだと死んでも仕事があるんですよ。

別に生産性だけが「価値」ではないのが、ピュアなアフリカ社会なんです。

ある村で、長老のおじいさんをずっと取材していて。ひさしぶりに訪ねると、いつも家の入り口に座っていたおじいさんがいなかったんですね。家の人に「おじいさんはどこに行っちゃったの？」と家族に聞いたら、「先生が立っている地面の下にいる」って言うんですよ。死んで、家の入り口の土の下に埋められちゃったみたいで。「なんでこんなところに埋めるの？」とびっくりしたら、「おじいさんは毎晩家の入り口で呪いが入ってくるのを防いでいて、その仕事は若い人には誰もできない。今も夜になったら出てきて家を守っている」って言うんですよ。

それを聞いたとき、少しうらやましくなっちゃって。生きていないと仕事にならないとか、生産性とか価値がないとかじゃない。死んでも仕事があるし、それに見合ういろんなものがある。死は連続性なんだと思いました。

「妖怪」が棲めなくなった世界は、ウイルスにも弱いかもしれない

杉本　アフリカでは「老人がひとり亡くなるのは図書館がひとつ消えるのと同じだ」ということわざがあると聞いたことがあります。やはり高齢者が大切にされているのでしょうか？

杉下　そうですね。高齢になると尿道括約筋が弱くなって尿もれをしたり、嚥下《えんげ》が悪くなったり、足が悪くなったりしますが、必ずお世話をする少年がついてくれるんですよ。少年もまた、お世話することを生きがいにしている。お世話には意味があるんですね。経済的な効率性のために、病院や介護のシステムを

つくってきた今の日本に、そういう関係性はあるのだろうかと思います。

死に近づく人に対する畏敬の念がないのは、自然とともに生きて死んでいくという受け止め方がわからなくなったのではないかと案じることが多々あります。また、自然への畏れが失われると同時に、人と自然の間に存在していた妖怪や神さまもいなくなっていて。山や川の神が祟るとか、海から入道のような妖怪が出るというのは、自然への畏れであると同時に、自然との付き合い方の教えでもあったと思います。

こうした神や妖怪を消し去るほどの勢いで自然を蹂躙していれば、地球全体を破壊していくことになる。レアメタルや農地や都市の拡大による乱開発、地下資源の搾取、都市の肥大化、不必要な規模の大量生産と大量消費、すべてが富の集積の効率化によって、自然であることからどんどんかけ離れていく現代社会。そんな大きな自然への畏敬と畏怖がなくなっちゃった世界がウイルスに弱いことを、新型コロナウイルスが証明したわけです。まさにパンデミックは、自然とのコミュニケーションのあり方を忘れてしまった結果じゃないかとも思っているんですね。

西村　自然と人間って本来は区別がないはずですよね。人間同士は言葉を使ってやり取りできるから、言葉でコミュニケーションできない相手を切り捨ててしまっているのかなと思いました。

でも、実際には人間は言葉を使うときも「こういうことを言っているのかな?」と想像力で補いながら受け取っているはずです。なのに、自然とのコミュニケーションには、想像力を生かせなくなってきているということなのかなと。本当は想像力の中で会話できるはずなのに、それをやらなくなってしまったというか。

杉下　おっしゃる通りですね。今まさに、技術革新でシンギュラリティ（ＡＩが人類の知能を超える技術的特異点やＡＩがもたらす世界の変化を示す言葉）の世界が目の前にありますが、もしかすると人間同士のコミュニケーションを超えたものは、ＡＩには再現不可能かもしれないと思ったりするんですね。

自然とのコミュニケーションは五感と想像力を豊かにする

杉下　農耕や狩猟をする人たちは、「山の音がする」「雨の匂いがする」とか、五感を使って自然とコミュニケーションをしつつ、大きな自然に感謝して生きていたと思います。現代は「情報の８割は視覚だ」と言われていますよね。多くの人は、雨に打たれたり土を触ったりすることから切り離されて、安全に生きられることを目標にしていて。妖怪もいなくなって、ＶＲ空間みたいに自分たちに心地よいところをつくり出しちゃう。

ただ、僕らの中の深いところに残っているセンスが、コロナ危機というどう振舞っていいかわからない恐怖に直面すると、自然とのコミュニケーションを必要として「アマビエ（日本の疫病封じの妖怪）」が出現するということはとても重要だと思います。人間の社会は、死を乗り越えるために宗教や呪術のような装置をつくってきました。

五感が研ぎ澄まされていれば自分の立ち位置をしっかりと実感できるのに、頭の中だけで考えてしまっているから恐怖に対処できなかったり、「お金がない」「ＳＮＳで非難された」といった、自分の外側にある「価値」によって自殺を選択したりするという悲劇が起きているのかもしれません。

西村　先日、仏像の研究者にお話を伺ったのですが、要は木を彫っただけの像なのに火事になると命がけで守るし、疫病が発生したら大きな仏像を造立して祈りを込めるわけですよね。それが1000年という時を超えて残っているってとんでもないなと思いました。人間はそこまで信じ込めるんだということも含めて。

大仏を信じて、造立するときにはその時代の最高のリソースを結集する力がある人間と、「大仏なんかつくってもしょうがない」という冷めた人間のどちらが1000年後に続くものをつくるのかというと、やっぱり前者だと思うんです。信じ込むという力がすごく大事で、その先に科学技術みたいなものも生まれてきているんだと思っていて。

イノベーションって、ただの思い違いや聞き間違い、「できるかもしれない」という思い込みから生まれているんじゃないかと思うんです。

身体性を伴う感覚や記憶は生きる力とつながっている

西村　今はあまり向き合えていない、自然や死に対する畏れに向き合えたとしたら、どんな可能性があると思いますか?

杉下　先日、京都大学文学部教授の出口康夫先生が、オンライン講義でコロナ時代の「私」とは、「I」ではなく「WE」だとおっしゃったんですね。「コロナに感染するかもしれない」と恐れを抱いている僕の後ろには、世界中で同じようにコロナというウイルスを恐れたり、感染して苦しんだりしている人がいるわけですよね。つまり、コロナは人間の共生や共存をクローズアップして伝えているんだ、と。

個人的には、「I」から「WE」へというような感覚が得られるのは、自然の中にいるときだと思っています。屋久島の森の中にいると、自分という存在がどんどん消えていくような感覚、「WE」には人間だけではなくて森や水や動物のような自然も入ってきて、ひとつのつながりある小宇宙になっているような感覚を味わうことで生きる力が湧き上がってきます。

本来は、日常の生活や仕事の中に「生きている」という感覚があったはずなんだけど、都会の日常に埋没していると「明日はこうしなければいけない」と「生かされている」感じになってしまう。ところが、深い森の中にいると「生きている」という気持ちになります。コロナの経験を通して「I」から「WE」へ、そして「WE」を感じるための自然というものがあるんじゃないかと思います。

西村　すごく身体性の知だなと思いますし、今のお話を聞きながら、ふと思い出していた光景があります。それは、たまたまだけど体験することになった修験道修行、そしてバックパッカーだったときに旅したチベット。あともうひとつは、大学時代に弓道をやっていたのですが、そのときの身体性。思えば、どれも「何も持っていない」状態のときですね。

そういう、「ひとつである」みたいな状態にあるときの身体性の記憶はすごく残るのかもしれない。光景というよりも、自分の体の感覚をすごく覚えている。文字ではない、全体的な感覚をどうやって思い出すかということなのかなと思ったんですね。それをどんどん切り離して、最後に視覚だけを残しているのが今、みたいにも思えてきます。

杉下　これから人間はもっと視覚だけになっていくのかもしれないけど。僕らにとってはコミュニケーションって言葉を介したものだけど、アフリカではメッセージを歌や踊りで伝えるんです。言葉が通じなくても一緒に踊れば通じ合う。身体性を通したコミュニケーションの方が実はディープな気がします。

アフリカで、HIVエイズのヘルスプロモーション活動をしていたとき、僕らは言葉や絵で伝えようとするけれど、彼らは踊りの振り付けで性教育を伝えたりしているんです。握手をするときも、指でちょこちょっとやってメッセージを伝える人がいるんですね。身体をフルに活用してコミュニケーションをしているんじゃないかと思います。

想像としての死は克服するのではなく向き合うしかないんじゃないか

西村　人類は、自然から解き放たれようとして都市をつくって、身体性から解き放たれるために視覚だけを残して一所懸命がんばってきたと思うんですけど、気がついたら「実は逆方向に歩き続けてきた」みたいなことなのかなと思います。

その過程で生まれた科学技術は無駄ではないし、いろんな使い道があると思うんですけど、「何のために使えばいいのか?」ということが全然問われていない。たとえば、本書にも登場いただいている「SPACETIDE」の石田真康さんとは、「宇宙に行く目的そのものはあまり問われていない」という話をしていたんですね。「何のために人類は宇宙に行くのか?」と問うよりも「まずは宇宙に行ってみよう」という勢いの方がずっと強い。

人類は「何のために?」をずっと問わないままで、とりあえずできないものをできるようにする、ほしいものをつくってみるということをずっと繰り返してきて。ようやく今、「何のために?」と方向性を考えてもいいようなところにきたんじゃないかなと思ったんです。

杉下　そうですね。コロナはやっぱり示唆的だったと思います。みんなが死を前にしたときに、科学に解を求めるだけでなく、アマビエが現れたのはすごく象徴的だったと思います。

身体性という意味では病気になった人は強いですよ。これまでできたことができなくなっちゃって、自ずと自分の存在意義を考えざるを得なくなります。仕事って、家族って、自分って、何だろうと。身体性をモロに感じている人たちのマインドセットはとても深くなります。身体性を感じなくなってしまっている人たちにとっての自然との触れ合いにも、それと同じような意味合いがあるんじゃないかと思っています。

ビショビショに濡れて、ドロドロに汚れて、その先には無意識のうちに身体を感じて地球とつながっていくようなプロセスがある。その中には、個体の死もあるのかもしれないけど、自分自身が未来にもつながっていくような感覚もあると思う。死を超えた未来に対する方向性の出し方は、今とても求められているのかもしれませんね。

西村　死ぬというのは現象ですよね。その「現象としての死」に向き合う以上に、「想像としての死」に向き合うことが必要なのかなと思います。「現象としての死」には「克服」という方向性があるけれど、「想像としての死」は想像だから克服できないし「向き合う」しかない。むしろ死は克服しちゃったらダメなんじゃないかなと思ったのですが、いかがでしょう？

杉下　そうですね。一方で、どんなに死に向かい合っていても、生身の死はめちゃくちゃ衝撃的だと思います。匂い、そこでの顔つき……決してきれいなものではないけれど、そうして自然に還っていくわけです。

やっぱり、本来自然なものであるはずの死が病院に追いやられてしまっている現代は、本当に向き合わなければならないものを都合よく隠している、そんな異常なところがあるのだと思います。

死を隠せば隠すほどに学びのチャンスは減ってしまう

西村 「死を克服する」とは別に「死を隠す」という方向性もありますね。死を隠せば隠すほどに学びのチャンスを減らしているというか。大都市であるほどそのチャンスは少なくて、アフリカの方が圧倒的に多いということなのかなと思いました。

杉下 そう、自然の中に入って体験するプログラムに人気があるのも、どこかにそういう理由があるような気がします。死ってやっぱりめちゃくちゃ怖いからタブーにして、病院に追いやってしまう。自宅での看取りをしてもいいはずだけど「いやいや無理です。私には看取れません。病院に通いますから、先生お願いします」ってなってしまうし、そのために病院や医師にお金を払うわけです。

病院は、死のタブーを乗り越えるある種の都市システムとして機能を果たしていて、それを「科学」という名前で何かしていることにしちゃっているけど、実際には自分で死に向き合えなくしている決定的な負の側面もあると思います。

西村 病院って本来は「治す場所」じゃないですか。でも、今は治らないとわかっていても最期は病院に行く。最期に行く場所が他にないんだと思います。

杉下　そう、他に行く場所がない。だから、ホスピスのようにオルタナティブなものもできるし、老人介護施設や在宅診療があるのかもしれないけど。最期を迎える場所は、たとえばお寺や山でもいいのかもしれない。そんなことをしようとすると、「姥捨山《うばすて》だ」と一斉に批判されるだろうけど……。

マザー・テレサがインドのカルカッタに設立した「死を待つ人々の家」は、まさに最期を迎える場所を体現していると思います。他にも、ガンジス川のほとりには無数の死を待つ家があります。死期を予感するとそこに行って、自分と向き合いながら死んでいく。死ぬと自分の肉体を燃やしてくれます。そういうシステムが今の日本にはないから、病院が看取りを担っているんだけど、「本当に死ぬ場所は病院でいいのか?」という問いは立てられる気がしますね。

西村　お医者さんの側も、病気を治すためのトレーニングを受けてきたのに、病院は死にに来る場所なんだという驚きが後からやってくるのかなと思っていて。

杉下　おっしゃる通りですね。ただ自然を離れたところで、「医療でなんとかできる」という考え方になってしまう。本当に死に向き合っているなら受け入れられるものも、受け入れられなくなるかもしれない。

死を考えるときには、いつも日野原先生のことを思い出します。聖路加国際病院のチーフレジデント時代に忘れられない記憶があるんです。

僕が担当していた末期がんの患者さんは、いろんな検査をしてきたけれどもう回復の見込みがなくて。日野原先生の回診のときに「この末期がんの患者さんには、もう成す術がありません」と説明したんですね。

すると、さっと顔色が変わって「杉下先生、本当に何もできないんですか？」と睨まれたんです。日野原先生は、真っすぐにその患者さんの部屋に向かって、何も言わずに患者さんの手を取って。長い間、手を握った後に「安心してください」って声をかけられました。

部屋を出た後、「杉下先生は何もできないと言いましたね。手も握れないんですか？　それで医者をやるんですか？」って言われて、ものすごく反省しました。その後、日野原先生にたくさんのことを教えていただきました。

私たち医師は、医学という隠れ蓑を着て安心してしまっていて、人間としてはもっともっとできることがあるのに、そのことを忘れてしまっているかもしれないな、と。それ以来、死を前にしてできないことはない、もっといろんなことができるはずと思っています。

西村　そうですね。もっと日常レベルのことでも、「これは常識だから」「こういうものだから」と思考停止してしまうと、向き合わずに済まされてしまうことがあると思います。

でも、「それは誰が決めたことだったっけ？」と問わずにおくと、だんだん死んでいくんだろうなと思っていて。自分の人生を生きるって、一般論や損得ではなくて、自分が「こっちだ」と思う方向を選んでいくことじゃないかと思っています。

人間という動物「Human Animal」が地球で果たすべき役割とは?

井口奈保

井口奈保｜いぐち・なほ｜2013年にベルリンへ移住。働き方、住む土地、時間、お金、アイデンティティ、街との関係性、地球エコシステムとの連環、意思決定のスタンスなど都市生活のさまざまな面を一つひとつ取り上げ実験し、生き方そのものをアート作品にする社会彫刻家。近年は南アフリカへ通い、「人間という動物」が地球で果たすべき役割を模索し、その実践を「GIVE SPACE」というコンセプトに集約した方法論を構築中。また、「GIVE SPACE」を広く伝えるための物語「Journey to Lioness」を映像やイラストレーションで制作。ベルリン市民とともに進めているご近所づくりプロジェクト「NION」共同創始者兼Chief Community Catalyst。

なぜ人間は「こんな能力がある」と言えないと自分の居場所がないと思ってしまうんだろう？

西村　はじめに、この10年くらいの間にどんなことをしていたのかを教えてもらっていいですか？

井口　10年前はまだ東京で活動していて、アメリカの大学院で組織心理学の修士を取得して帰国した後、組織心理学をなるべくダイレクトに使いたいと思ったので、就職しないでフリーランスとして活動することにしました。「コミュニケーション・プロセス・デザイナー」と名乗って。

２００９年からは「TEDxTokyo」の立ち上げに関わり、オペレーション・ディレクターをしました。当時は「ＴＥＤ」が、ボランティアによるカンファレンス「TEDx」を地域のイノベーションのためにやっていいよという、フリー・フランチャイズプログラムをつくって発信し始めた最初の年。「TEDxTokyo」は、アメリカ以外では最初に開催された例でした。

「TEDxTokyo」では、自分の考える新しい組織像を実験したいと思っていて。フリーランスやいろんな組織に勤めている人たちと一緒に、会社でもなく、ＮＰＯでもなく、契約や組織的なルールでもなく、自分たちの「やりたい」という思いから仕事やプロジェクトを回していく、新しい働き方、組織の連なり方、あるいはそのチームづくりやプロジェクト・ファシリテーションのあり方をみんなで試すことから始めてみました。

西村　５年くらい続けていたよね？

井口　うん。5年間、コミュニケーション・プロセス・デザイナーと名乗るなかで、なぜ人間は、「自分はこれだけ能力がある」と宣言しないと自分の居場所がないと思うんだろう、こんなことをやってきたとか、これから10年でこういうことをやりますとか、ビジョンやプラン、良いアイデアを出さないと社会で価値を認めてもらえないんだろう、生きものとしてなぜこんなことをしないといけないんだろう、という疑問があったんだよね。

人間と他の生きものはなぜこんなに違うんだろう？

西村　なぜ、人間は自分や他人に「価値がある」ことを求めるのか。

井口　そう。人間は哺乳類だし、遺伝子的に言えばハエとさえ同じ部分がたくさんあるわけ。「なぜ、人間と他の動物はこんなに違うんだろう?」って不思議でした。人間としての違いを楽しみながらも、人間だからこそ忘れてしまったような、生きものとしての部分を中心に置きたいと思った。ちょうど、もう一度日本を出たい時期だったから、ベルリンに移り住んで、今度はアーティストという存在に意図的になってみるという実験を始めたの。

コミュニケーション・プロセス・デザイナーは、自ら宣言をして、社会の中で自分のスキルや能力を「見せる」言葉だった。でも、アーティストは他者が私を純粋に説明してくれた言葉で。「自分で一所懸命に価値あるものをつくろうとしない」ことをエクストリームにやろうと思ったときに、「アーティストになろう」と思って、それと同時にベルリンに移り住んだのね。

西村　ベルリンに移り住んで、もう7年くらいになるのかな？

井口　うん、今年で8年目。ベルリンに暮らし始めてからは、人間という動物の本来性が自分なりにわかる生き方をしてみようと思って。お金は自分のプライドや自己認識、ステータスや他人との比較とか、私たちを規定する部分が大きいから、お金と自分の関係をすごく簡潔にする実験をしてみたり。住む場所も、他の動物たちのように流れるがままに住めるところに住んでみたり。これは今でも続けているけれど、朝はアラームを使わずに自分の体のリズムで起きるようにしてみたりね。

人間を「Human Being」ではなくて「Human Animal」というコンセプトで捉えて、私たちの体がもっている自然なポテンシャルを追求したかったの。すると、はたと次の問いが降ってきて、「どうして、私は人間としかすれ違わないんだろう？」って、すごく不思議になって。いろんな野生動物の生態を知るためにドキュメンタリーをたくさん見て、南アフリカのサバンナに行き、ライオネス（雌ライオン）の世界に引き込まれていったの。

そこで、私は「人間という動物とは何か？」という問いの答えを見つけたので、それを都市でどうやって実践しようか、方法論を考えている。これも私にとってはアート表現のひとつなんです。

人間という動物が地球上で果たす役割「GIVE SPACE」

西村　井口さんは、今の時代において何が大切な問いだと思いますか？　今すでに扱われているかどうかよりも、「大切かどうか」がポイントです。

井口　都市で生活をしている人たちが「なぜここには人間しかいないんだろう?」と問うことはとても大切だと思うんだよね。触れ合うのは、私たちが存在をともにすることを許している存在だけ。「他の動物はどこに行ってしまったんだろう?」って考えてみる。

私はこの問いを考え始めて、自分の体より大きい生きものの近くに身を置きたいと思って、アフリカのサバンナに行くようになったのね。他の生きものたちは、エコシステムに役立つ何かをしてただ死んでいくのに、人間だけが地球環境に良くないことをたくさんしているわけだよね。「人間という生きものが地球上で果たすべき役割は何だろう?」と私はずっと問うていて。

最終的に私がメッセージとして受け取ったのが「GIVE SPACE」だった。ニュアンスとしては「スペースを返す」なんだけど、「どうしたらGIVE SPACEできるか?」をみんなに考えてほしい。

西村　「GIVE SPACE」というメッセージを受け取ったときのことを、もう少し詳しく聞いてもいいかな?

井口　最初にひらめいたのは、サバンナでいろんな動物たちと間接的に交流していたとき。観察していると、おもしろいことにシマウマやインパラは見える距離にライオンがいても、ある程度の距離を保っていれば絶対に逃げ切れるから慌てないわけ。ライオンの方も、よほどお腹が空いていたり子どもがいたりしなければ追おうとはしないし(動物行動学的には、ライオンは「オポチュニスト」と言われており、他の捕食動物に比べて、お腹が空いていなくても獲物を見つければ狩りをする習性をもってはいるが、距離と成功確率を判断して費用対効果で獲物を追うかどうか決める)。

野生には「間合い」みたいなものが常にあって、無駄に干渉しないし必要以上には獲らない。でも自然環境保護のボランティアに参加して、レスキューされた野生動物がケアされている「サンクチュアリ」に行ったとき、ライオンがものすごく威嚇していても、「かっこいい!」と言いながら金網にへばりついて写真を撮る人たちを見たの。もちろん撮影は許可されていることだけど、百獣の王があれほど怒っていたら他の動物は絶対に下がるのに……。

ある程度時間が経つと、スタッフが「Give him space.」と言ってやめさせるんだけど、その様子を見ていて愕然として。「ああ、こうやって私たちはGIVE SPACEする能力を失って、石油やガスを掘り、アマゾンの森林を燃やし、オランウータンを絶滅の危機に追いやったんだ。GIVE SPACEする能力を失ったことが、すべての社会問題を引き起こしているんだ……」と思った。

ヌーのような草食動物は何千頭という群れで移動するけど、捕食系の大型動物は群れを大きくするオオカミでもせいぜい30頭くらいにしかならない。ところが人間は都市をつくり、国をつくり、無尽蔵にいろんなものを求めすぎて、他の生きもののスペースを奪ってきたんじゃないかと思ったの。

西村　なるほど。「GIVE SPACE」をどう展開するかについてはどうだろう。

井口　私が考える「GIVE SPACE」には3つのレイヤーがあって。「都市デザインでどう実現するか?」というフィジカルな面、人間同士を含めて他の生きものを感じるというメンタルな面、私たち自身の内面にスペースをつくるというスピリチュアルな面。体系的な方法論として育てていきたいと思っていて。

もし、他の生きものを感じようとする気持ちと力がないままだと、単に「屋上を緑化しましょう」みたいなことで終わってしまって根本的な解決に至らない。一方で、先駆的にサステナビリティを実現しようとしている建築家は、自分の家でパーマカルチャーのすごい庭をつくっていたりする。絶対にそれが良いと信じているから、建築にまでもっていけるんだと思う。

自宅のベランダでもできる。都市で「GIVE SPACE」するヒント

西村　人間が狩猟採集生活をしているときは、ある面積に対して30人くらいで暮らしていたのだけど、土地をどんどん確保して自分たちのものにしていったのは、農業がキーファクターだったんじゃないかと思う。他の動植物のスペースを奪うということは、意図して始まったというより「やめられなくなった」に近いんじゃないかな。

今の都市生活も、集住することをすごくやりたいかというとそうではなく、やめられない感じがあるなと。「GIVE SPACE」っていうのは、今の都市のあり方を全否定するわけではないよね？「こういう考え方でなら都市でもできるんじゃないか」というヒントとかはあるだろうか？

井口　「都市でもできる」じゃなくて、何よりまず、前提として都市に住む私たちが絶対にやらないといけないと思っていて。都市生活に疲れた人たちが自然豊かな田舎に行く流れもあるけど、それはそれでまた他の生きものたちの場所を奪うことになりかねないから。

たとえば、野生動物をコントロールするための狩猟や海に排出されるゴミの問題に関するルールは、政治機能のある都市で決められているわけだよね。都市に住む人たちのマインドが変わっていかないと、結局は他の生きものたちを守ることはできないんじゃないかな。

今は都市になっている場所も、かつては森であったり海であったりしたその歴史を知ることもとても大事。街路樹を植えるときに、きれいだからと外来種のポプラを選ぶのではなく、もともと存在していた土地や気候に合う樹木を選べば、そこにいたはずの鳥や虫が戻ってくる。自宅の庭やベランダでも、できることはたくさんあると思う。

あるいは、都市開発において、二酸化炭素の排出が少ない素材で建物をつくることもひとつの方法。こういった建築素材は高価で使えないと思われがちだけど、長期的なランニングコストを試算すると回収できるというデータ「ライフサイクルアセスメント」もすでに出てきている。

西村　自宅のベランダから都市の環境づくりまで、いろんなレベルでもともとその土地に生きていた動植物が戻ってこられる場所をつくっていくだけでも「GIVE SPACE」ができる。

井口　そうそう。地球上にある限り都市も「自然」なんだよね。ただ、人間がつくる部分については、よりエコシステムに合致するような素材を選ぶことも大切。それを上手に使っていくには、みんなの意識も変わらないといけないし、法的な整備や初期投資とランニングコストの計算も必要だと思う。

西村　計算は大事だよね。切手という郵便システムは、イギリスの高校の先生が数学者と行った計算に基づいて始まっていて。それ以前はすべて着払いで、払わない人がいるから郵便料金って高かったんだけど、送り主払いの切手には未払いリスクがないから、料金を15分の1まで下げられて。その結果、切手というシステムは世界中に広がった。

仕組みを広げていくうえで、計算に基づいて「ここまでやっても大丈夫」という範囲を示すことは、ひとつ大事なことだと思う。

「GIVE SPACE」な人が「思想」と「サイエンス」をつなぐ可能性

西村　井口さんが「GIVE SPACE」という言葉で伝えようとしていることに、建築家や都市設計をしている人たちはどのくらい興味をもっているんだろう?

井口　アメリカの建築学会が行った調査で、会に所属する建築家の約8割が「サステナビリティに興味がある」と答えていたのは驚いたな。日本がまだまだそういう状況になっていないのは、知識や情報へのアクセスの差もあるのかな。このあたりはこれからもっと調べていきたいところ。
自然界の生物の構造や機能に学んだ「バイオミミクリー(生体工学)」な技術でエネルギー効率の高い建物を建てる、ということ自体には興味があるはず。アプローチは異なるけど、パーマカルチャーやアーバンファーマーのように、自分たちで緑と土を扱いながら経済循環を考える姿勢の人たちも共感してくれると思ってます。

西村　なるほど。これは日本特有の課題かもしれないけど、パーマカルチャーのような思想とマテリアルサイエンスのような科学をつなげられる人が少ないと感じていて。
思想は追いかけているけれど、研究者になって開発をするのは理系の人たちだと考えていたり、建築家としてやってきた人が素材という域を超えて植物について深く学ぼうとするかというと、そういうこともあまりない。分野横断的な人材配置が弱いなと思うことが多いです。

井口　そういうことは、他の国の方ができているのかもしれないね。

西村　たとえば、日本とヨーロッパでは休暇の過ごし方も違うよね。週末にライオンに会いに行く人はいない日本と、夏のバケーションでライオンに会いに行く人がいるヨーロッパみたいなことでもあるかもしれない。そういう小さな違いの積み重ねが「サステナビリティに興味をもつ建築家がいない」という話にもつながってくるんじゃないかな。

「GIVE SPACE」の対極には、自分が認められる領域に固執するということもあると思う。いろいろやっていて、訳がわからない人間に見られることへの不安があるんじゃないかな。そうじゃなくて「訳わかんなくてもいいじゃん！」みたいなところがあるといいなと思いました。

井口　そうね。そこは私がベルリンに住み始めた頃に、「人間はどうやってアイデンティティをつくっていくのか？」「どうやって自分を受け入れて社会と関係性をつくっていくのか？」を考えようとした部分と、すごく関係があるなと思う。

他者が私を説明した「アーティスト」という言葉をそのまま使っていたのだけど、アートなんてやったこともなかったし、アートやデザインを学んだこともなかった。でも、「私はこんなことができる」と自らを必死になって証明しようとするアイデンティティではなく、他人の言っていることに100％乗っかってみようと思った。

もちろん、アイデンティティは大事だし絶対になくならないものだけど、不必要に意味が追加され続けていくと、人を追い詰めて、精神的な病にも至らしめると私は感じていて。究極的には、「自分はこういう結果を出してきた」「こんなすごい人と仕事をしたことがある」などと自分を規定していく材料から解き放たれることが、「人間という動物」として生きることだと私は思うな。

あともうひとつ、「人間という動物」として生きるためにしたのは、未来のビジョンやプランをつくらないということ。「いつまでにこれをしなければいけない」と未来に今を従属させるのではなく、今を真ん中に置く時間の過ごし方をしていると、自ずと出現するものがあると思うから。

「GIVE SPACE」に呼応する都市はどんな未来を手にするのだろう？

西村　ところで、ベルリンではアーティストってどういう存在なんだろう？

井口　1989年にベルリンの壁が崩壊した後、政権が存在しなくなって街全体が無法地帯になったときに、最初に行動を起こしたのがアーティストだったの。

最も危険で壁があった地帯の廃墟を「スクウォット（長期にわたり所有者が不在になっている建物を占拠すること）」して、住居やギャラリーに変えていって。その名残が今も残っているから、みんなアーティストに対する敬意と誇りがあるし、アーティストが政治や社会に与える影響はすごく大きくて。

たとえば、私が使っている「社会彫刻」という言葉は、ドイツのアーティスト、ヨーゼフ・ボイスが提唱した概念。ボイスは「すべての人間は芸術家である」と言って、教育や政治、環境保護などの活動から生活の中の行為でさえも芸術活動になり得ると考えていた。

彼はドイツのカッセルで5年に一度開かれる「ドクメンタ」というアートの祭典で、玄武岩の石を売ったお金で樫の木を植える「7000本の樫の木」という作品をつくったんだけど、それがアートと呼ばれる土壌がヨーロッパ全体にある。

日々暮らすなかで何を買うかという消費行動が、ポリティカル・アクションやアートと同一線上にあるという市民の理解はとても強い。新型コロナウイルスの感染拡大で、メルケル首相がアーティストに対してスピーディな支援を行った背景には、社会におけるアーティストのこうした位置付けがあるの。

西村　なるほど。井口さんの「GIVE SPACE」は、こうした文脈の中に位置付けられるんですね。もし「GIVE SPACE」というテーマに都市が応えていけるとしたら、その先に人間はどんな未来を手にする可能性があるんだろう？

井口　今は「週末ぐらいは都市を離れて緑に囲まれたいよね」みたいな会話が普通に交わされているでしょ？　そういう都市の概念がきっと変わる。

人がたくさん暮らす建物をつくるときも、常に機械を使って換気するのではなく、自然と風が通る構造にするだけで菌やウイルスの滞留を予防できる。さっき話した街路樹のこともそうだし、みんなが暮らす家の庭やベランダに、その土地ならではの植物が育ち始めたら、きっと深呼吸しても気持ちが良い都市になると思う。

メンタルな面では、他の命を感じられる感受性を育む教育や対話も大事。また、スピリチュアルな面では、自分自身を評価するのをやめて、「ここまでやらなくちゃいけない！」ということもやめてみる。そして、自分の中に静寂を与えてほしいと思います。きっと、そのスペースからそれまで考えたこともなかったような問いが生まれてくるから。
今まで私を導いてくれた問いは、その静寂から生まれてきたもの。自分で問いを考えようとしたわけではなく、世界を見たときにふと、本当に不思議に感じて出てくるというか。自分にとって重要な問いは自分に対する「GIVE SPACE」から生まれてくるのだと思う。

西村 確かに。新型コロナウイルスの感染拡大で家から出ない生活を送った人の中には、ある種のスペースを得て、少し立ち止まって周囲を見渡し見直すことができた人もいると思うんです。
これまでのテクノロジーの発展によってできるようになったこともたくさんある。でもそれって実はそんなにちゃんと考え抜いてるんだろうか。一度自分たち自身に考えるスペースを与えて、もう一度ゼロベースで考えたら、実はまったく違う世界が始まっていく、ということもあるんじゃないかと思いました。

「現場」の情報が多いオフィスほど良い仕事ができる。

仲隆介

仲隆介｜なか・りゅうすけ｜京都工芸繊維大学デザイン・建築学系 教授。1957年、大分県生まれ。1983年、東京理科大学大学院修士課程修了。PALインターナショナル一級建築士事務所 所員、東京理科大学工学部 助手。マサチューセッツ工科大学建築学部 客員研究員、宮城大学事業構想学部デザイン情報学科 専任講師・助教授、京都工芸繊維大学デザイン経営工学科助教授を経て2007年より現職。新世代オフィス研究センター長、公共建築協会次世代建築研究会新ワークスタイル部会長、国土交通省知的生産性研究委員会建築空間部会委員、日経ニューオフィス賞審査委員など、さまざまな機関で研究、啓蒙活動を展開するとともに、さまざまな企業においてワークプレイスデザインを実践している。

設計の授業以外はサボった「札付きの学生」

西村 まず、どんなことに関心をもって大学に入り、研究者の道に進まれたのかを伺ってみたいです。

仲 父は自分で運送屋を始めて、一代で結構会社を大きくした人でした。子どもの頃は、父の運転するトラックの助手席に座っていろんなところについて行って、「会社に入るより自分で何かやりたいな」とぼんやりと思っていたんです。「獣医になりたい」と言ったら、なぜか家族会議で猛反対を受けて、もうひとつの選択肢だった建築家を目指すことにしました。建築家は自分で事務所を開くイメージがありましたから。

建築学科のある大学をいくつか受験して、第二志望だった東京理科大学に入りました。当時の僕は大学は遊ぶところだと勘違いをしていまして、ほとんどの授業をサボっちゃったんですよ。ただ、形の試行錯誤をするときに、さまざまな理論やアイデアをなぞらえていくのがすごく楽しくて、設計は徹夜するほどのめり込みました。ところが、大学4年生で研究室を選ぶときに、「サボってばかりいる札付きの学生だ」と思われていたし、成績も良くなかったので受け入れてくれる先生がいなくて。

ちょうどそのタイミングで、「日本電信電話公社（現NTT）」で電気通信関係建築の設計をしていたオフィス研究の大御所・沖塩荘一郎先生が赴任してこられました。新しい先生の研究室を志望する学生は少なく、僕らのような行く場所のない学生が集まってきました。沖塩先生はすばらしい先生で、本当にラッキーだったと思います。

杉本 では、学部4年生のときに、オフィスというテーマに出会っておられたんですね。

仲　当時は建築家になりたかったし、オフィス研究に興味をもつのはもう少し後になってからなんですけども。今でも忘れられませんが、沖塩先生の面接で「好きな建築家は？」と聞かれて、僕は答えられなかったんです。本当に何も知らなくて（笑）。先生は「しょうがないな……」という感じで、毎日のように僕らを連れ出して東京中を歩き回りながら、いろんな建物について解説してくれました。最初のうちは苦痛でしたが、だんだん楽しくなってきて。

それまでは設計という行為は好きだけれど、建築なるものに興味をもっていなかったんですね。ようやく4年生にして、建築には芸術的な側面も経営的な側面もあり、使いやすさも大事だし、何十年も残るので周辺のまちと文化についても考えないといけないんだと理解して、「深いな」と思いました。これは、このまま卒業したらダメだと思い、大学院に進学したんです。

建築家を目指しつつ、いったん大学に戻る

杉本　大学院でも沖塩先生の研究室に入られたのですか？

仲　はい。何しろ建築家になりたくてしょうがなかったので、大学院では一から勉強し直しました。就職活動ではさまざまな設計事務所を受けたのですが、本当に口下手で社会経験もなく、ことごとく面接で落とされてしまったんです。

その頃、ハーバード大学の大学院を出た後に日本で「PALインターナショナル一級建築士事務所」を開いた先生が、東京理科大学の非常勤講師に来られていて。その先生の事務所に入れてもらうことになりました。

いろいろ教わりながら設計を始めて、すごく楽しかったのですが、その先生は若くして亡くなられて。それで行き場所を失って困っていたら、沖塩先生が「助手として大学に戻ってきて、その間に次の職場を探しなさい」とまたすばらしいオファーをしてくださいました。2〜3年したら出る約束だったのに、先生も僕も優柔不断で、そのままズルズルと13年が過ぎていました。

西村　それは長いですね（笑）。

仲　研究に打ち込む気もなく、いずれ建築家として出ていくつもりだからコンペに参加したり、本当に勝手な時間を過ごしていました。学生と一緒にいろいろやるのも楽しくて、「さて、どうしよう？」と思ったときには30代になっていました。１９９０年代後半になると、景気が良くなっていたこともあり、僕の年代で設計できる人が不足していたので、いろんな企業からオファーはいただいたんです。でも、ずっと学生と遊んでいたので「これはきっと会社に入っても戦えないよな」と思っていたら、留学を目指していた学生が「先生、一緒にアメリカへ行かない？」と誘ってくれました。

彼女はフルブライト奨学金の大学院向けプログラムの準備をしていたのですが、「若手研究員向けプログラムもあるよ」と教えてくれて。僕にとって「学生は人生の宝」で、学生にいろいろ助けられています。応募のための英語の計画書は全部彼女が添削してくれました。

口頭試問は、ブリティッシュ・カウンシル（イギリスの公的な国際交流機関）で知り合った先生に個人レッスンで特訓してもらい、なんとかギリギリで通してもらうことができました。本当にラッキーだったと思います。

インターネット黎明期に「建築と情報化」を研究する

西村　フルブライトでアメリカに行って、どんなことを研究していたのですか？

仲　沖塩先生がオフィスの研究者だったので、その頃は僕もオフィス研究を始めていて。「建築と情報化」をテーマに、マサチューセッツ工科大学（ＭＩＴ）建築学部の客員研究員になりました。ＭＩＴでは大学のファシリティ・マネジメントを実践しつつ、世界中の大学でコンソーシアムをつくってそのノウハウを提供していたので、そこに混ぜてもらって1年間研究しました。

また、アメリカ中を回っていろんな方にインタビューをして、『建築文化』という雑誌で記事を掲載してもらいました。当時はインターネット黎明期で、建築はリアル空間ですが、これからはバーチャル空間のことも考えなければいけないと言われ始めていました。ニコラス・ネグロポンテやウィリアム・Ｊ・ミッチェルのような大物にもお話を伺いました。

アメリカでは、イヴァン・イリイチの「オルタナティブ（alternative）」という発想を受けて、オルタナティブ・オフィスという考え方も知りました。「オルタナティブ」というと「代替案、二者択一」という意味合いで捉えられがちですが、イリイチは「今までにはない革新」みたいな意味で言っていて。従来の机と椅子が並んでいるだけのオフィスではなく、経営の観点から「生産性を高めることがオフィスの大事な目的だ」という考え方に初めて触れたんです。

当時の日本はまだ、「家具をきれいにしよう」「オフィスの快適性を高めよう」と言っていた時代。アメリカでは経営に貢献するオフィスの研究が始まっていました。僕自身、オフィスに対して興味が湧いてきたのはそのあたりからですね。
するとこ「最新のアメリカのオフィス事情を紹介してほしい」という日本のメディアからの依頼がくるようになり、応じているうちに、だんだんとオフィス研究に入っていった感じです。自分で決めたというよりは、自然とそうなっていったという方が近いと思います。

オフィス設計は「働き方」の翻訳から始まる

杉本 日本のオフィス研究は、どんな風に始まっていったのですか。

仲 沖塩先生が大学に来た頃は、ビルや事務所建築の研究者はいたけれど、オフィスを専門にする研究者ってほとんどいなかったんです。オフィスを設計しようとすると、当然そこでの行為を理解しなければいけません。建築学科にいると建築は作品なんですよ。オーナーやその空間を使う人よりも、モノとしての建築に興味をもってしまいがちで、僕もそういう設計をしていました。

でも、オフィスの設計をしているうちに、そのオフィスを使う会社の成長に寄与したいという思いがだんだん強まっていきました。もちろん、空間のパワーはすごく強いのですが、会社の成長に寄与することを考えると、ソフトの部分にも手を出さなければいけない。それで「どうやって働けたら、その組織の人たちは幸せになるんだろう？」と考えるワークショップを自然とやるようになっていったんですね。

もし、働く人たちが「自分たちはこんな働き方をしたい」とわかっているなら教えてもらえばいいのですが、難しいことに、誰もが自分たちの働き方に目を向けているわけではありません。設計する側も、オフィスを使う人たちもわかっていないから、ワークショップをやらざるを得ませんでした。

杉本　オフィス設計というと、インテリアデザインの領域のようなイメージもあります。

仲　従来のオフィス設計では、建築家はビルだけを設計し、入居する会社が家具メーカーから家具を購入し、レイアウトをしてもらいます。多くの企業にとっては、オフィス設計は「家具を買って置くこと」だったんですね。作業が中心のオフィスはそれでいいけれど、みんなが知恵を絞る経営空間になってくると、「より良いアウトプットを出せる空間にしよう」という考え方になっていくわけです。

そうなると、働き方を行動に翻訳して、「こんな行為が頻繁に起きる空間にしよう」という軸が見えないと設計に入れません。その軸を見つけるために、働く人たちとワークショップをして、「あえてジグザグに歩く通路があると偶発的な出会いが起きやすい」「90度の角度で座れる家具を配置するとちょっとした打ち合わせがしやすい」などと、いろんなノウハウや事例を提供したり、いろんなオフィスの見学に行ったりしながら、一緒に考えてもらうようにしています。

20年前から見た、現在のリモートオフィスのあり方

西村　MITでは、遠隔コミュニケーションを組み込んだオフィスの研究もされていましたね。1997年当時に考えていた空間インターフェースと対話行為が一体化していくオフィスのあり方と、リモートワークが実現した現在のオフィスのあり方はどんな違いがありますか？

仲　多くの場合、新しいテクノロジーが生まれてから社会に定着するまで、すごく時間がかかります。

僕がMITにいたときの建築学部長、ウィリアム・J・ミッチェルの『シティ・オブ・ビット』という本に、情報化された新しい建築のイメージがたくさん書かれていました。その中にもあったと思いますが、建築家が世界中の学生を指導するために、スタジオ（製図室）をネットワークでつないだ「バーチャル・デザイン・スタジオ（VDS）」をつくって、いろんな実験をしました。

たとえば、まずアメリカのMITで授業をして、8時間後には香港、その8時間後にロンドンと順番に授業をして、各国のチームで考えたデザインを受け渡して24時間動き続けるという実験です。ちょうど僕がMITにいるときだったので参加しました。

そのとき、すでにテレビ会議システムはありましたが、回線が非常に不安定で苦労しました。今でこそ「Miro」のようなオンラインでコラボレーションできるプラットフォームがありますが、当時はそういうものはなかったので、アイデアをピンナップできるウェブサイトや、複数の人がオンラインでデザインできる高度なCADツールをつくったりもしました。

十数年前からは総務省がテレワークを推奨するようになり、先進的な方々はいろいろなツールを使い始めましたが、なかなか一般に普及するには至っていませんでした。ところが、コロナ禍を受けて一気に広がったというのが現実です。

テレワークが一般化した今でも、僕らが20年前に思い描いていたバーチャル・デザイン・スタジオの姿は実現せず、シンプルなテクノロジーを使う部分のみ生き残った感じですね。

西村　なるほど。思っていたよりも使い方が特定されていない、汎用的な機器でテレワークが実現しているなということでしょうか。

仲　そんな感じですね。ただ、いろいろなことがオンラインでできるようになると、今度は身体性を伴う経験の価値がなくなってしまうんですよね。あと、僕らの議論の中では、オンラインでは経験の共有はできても、信頼の醸成が難しいのではないかという話があります。
ところが、若い人と議論してみると「オンラインゲームの世界では経験の共有も信頼の醸成も十分にできる」と言います。このあたりの議論はまだまだ深まっていないなと思います。

オンライン空間には「存在している気配」がつくれない

西村　もうひとつ伺いたいのは、MIT時代に思い描かれていた、いろいろなオンラインツールに接続するハードとしての建築のデザインについてです。
たとえば、今僕は自宅からオンラインに接続して仕事をしていますが、住宅は働く空間としてはあまりよくないと思うんです。MIT時代から今まで考えてこられた「オンラインに接続するのによい空間」とはどのようなものですか。

仲　オンラインでつなぐことによって、ひとつの空間だけで行為が成立しなくなってきましたね。距離が離れた空間同士を接続する試みはありました。
たとえば、壁一面を画面にして、その壁の向こうに相手側の空間がつながっている状態にして、同じ空間の中で視覚と聴覚を共有するという実験。何度か繰り返したのですが、一番のネックになったのは音でした。当時の技術では、リアル空間のように複数の会話が成立する状況にできなかったんです。今は技術も進んでいますから、違う展開があり得るかなとは思っています。

西村　モニターやスピーカーなどの機器が入ってくることによって、建築側も変えないといけないのでしょうか。

仲　建築空間として「オンラインと接続している状況をどう解くか」というテーマに対する答えには、明確にはたどり着けていません。「リアルとバーチャルの空間をどう融合させるのか」ではなく、「よりリアルな体験に近づけるテクノロジー」を求める方向に行ってしまったように思います。

それは、「どうやって機器を空間に埋め込むか」という空間と機器の関係性のデザイン、空間デザインというよりは設備デザインになってくる感じがします。「バーチャルを含めた空間デザインはどうあるべきか」というのは今の時代における建築家の大事なテーマですが、まだ答えは見えてきていない気がします。たとえば、その空間にいれば視界に入っていない人の気配が自然とわかるといいなと思いますね。

西村　すでに働くための空間が組み込まれたマンションなどが少しずつ出てきて、住宅もまたオンラインと接続する空間になり始めていますよね。

仲　これからつくられる住宅には、「働く空間がほしい」というニーズは確かに出てきそうですね。共有スペースにコワーキング機能をもたせるなど、集合住宅がいろいろな試みを始めていますし、そこに建築家が関わり、外部空間と働く空間がうまく絡んで、住民同士や外から訪れる地域の人などが出会いやすい空間が少しずつ生まれてきています。

個人宅に関しては、企業が社員のリモートワーク用にオフィスチェアやプリンタを購入する事例は増えていますが、空間そのものにまでは意識が及んでいないようです。住宅で働くことを本当に考えるなら、同時に家族関係や子どもの年齢、成長過程も考えた設計をしなければいけないと思います。

働く場の可能性を広げる社会実験「生きる場プロジェクト」

西村　２０１８年からは、働く場の可能性を広げる社会実験として、琵琶湖のほとりで「生きる場プロジェクト」を始められました。「生きる場」は、今のオフィスにも住宅にもない場、「これからはきっとこういう場が必要だよね」という場にしようとされているのかなと思います。

仲　「生きる場」のコンセプトは「和う《あ》」。「和える」だと、誰かコントロールする人が和えている感じがするのがいやで、「和える人も和えられる人も同じだ」と考えて、「和う」という言葉をつくりました。料理するとき「混ぜる」と素材が見えなくなるけれど、「和える」は素材の形を残しますよね。人や行為、専門性や文化が個として残ったままで「和う」といいんじゃないかと思ったんです。

建築家のルイス・カーンは、良い都市を「子どもたちが遊びながら将来の仕事をイメージできるようなまち」だと定義しました。たとえば、鍛冶屋さんがトンカチを振るっていたり、農家さんが畑を耕している姿を見て、「かっこいいな。あんな大人になりたい」と自然に思えるようなまちです。

しかし、今の世の中では多くの人がオフィスで働いていて、その行為は子どもたちからは見えていません。僕がオフィスの研究を始めた頃、子どもたちに言われてちょっと寂しかったのは、「サラリーマンになんかなりたくない」という言葉でした。確かに現代の都市で暮らしていたら、お父さんやお母さんがかっこよく働いている姿に接する機会がないんですね。

今の世の中は経済性を目指して、「経済性＝効率性」みたいな話になって、いろいろな行為を明確に整理して分けてしまっているんですね。だから、場所をつくりたいというよりも、いろんな行為が混ざるまちをつくりたいなと思っているんです。

杉本　食べる、寝る、遊ぶ、働く、学ぶ。それぞれに場所や時間が決められていることが多いですね。

仲　「オフィスで働くのは9時から17時、それ以外の余暇の時間で遊びなさい」ときちんと分けられていますよね。地域も、商業地域、工業地域、住居地域に分けています。新しいまちは価格帯によって住む層が大体決まってしまう。つまり、人間を分けているんです。

空間も同じで、かつては農家や商家のように住宅の中に働く場所がありましたが、今は明確に分けられています。20世紀で最も影響力のあるビルタイプのひとつは、働く行為を明確に分けて一箇所にまとめたオフィスビルなんです。それはとても効率が良いことなので否定する気はまったくないのですが、きちっと分けた空間として成熟したがゆえに、混ざることの効用を享受できていない気がしていて。子どもたちも、おじいちゃんもおばあちゃんも、いろんな人たちに接することができる「まち」のような、働く環境にしたいなと思っているんですね。

同質性の高い場所やまちは健全じゃない気がしています。たとえ効率は下がったとしても、もう一度混ぜてみる価値をみんなで見直していくといいんじゃないかなと思います。

ある方から聞いたんですけど、コワーキングスペースで芸術家が作品をつくっていたら、その傍らで働いている人はすごくいい感じでクリエイティブになれるかもしれない、と。「生きる場」では、いろいろな仕事をしている人も混ぜたいと思っています。今はまだ、大企業の方がちょこちょこ働きにくる状態ですので、午前中は漁師で午後は建築家の仕事をしている若者を混ぜたりしています。

対等な関係によっていろんな行為や人が混ざる

西村　以前、人が出会う場として、イギリスのコーヒーハウスのことを調べたことがあるんです。当時のコーヒーハウスは、新聞がたくさん置かれていたから貴族や商人が来るのですが、スパイや盗賊もいる。コーヒーが飲み放題なので一日中いると、誰だかよくわからない人が話しているのが聞こえるという「ごちゃ混ぜ感」があったようです。「和う」というお話を聞いていて、そのことを思い出しました。

仲　まちが整理されていくと、いろいろな人の、それぞれの人生でがんばったり、苦労していることが見えにくくなってしまいますよね。

西村　ミラツクの原点には、僕が学生時代に海外でバックパッカーをしていたときの経験があります。お金がないので安いゲストハウスに泊まると、みんなが集まる居間や屋上があるんです。そういう場所では「何をやっている人なのか」はあまり気にしなくて、「何に興味があるのか」が話せればいいんだなと思っていたんですね。

そのことを思い出しながら、仲先生が研究されている「バウンダリー・オブジェクト」の話を聞いてみたいなと思いました。近いところでたくさん交換するのではなく、遠いところに間をつくることによって出会ったり集ったりできるのが大事なんだ、と。そこに注目したのはどうしてですか？

仲　日本のオフィスも変えていこうという思いで、さまざまな企業の方たちと新しいオフィスを考えるコンソーシアムをつくって、そこに大学教授と学生を混ぜて三者で研究していると、「境界」というテーマが出てきたんです。いろいろな行為や人を混ぜるときに、邪魔をするいろんな境界がある。そこをつなぐにはどうしたらいいかを議論するなかで、多摩大学の紺野登先生が「バウンダリー・オブジェクト」の話をしてくれました。

たとえば「リビングラボ」のような、境界を超えて行動したり、新しい関係性を生む場をつくるときに、相互作用を創発する媒介、必ずしもモノである必要はないのですが、そういうものが大事になっていくだろうと思い至りました。

その後、研究を進めていくプロセスでは「弱い紐帯《ちゅうたい》」が気づきに寄与したケースも見えてきました。イノベーションが起きるような情報の伝達には、同じ職場の仲間や家族・友人のような「強い紐帯」よりも、ちょっとした知り合いのような「弱い紐帯」が重要になることがあるんです。

オフィスを見ていると、組織が成熟すればするほど外との接点が減っていきます。日本の大企業や役所は、部署異動によって人をぐるぐる回しているのですが、やはり同じ組織には似たような人が集まりやすい。組織内異動だけでは全然違うタイプの人と接する機会が減ってきます。やはり、価値観の違う人とつながらないとイノベーションは起きません。

いろいろな行為や人を混ぜようとするときに、まずは対等な関係をつくることがすごく大事だと、特に最近は強く感じています。たとえば、今の僕の立場で役所の働き方改革をしようとして、「あなたたちの働き方はダメだから変えなければいけない」と入っていくと、絶対にうまくいきません。まちづくりでも、まちを良くしようとする意識の高い人がガンガンやると、普通に暮らしているまちの人の気持ちは離れてしまいます。

境界を超える「学生」という存在

西村 その考え方は、仲先生が学生を指導するときに、一緒にプロジェクトに取り組まれることにも関係しているように思います。「教える／教えられる」という関係よりも、実践を通して学んでもらうことを重視するようになったのはどうしてですか？

仲 そのやり方をあえて選んだというよりは、僕には将来を構想する力がないので、やりながら考えるしかできなかったというのが正直なところです。
あと、せっかちなので生煮えでもやりたくなっちゃう。だから失敗したり、途中で止まってしまったことは山のようにありますし、上手なやり方だとは決して思っていません。ただ、学生の教育という意味では、失敗することにも非常に価値があるので、いろいろ学んでくれているだろうなと期待はしています。

西村 「まずはやってみる」というなかで、学生同士または学生とプロジェクトに関わる人が新しくつながるということも起きていくのではないでしょうか。

仲 そういう意味では、学生という立場はバウンダリー・オブジェクト的に作用するのでとてもいいんです。たとえば、空間づくりやまちづくりを学んだ学生たちが、その知識をもってまちに入っていくとき、立場的には「教える側」になります。でも、まちの人たちの方が年上で社会経験もあるから、学生の稚拙さも見えるわけです。すると、まちの人たちは「がんばれよ」と応援する感じで参加してくれるので、対等に教え合う関係になりやすい。

西村　なるほど、お互いの強みと弱みがちょっとずつ噛み合っていくんですね。

仲　そうですね。僕は失敗しないようにコントロールする責任の取り方はしていなくて、もう全部学生に任せちゃうんですよ。もちろん相談は受けますし、さすがにまずいなと思えば口も出すし、何かあったときの責任は僕が取ります。だから、「大丈夫かな」「こうした方がいいのになんでやらないのかな？」とか思いながら、ずっと我慢している感じはあります。

「生きる場」も、デザインは学生たちがやっているので、僕の趣味とはまったく違うし稚拙なところがたくさんあるけれど、最終的にはきちんと仕上がりました。僕の仕事を手伝わせるというよりは、僕が取ってきた仕事をやってもらうみたいな教育方法と言うんですかね。仕事のクオリティを最優先すると、やっぱり僕が手を出した方がいい場面はたくさんあります。でも、教育を大事にしたいから、それはしないようにしているんです。

仕事をくれる企業の方には、「それなりのものになってしまうこともあります。こんなやり方でよければ」と最初に伝えています。企業とのコミュニケーションもなるべく彼らがダイレクトにやれるようにしています。社会性がないので、無礼なことを言ったりすることもありますし、そのせいで苛立たせてしまうこともあると思いますけれども。

ただ、やっぱり学生は時間も体力もあるし、燃えてくると平気で徹夜をするようなパワーがあります。経験値が足りない部分をパワーで補いながら、結構いい感じのクオリティは出せているのかなと思います。

杉本　そういった教育方法は、沖塩先生からの影響もあるのですか？

仲　沖塩先生は仕事のできる方で、僕とは違って、毎回きちんと指示を出すタイプでした。正直に言うと、僕なりのやり方ができないストレスを感じることも多く、僕の学生には自由にやらせてあげたいという気持ちが強いかもしれません。

オフィスの大事な要素のひとつは「現場感」

西村　仲先生は「自然とオフィス研究の方に入っていった」と言われていましたが、もうかれこれ40年にわたってオフィスを研究してきたことになりますね。オフィスについて「これがわかってきてよかった」と思うことは何ですか？

仲　まだその境地には至っていないというか、やるたびに解像度が上がって、それまでの取り組みの何がダメだったかがわかってくるんです。学者ですから、本を読んだりしながら一所懸命考えて「こうだ」と思うんですけども、その理論で現実的に社会に絡もうとすると空回りすることが多かったと感じる。そういう経験がずっとつながってきているので、実践を大事にしていたんですね。

それは、現実的なものに対する解像度が僕の中になかっただけで、理論をしっかり組み立てている方もたくさんいらっしゃいます。たぶん僕の場合は、どちらかというと文献や歴史に学んで、さまざまなすばらしい知識を現実に適用するのが下手なんです。実践の中で学生と一緒に少しずつ成長してきたというか、昨日の自分をライバル視してみる感じで、自分を慰めながら生きている感じがあります。

僕がずっと人生で大事にしてきたのは、「この人はいいな」と思う人に出会ったら、一所懸命に仕事をつくって、その人を巻き込んで一緒に仕事をすることでした。正直、そういう人と仕事をすると要求レベルが高いので、精神的にはしんどいんですよね。毎回、ある種の劣等感や違いを意識させられるのでつらいけれど、おもしろいし充実度が高いんです。

最近は、ちょっとジジイになってきて、「もういいんじゃないか」と思い、のんびりいきたい気持ちもあります。だから「生きる場」みたいなところで、いろいろな人たちとの会話をのんびりと楽しみながら、多くの人が混ざることに少しでいいから役に立ちたいと思っています。

西村 もうひとつ仲先生に聞いてみたいのは、「そもそもオフィスって何だろう?」ということです。リモートワークが普及した今は、「オフィスに行かなくていい」「オフィスより生きる場みたいに混ざる場所で働く方がクリエイティブだ」という話にもなっていますよね。
でも、もともとは暮らしとつながっていた「働く」という行為を、オフィスという場に集約したことによって手に入った、「働くこと」の概念があると思うんです。

仲 僕が考えるオフィスの大事な要素のひとつは、働いている臨場感、現場感です。オフィスにいると「働いている」という感じをもてますし、それが組織の一体感を醸成していくような気がしています。いろいろな人がいて、いろいろな仕事の仕方をしているのを「見る」というよりは「感じる」んですよね。

良い仕事ができるのは、自分が戦っているフィールドの情報がたくさんあるオフィスです。逆に、現場と距離が離れていて、現場の情報が形式知としてしか伝わらないオフィスでは、あまり良い仕事ができないと思いますし、変えていく必要があると思います。

わかりやすい例がボーイング社のオフィスです。ボーイングは、飛行機をつくる工場と同じ空間の一部にオフィスがあります。また、アウトドアブランドのスノーピークは、新潟・三条市の中心地にあった本社ビルを「会社運営のしやすい場所ではなく、製品が使われている現場に移ろう」と、自然豊かな丘陵地帯に移し、キャンプフィールドを併設したオフィスをつくりました。自分たちがつくった製品を使って、ユーザーが楽しそうに過ごしている雰囲気を見ながら仕事をした方が、アイデアもやりがいも生まれやすくなるんですすね。

西村　ミラツクのオフィスは京都にありますが、圧倒的に自宅の方が仕事のクオリティは上がるんです。それは、「このテーマはどうしようかな」と考えるときに、本棚の書籍タイトルが目に入ることが大事なんだなと思いました。

「この場所にしかない風景」を生かしたオフィスをつくる

仲　西村さんは、すでにリードする立場で仕事に対する意識が高いから、ひとりでも仕事のクオリティを高められるのだと思います。でも、僕みたいに弱い人間はちょっとやる気がなくなることがあって、そういうときにオフィスの臨場感に触れることで元気が出てくるんです。

どちらかというと、オフィスは個が混ざり合うことによる相乗効果によって、生産性やクオリティを高める場所だと思います。プロとして目的意識が高いチームなら、たまに会うだけでいいのかもしれません。でも、そうではない人たちは、刺激を受けたりやる気が出たりする場所がある方が助かります。

ミラツクは、普段は離れて仕事をしているけれど、定期的にかなり濃密な合宿を開いていますよね。そういうときに、チームの一体感や臨場感を感じるので、離れていてもテキストでのやり取りに、受け取る価値や情報の深さが生じているのではないですか？

西村　ミラツクのオフィスは借りて6年目になるのですが、稼働率は非常に低いので、集まるときに会議室を借りた方が安いくらいなんです。「オフィスはなくてもいいかな」と思っていたのですが、今はつくっておいてよかったと思っています。前に来たときの痕跡が残っているので、「帰ってきたな」という感じがあるんです。

するとスイッチが入るまでのスピードがすごく速い。合宿をするときも、オフィスに行けばパッと始められるモードになれるんです。「ここにいるときは、ゆっくり自分たちの背景を考えるんだ」とか、「前にこういうことを考えたよね」という記憶がつながるスピード感があります。

杉本　場所に記憶が蓄積していくということですね。

西村　先日、記憶の研究をしている脳科学者のお話を伺ったのですが、記憶の所在に関する研究成果のひとつに、記憶は場所に紐付いているので、場所と切り離されると記憶が出てこなくなる、というものがあるそうです。記憶は情報ではないんですよね。場所がトリガーになって出てくるということは、場所側が記憶をもっているにほぼ等しいというんです。マウスを使った基礎研究なので、かなり確かな話をされているなと思います。

仲　オフィスもそういう場所でありたいですよね。そういう議論をしていて「じゃあ、何ができるの？」というときに、「ホワイトボードを消さないままにする」というレベルの話は少しありますよね。

ものづくり系の仕事をする場所に模型が置いてあるのが大事だとか。

西村　ミラックのオフィスはちょっと変わったデザインで、野原みたいなマットとか、切り株とかよくわからないものがたくさん置いてあるんです。そういう印象的なものがあると記憶が出やすいのかもしれません。

仲　確かに、それはおもしろいですね。ちょっと不思議なものを置くことが記憶をつないでくれるんですよね。

西村　滋賀に住んで10年になるのですが、琵琶湖も海と全然違っていて、「ここにしかない」という感じがすごくします。住む場所によって見える角度も違いますよね。

僕が住んでいる大津から琵琶湖は北側にありますが、「生きる場」は西側にあるので東側にある琵琶湖から日差しがきれいに入ってくると思うんです。それが、反対側の近江八幡は西側に琵琶湖があるので「夕日がきれいだけど西日が暑い」ということになります。波が立たないので、波打ち際に何かが溜まってくる感じもあまりない。

仲　大雨や大風がない限り溜まらないですね。海に行くと波の音が結構うるさいけれど、琵琶湖はすごく静かで湖面が鏡みたいになっている。とても素敵な色になるのですが、なおかつ海のように大きいから異次元の世界という感じがします。

西村　そう考えると、この場所じゃないと見られない風景と働く場所という関係性もありそうです。

仲　それぞれの場所に固有のものを生かしたオフィスをつくることもできそうですね。

西村　近代のビル建築は、内装が似たような感じになっていて、どの階に行ってもまったく同じだったりしますね。

仲　妙な社会システムができ上がってしまっています。誰が入居するかわからないから、万人に悪影響を与えない空間を目指した結果、良い影響も与えないものになっているというか。それが長年続いてきて、退去時の原状復帰が条件になっていて、人間のさまざまな行為の痕跡を消してしまい、日本のオフィスの均質性を保っているんです。

均質化した空間を、自分たちにとって居心地の良い空間にデザインするとお金がかかります。さらには、元に戻すというお金がかかってしまうから、基本はそのまま使うことになるんですよ。欧米には原状復帰ルールがないので何をやってもいいし、次に入居する人は気に入らなければぶっ壊して好きに改装しています。

西村　オフィスのつくり手と使い手の間にも境界があるんでしょうね。そこも混ざって一緒にオフィスをつくれたらおもしろくなりそうです。オフィスは別に箱でなくてもいいでしょうし、いろんな方向が考えられるから、どの方向に行くとおもしろいのか悩ましいですね。

仲　先ほど話した臨場感みたいなものは、必ずしも物理的な空間じゃなくてもできる可能性はあると思います。

西村　ミラツクの場合は、それぞれが違うところに住んでいるのですが、月に1回オンラインで顔を合わせると近況が全然違うんです。「最近、畑を始めました」という人もいれば、「東京は今、人通りが少なくて」みたいな話も出てくる。みんなフィールドワークをする人たちでもあって、視点もおもしろいし、いろんな土地の同時進行している情報を知ることが臨場感になっています。

仲　バラバラなところにいるからこそ、オフィスに閉じこもっていると見られない現場感が見えやすくなるという感じですね。

西村　今日のお話を伺っていて、ミラツクは仕事がフィールドワークだから、この組織形態がとてもハマるんだなと思いました。仕事の内容が変わってきたら、また違うあり方になりますよね。

仲　僕は、西村さんと話していて「記憶につながる場が大事だ」という意識が広がっています。そこにおいて、今の社会におけるオフィスのでき上がり方は、ことごとく「記憶につながる場」になるにはハードルだらけだなと思います。

個々のオフィスもさることながら、社会の仕組みが変わっていかないと、自然と「記憶につながる場」としてのオフィスにはなっていかない感じがありますね。

荒木寿友

「私の能力は私のもの」という考えに基づく教育は社会の分断を広げていく。

能力は誰のものか

荒木寿友｜あらき・かずとも｜立命館大学大学院教職研究科 教授。NPO法人EN Lab.代表理事。1972年、宮崎県生まれ、兵庫県育ち。2002年、京都大学大学院教育学研究科博士課程修了。博士（教育学）。専門は道徳教育、教育方法、ワークショップ、国際教育、カリキュラム開発。国内外、大人子どもを問わず、さまざまなワークショップを展開する。著書に『学校における対話とコミュニティの形成』（三省堂）、『ゼロから学べる道徳科授業づくり』『いちばんわかりやすい道徳の授業づくり 対話する道徳をデザインする』（いずれも明治図書）などがある。

人の行為の背景にあるメカニズムを知りたい

西村　僕と荒木さんが出会ったのは2008年、東京でワールドカフェを始めて間もない頃でした。長いお付き合いになるのですが、意外と荒木さんのことを知らないんです。まずは、なぜ教育学をやろうと思ったのかというところから伺いたいです。

荒木　高校生だった1990年前後は心理学がブームになっていて、心理学をテーマにしたテレビ番組が放映されたり、全国の大学に心理学部が増えたりしていました。心理学科を目指して大学受験をしたけれどうまくいかず、教育学なら教育心理学の勉強もできるからというのが理由のひとつです。

西村　なぜ心理学に興味をもったんですか？

荒木　「なぜこの人はこういう行動をするのか」「その行為の背後にはどんなメカニズムがあるのか」というように、人の心にすごく興味があったんです。高校生の頃は心理学に関連する新書を読み耽っていました。中学生の頃は超常現象も大好きで、オカルト雑誌『ムー』も読んでいましたが、「この社会の背後に何があるのか？」を知りたかったんでしょうね。

西村　今までのインタビューで、自然科学の研究者には仕組みに関心がある人が多いなと思っていて、人の心や社会に関心が向かう人は意外と少ない気がします。

荒木　教育学に決めた背景にはもうひとつ、中学校の先生が嫌いだったという原体験があります。中学生の頃は学校が荒れていたこともあり、基本的に生徒を押さえつける生徒指導が行われていたんです。なかでもすごく押さえつける先生がいて、「なんでこんな先生が偉そうにしているんだ」という疑問から、逆に教育に興味が湧いてきたという経緯もあります。

現場の先生に役立つ知識や方法を提供するために

西村　大学院に進学しようと思ったのはどうしてですか？

荒木　学部の4年間で「何もわかっていないことがわかった」と実感して、もう少し勉強してみようと思ったんです。卒業した後、1997年の2月に神戸連続児童殺傷事件、いわゆる「酒鬼薔薇《さかきばら》事件」が起きました。この事件を知って、「この子はなんでこんなことをしたんだろう」と、何が何だかわからなくて、もうちょっと勉強した方がいいなというところもありましたね。

修士では同志社大学の教育哲学の研究室に入り、学部ゼミからお世話になっていた佐野安仁先生のもとで、道徳教育のローレンス・コールバーグの研究をしていました。でも、やがて「僕がしている研究は、現場の先生にどれだけ意味があるんだろう」と思い始めたんです。「前期の論文ではこう書いているが、後期ではこう変わった」というような、重箱の隅を突くような研究は、現場の先生からすると「だから何なの？」と思われるだろうと。

また、研究室には哲学研究をバリバリやってきた先輩たちがいて、同じ分野では勝負できないなというのを感じていました。ちょうどそのとき、佐野先生が定年で退職されたこともあり、もっと現場に近い教育方法学に鞍替えしようと京都大学に修士課程から入り直しました。「修士論文2回も書いたの？」とよく言われますけど、修士論文を2回書いたおかげで、博士論文を3年で書けたのだと思います。

西村　「現場の先生」を意識する気持ちはあったけれど、自分自身が先生になりたいとは思わなかったんですか？

荒木　それがね、全然なかったんです。教員免許は取得しましたが、先生になりたかったというより教育実習に行きたくて。当時は「先生」に対する反感がすごくあって、「自分の方が絶対にうまく教えられる」という根拠のない自信がありました。結局、今は大学教員なので先生をやっていますが、教えるのは嫌いじゃないですよ。

学校に「ソーシャルジャスティス」はあるのか？

西村　ところで、心理学に対する興味は解消したんですか？

荒木　今でもやっぱり心理学はおもしろいと思っています。今は道徳教育をメインに研究していますが、人間の背景を考えるのがすごく好きなことは変わりません。

最近よく読むのは、ホモ・サピエンスの時代について書かれた本。共感性や利他行動はいつごろ、どういう背景で生まれてきたのかを調べていると、進化心理学などが絡んできます。ただ、統計的に心理学を扱うことはいまだにやれなくて、むしろ統計処理を生かして次の手立てを考える方が好きです。

西村　なるほど、おもしろいですね。博士論文では何を書いたんですか？

荒木　博士論文は自著の『学校における対話とコミュニティの形成』のもとになりました。元のタイトルは「正義とケアの調和を目指した学校コミュニティの創造」です。

西村　すごく尖ったタイトルをつけましたね。学習コミュニティには正義とケアが足りないということですか？

荒木　正義とケアが両方必要なのに、どちらかに寄りがちです。なおかつ、学校の中に本当にソーシャルジャスティス（社会正義）があるのかというとありません。ケア的な要素が満たされているかといえば不十分です。たとえば子どもの貧困について考えても、平等という概念のもとに排除される子どももいますし、貧困を抱えた子どもには余分に与えるべきだけれども、政策上はそれはできないと一律支給になります。これは社会構造の面からおかしいと言えます。
　また、ケア的な観点で子どもをしっかり見られる先生は多いとは言えない状況です。

西村　なぜ、このテーマを選んだんですか？

荒木　僕の中では、L・コールバーグの理論を前期と後期に分けています。前期では「ハインツのジレンマ（病気の妻を助けたいが、薬を買うお金がない、ハインツはどうするべきか？）」という例題を使い、道徳性の発達段階を分類するという、心理学的要素の強い研究でした。後期では「ハインツのジレンマ」

などを教育現場で使ってみて、子どもたちの発達を見るという教育的なアプローチに変わっていきます。なおかつ、個人の道徳性を発達させるだけでなく、教室集団の道徳性を高める雰囲気をつくる方が、全体の道徳性が上がっていくという話になるんです。

僕は、もともと教育を受ける教室の雰囲気や集団づくりに関心があったので、後期のジャスト・コミュニティというアプローチを中心に研究していました。「ジャスト」は「Justice（正義）」で、「コミュニティ」は人間関係そのもので成り立っていくので、ケア的な要素が当然ながら入ってきます。博士論文では、コールバーグの理論をもとに「正義とケアを学校という共同体の中でどう培っていけばいいのか？」を考えました。

実は、小学校4年生でコールバーグと出会っていた

西村　おもしろい！　僕の中でコールバーグは、完全に前期のイメージでした。心理学をやっていた20年前に知っていれば、道が違っていたかもしれません。コールバーグを読みながら「これだ！」とテーマが決まっていったんですか？　それとも、現場で生じる違和感がコールバーグを読むことで言語化されていったんですか？

荒木　実は、父（荒木紀幸氏）が教育心理学者で、1980年代からコールバーグの認知発達段階説に基づくモラルジレンマ授業を研究しているんです。僕が小学4年生のときの学級担任の先生と仲がよくて、共同研究みたいなかたちで。おそらく私は、日本初のモラルジレンマ授業を受けた子どもなんです。

西村　すごい。一家の中に2人もコールバーグの研究者がいる状態ですね。

荒木　大学でいろんな教育書を読んでいるときに、「僕が受けた授業はコールバーグだったのか」と初めて気がつきました。「卒論をコールバーグでやってみようかな」と父に話したら、「親子ですごく狭い領域をやっていることになるからやめとけ」みたいな感じで言われましたね。すでに大学院進学を決めていたけれど、僕としてはそんなに長くコールバーグを研究するつもりはなかったのですが、結局十数年続けることになりました。

西村　テーマを決めたときは、本当に偶然にコールバーグを読んで「いいな」と思われて？

荒木　そうですね。ジェローム・ブルーナーもジョン・デューイも読んで、僕の中で一番ピンときたのがコールバーグの道徳でした。学校の授業の中で、道徳がとにかく胡散臭くて大嫌いだったんです。

杉本　どういうところが胡散臭く思われたのでしょうか？

荒木　「なんで、わかり切ったことを今さら言うんやろ。こんなんアカンに決まってるやん！」みたいな感覚がすごくありました。また、道徳を教えている先生が体罰をしていたり、矛盾した行為をすることもあって、教師と道徳に対する反感があったんです。

そういう胡散臭さを感じなかったのがコールバーグでした。道徳の内容を教えるのではなく、道徳に関する人間の考え方を探ろうと掘り下げていくので、「これはもう少しやってみたらおもしろいかな」というところがありました。

杉本 コールバーグを研究し始めてからは、お父さんに相談することもあったのでしょうか。

荒木 父から「どんな論文を書いたの？」とか「読ませてほしい」と言われたこともないですし、放置でしたね。大学には僕の指導教員がいるので、口出ししない方がいいと思っていたようです。

西村 確かに。ただ、参考文献にはお父さんの名前がたくさん出てくるわけですよね。

荒木 そうです。狭い世界なので、どこに行っても「荒木先生の息子さんですか？」と言われるのが本当にいやになったこともありました。僕は教育学で、父は心理学。アプローチがまったく違うのに「同じことをしている」と見られてしまいますし、第一印象が「ジュニア」になるんですよ。それに対する反発心から、心理学者にはできない論理構成やアプローチをしていこうと思ったところはあります。

あまりにもプレイフルな上田信行先生の衝撃

西村 大学院を出られた後、国際教育の現場に出ていかれましたね。また、僕が出会った頃は同志社女子大学で上田信行先生と一緒にワークショップをされていました。この2つは大きな転機だったのでは？

荒木 上田先生と出会ったのは、2004年に同志社女子大学に赴任したときです。「なんでこの人はこんなに楽しく仕事しているんだろう?」と本当に衝撃を受けました。研究も実践も本当に「プレイフル(上田先生がつくった、ものごとに対してワクワク・ドキドキする心の状態を指す概念)」なんです。しかも、ものすごく博学で理論的な背景知識もしっかりもっておられます。

上田先生の生き方にも強く惹かれましたし、自分もワークショップをしてみたいと思うようになりました。当時の授業では2人でペアになり、僕が理論を教え、上田先生が実践やワークショップをするかたちで進めながら、僕自身も勉強をさせてもらいました。

西村　ここまで、現場への関心というお話は出ていなかったけれど、ワークショップは自分で器ごと「現場」をつくらなければいけないですよね。大転換ですね。

荒木　大転換でしたね。実は京大の大学院時代に、奈良女子大学附属小学校に入らせてもらっていて。総合的な学習の時間で、先生がファシリテーター的な役割になり、子どもたちが中心になって動く環境づくりを見ていたことも、その大転換につながっていたのかもしれません。

よく、「良い授業ができるのは、あの先生がすごいからだ」などと言われることに疑問をもっていました。カリスマ的な先生にも、場面設定の工夫や配慮のポイントが絶対にあるはずだし、熟達者の先生たちはたくさんの技を使って何気ない環境づくりをしているんじゃないかと、肌感覚ではわかっていたんです。

大学に勤めて自分が教育する側になってからは、「授業とは、教員がずっとしゃべり続けるだけでいいのだろうか?」と常に悩んでいました。だから、上田先生に出会ってワークショップという技があることに衝撃を受けたのだと思います。同志社女子大学にいる間は、ワークショップばかりしていましたね。そして、もうひとつ取り組んだのが国際教育です。

教育学という「武器」を生かすフィールドを求めて

西村　世界120か国で子ども支援を行う国際NGOの日本支部「セーブ・ザ・チルドレン・ジャパン」に関わっておられましたね。

荒木　京大の修士課程2年目か博士課程1年目の頃に、偶然観たドキュメンタリー番組で、東南アジアのどこかで現地の子どもたちが通う学校をつくり、教育の機会を保障する取り組みを紹介していたんです。当時、教育方法学の研究室に入ったけれど、自分がやっていることは現場の先生にとって何の意味があるんだろうと感じていたので、「教育学の知識は、もしかしたら海外の学校づくりに役立つかもしれない」と強く思いました。

研究室の先生にも、「将来的に海外の学校づくりをやってみたい」と相談しました。すると「そのためにも、まずは武器をもたないといけないよ。今のあなたは現場に入って何ができるの？」と言われて、確かにそうだと感じました。ただ、大学院の修了に向けて論文を書くことに集中するなかで、だんだんその思いは薄れていったんです。

国際教育というテーマに再び出会ったのは、同志社女子大学での海外スタディツアーでした。ツアーを担当されていた藤原孝章先生が、「荒木さん、海外に興味があるなら来る？」と声をかけてくれて、学生を引率するスタッフとしてタイへのスタディツアーに参加したんです。そこでＨＩＶの孤児や繁華街で苦しい思いをしている女性、薬物の犠牲になっている方などに出会いました。

バンコクのスラム街・クロントイにも行って、やっぱりこういう現場で教育を考えていかなければと感じました。でも、自分は何かしらの武器はもっていると思いながらも、それを生かすフィールドがわからなくて。まずは組織に入ってお手伝いをさせてもらおうと、海外の教育支援に関わる団体に何十通とメールを出しました。すると、ミャンマーで活動している京都の「NPO法人南東アジア交流協会」から返事をいただいて。「次、一緒に行きますか？」と誘っていただいて、二つ返事でついて行きました。そしてもうひとつ、お返事をいただいたのがセーブ・ザ・チルドレン・ジャパンで、国内事業部で教材開発を手伝ってほしいと声をかけていただいて、アドバイザーというかたちで関わることになりました。

人が成長するには「ワクワク」「モヤモヤ」が必要

西村　なるほど。ミャンマーに行って「これで役に立てるな」ということは、早い段階で見つかったんですか？

荒木　いいえ、役に立っていないなと思いました。南東アジア交流協会では、子どもの学び舎として「寺子屋学校」を建設していたのですが、僕にできるのは教育方法やカリキュラム開発で、学校を建てることに関しては何の役にも立てません。ところが、新しい校舎での授業を見せてもらうと暗記一辺倒の教え方しかしていなくて。

西村　先生が教壇に立って話して、子どもはそれを繰り返すみたいな授業ですね？

荒木　そうそう、先生が書いたものをノートに写すだけなんです。もっといろんな教え方があることを向こうの先生に伝えたいと思い、2年目くらいからは学校建設のサポートに加えて、先生の力量アップに向けた教員支援に自分の役割を見つけました。
先生方のニーズを聞くなかで、逆に「日本ではどんな授業をしているの？」と尋ねられることもあり、日本でのやり方を伝えていくようになりました。2020年にコロナ禍が始まり、2021年にはクーデターが起きたので行けなくなってしまいましたが……。

西村 ミャンマーでの取り組みは、もう長く続けられているんですか？

荒木 初めてミャンマーに行ったのが2008年だったので、もう13年になりますね。今も現地の先生と連絡を取り合ってはいますが、現地での継続的な取り組みはできていない状況です。

西村 同時並行して、2013年からは「EN.Lab.」も立ち上げておられます。それはなぜだったんですか？

荒木 東日本大震災後、セーブ・ザ・チルドレンとしての復興支援で、子どもの声を聞いたり、子どもの意見を表明するイベントをしていたんです。そこで学生スタッフが必要になったときに、できればファシリテーションできる人を連れて行きたかったので、その養成の場としてつくったという意味合いもありました。
ファシリテーターを養成するには、現場を体験してもらうのが一番です。当時は2か月に1回くらい学生が企画を考えて、僕らが「この場合はどうするの？」と口出しして企画案を練り直して、ワークショップを実施していました。休校になっている雲ヶ畑小学校を中心に、子どもの遊びの質を高めるためのワークショップ「もくもく大作戦」などですね。

西村　「もくもく大作戦」というネーミングには、上田先生の影響がありそうだなと思いました。

荒木　ありますね。あの名前はみんなで考えたんですけど、僕の中では「モヤモヤ・ワクワク」なんです。もちろん雲ヶ畑の「くも」も入っていますし、当時は薪でお風呂を沸かしたりしていたので、その煙の「もくもく」という意味もありました。

上田先生は「プレイフル」で「ワクワクが大事だ」と言われますが、僕はコールバーグの発達などを研究してきたので「モヤモヤも大事だよね」と思っていました。人が成長するためには、それまでの経験とは合わないズレを経験して、認知的不均衡が生じたときに「なんとかしよう」と考え始めます。何かやってみたい、楽しいなという「ワクワク」も大事ですが、発達や成長には「モヤモヤ」も絶対に必要だというのは、僕の教育のテーマなんです。

ワールドカフェは開かれた教育だと感じた

西村　大学に勤めながら、ミャンマーでの活動、セーブ・ザ・チルドレンへの参加に加えて、ご自身でもNPOを立ち上げて、いろんなことをされていますよね。

荒木　実は、こういう活動をするようになった背景として、（西村）勇哉くんの影響は大きいですよ。出会ったのは２００８年。ちょうど国際教育に関わりたくて、いろんな団体にメールをしていたのと同じ頃です。偶然、ワールドカフェを知って調べていたら、何を見ても「西村勇哉」という名前が出てきたんですよ。

これはぜひ会いに行こうと思って勇哉くんにメールして、六本木で開かれたワールドカフェに参加しました。あれから、大学のすべての授業でワールドカフェをしています。期末の授業で、ワールドカフェを使って講義をすべて振り返ってもらい、それをベースにレポートを書いてもらうんです。

西村 荒木さんが参加してくれたのは、まだ2回目のワールドカフェでした。せっかくなので、少しまじめにワールドカフェという方法論の何がおもしろかったのかについて、教育学者から一言いただければと思います。

荒木 頭の中には、社会構成主義の考え方は当然あるのですが、それを他者との関係性、コミュニケーションにおいて、さらに知識が創発されていくことにおもしろさを感じました。閉じた教育ではなく、ものすごく開かれた教育だなと思ったんです。

西村 確かに、そういう風に見るのもおもしろいですね。

荒木 もうひとつ、自由なところにも惹かれました。ワールドカフェでは、黙って聞いていてもいいし、話していても書いていてもいい。何も強要されずに、一人ひとりのやりたいことに合わせて、ゆるやかな関係性がつくられて新しいものが生まれてくる、という方法論におもしろさを感じたんだと思います。

教育って「せねばならない」がやたらと多いんです。教室に入って机の前に座らなければならないし、先生が問いを出したときしか話してはならない。そういった制限がなく、自由にやれるのがワークショップであり、ワールドカフェだと思います。ただ、学校で実践しても、その自由の良さをわかっていない先生は「最低3つは模造紙に書くように」とか余計なことを言ってしまうんですよね。

杉本　教室では、手を挙げたり発言したりしないと「参加している」ことにはならないけれど、ワールドカフェは「そこにいる」ことが参加になる。参加の定義から違っていますね。

荒木　それがおもしろかったです。ところで勇哉くんは、そもそもなんでワールドカフェをやろうと思ったの？

西村　心理学で「内発的動機付け」の研究をしていたからです。ワールドカフェを知ったときに、「このやり方は内発的動機付けの要素満載だな」と思いました。ほとんどインストラクションしないから「そんなに手放しちゃっていいの？」と驚いたのですが、ワールドカフェでは、カオスがカオスにならずに、クリエイティブな方向に収束していく。これは本当に、内発的動機付けで言っていることそのままだと思いました。

ただ、僕は人の前に立つのはいやだったので、1回目のときはすべてのインストラクションを書いた紙をテーブルの上に置いていました。

杉本　インストラクションを読んでそれぞれ自由にやってください、みたいな？

西村　そう。「読んでください」みたいな。人前で話すのが苦手だったから、前夜にビデオを見ながら何回も練習していたんですけど、「噛むな、これ」と思って、全部書いておくことにしました（笑）。

荒木　初めて勇哉くんと会ったとき、メールでやり取りしていたときとイメージが違ったんですよ。ワークショップをする人というと前に出て「これを見て！」とやる上田先生のイメージだったので、「あれ？すごい静かな方だな」という衝撃はありました。

西村　上田先生はロックスターですから、僕とは対極ですよね。僕は、内発的動機に興味があるから、外発的なアクションはなるべく取りたくないんですね。

荒木　自律性とか関係性とか、貢献感とか。

西村　そうです。ワールドカフェにはそれが全部入っているなと思いました。すごく相性が良い方法論があるんだなと思ったんです。

「道徳性」を能力のひとつとして定義する

西村　２０１７年から、科研（科学研究費助成事業）で「道徳教育において育成される『コンピテンシー』とカリキュラム開発に関する研究」をされていますね。僕が学校で受けた授業の感覚では、「道徳教育」と「コンピテンシー（高い成果を出す個人の行動特性）」はつながらないのですが、道徳教育はコンピテンシーを育成する場なのかと意外に思いました。この研究に至った背景や内容を伺いたいです。

荒木　もともとの出発点は2017年の学習指導要領の改訂でした。「知識・技能」「思考力、判断力、表現力」と「学びに向かう力、人間性」の3つの資質・能力を軸に、すべての教科が書き換えられたのですが、道徳はその前に教科化されたので置いていかれたんです。つまり、道徳の学習指導要領は、3つの資質・能力に基づいて書かれていないんですね。なので、この研究では次期改訂される学習指導要領を3つの資質・能力に対応できる青写真を描くための試案をつくることを目指しています。

西村　なるほど。道徳の授業といえば、教科書に「良い話」とされるものが書かれているというふわっとしたイメージがあります。一方でコンピテンシーはひとつずつ定義づけをして、段階が上がっていくという能力開発に近い考え方ですよね。道徳と能力開発はどう関わるのでしょう？

荒木　コンピテンシーという言葉に対するイメージは、いわゆる企業研究をする人と教育学研究をする人ではたぶんズレがあると思います。もともとコンピテンシーは企業の人材育成の文脈で出てきて、だんだん教育の方に派生しました。今は学校教育で「育む能力」みたいな感じで使われているんですね。

日本の学習指導要領で「道徳性」が定義されたのは1958年です。その後、心理学やいろんな学問でわかってきたことがあるはずなのに、定義は変わっていません。道徳性そのものも再定義するべきだという思いがあり、能力を表すコンピテンシーという最近の言葉を使って試みています。

というのも、僕の中では道徳性も能力のひとつだと思っているからです。たとえば、共感もそのひとつでしょうし、コールバーグの道徳性発達なども能力だと思うので、一つひとつ細かく定義していく必要があります。

また、僕らが考えるにあたっては、知識というものが絶対に必要になってくるにもかかわらず、道徳における知識はないがしろにされてきました。子どもたちに知識を伝えずに、すべて生活経験をもとに考えてもらっています。コンピテンシーには道徳的知識も入れたいですし、それを批判的に捉える思考力、道徳を使ってどう生きていくのか、自分はどんな存在でありたいのかを考える力も入れたいんですね。

西村　道徳的知識というと、たとえばどんなものがありますか？

荒木　たとえば人権についての知識や、「先入観と偏見と差別はどう違うのか」「特権階級がもつ無意識の差別」についての知識もそうだと思います。いろんなことを考えるためのヒントになる知識は、やはり子どもたちに伝える必要があります。

西村　そういった知識は、時代性をすごく反映するものだと思います。「偏見」を問題視する時代もあれば、意識すらしなかった時代もあって、すごいスピード感で変化する知識でもある。そうしたときに、知識を鵜呑みにするのではなくヒントとして使っていくことで、変化のスピードに対応できるようになることが道徳性という能力になるのでしょうか？

荒木　価値に関する知識は確かに時代によって変化しますし、普遍性はないかもしれません。たとえば「公平さという考え方が時代を経てどう変化したのか」も、知識のひとつになってきます。

西村　「人を殺してはいけない」のように、ものすごく原初的な道徳もあるかもしれませんね。

荒木　そこで「なぜ殺してはいけないのか？」を考えていくのが大事なポイントで、なおかつ知識や身に付けた能力を、みんなが住み良い社会にしていくために、どうやって還元していくかという視点をもつことがすごく大事だと思うんです。

そう考える背景には、今の行きすぎた能力の個人主義化に対する危惧があります。閉ざされた能力主義というか、私ごと化した能力をどんどん個人の中に蓄積していこうとする傾向があるんじゃないかと思うんです。こういう傾向が進むと、今よりもますます分断された社会になってつながり合えない。「私の能力は私のもの」と考えてしまう子どもがもっと増えるんじゃないか、という危機感が僕の中で今一番大きくて。だからこそ、分かち合える知識が必要だし、学校の中にケア的な要素を入れて、呼びかけ応えるような関係を大事にする教育をしていきたいと思っています。

他者と関わるなかで最善のものを見つけ出すことを、子どもたちにも大人たちにも学んでほしい。だから、テーマはずっと「対話」なんです。

教室の中の関係性に意識を向ければ授業は変わる

西村　荒木さんのもとで学んだ大学生には、学校の先生になる人もいると思います。この10年で、教師になりたい学生たちに変化はありますか？

荒木　社会情勢が変わって、生活が厳しいから「採用試験に受かりたい」という学生が増えて、「無駄なこと」に関心をもてなくなっている感じがします。

西村　じゃあ学生はみんな何をしているんだろう？　勉強しているんですか？

荒木　アルバイトと勉強ですね。授業にはすごくまじめに出席しています。最近は大学の方で出欠を厳しく管理していますから。

西村　確かに。僕は大学の授業で、レポートなどで適当に出欠を取っていたら、学生に「ちゃんとシステムを使ってください」と怒られたことがあります。「僕はそのシステムへの入り方がわからないから紙でいいかな？」みたいなやり取りをして。

荒木　僕はオンラインも使いますが、ベースは「一枚ポートフォリオ」というA3サイズの紙を使っています。授業の最初に「問い」に対して思ったことを書いてもらい、最後に同じ問いにもう一度答えてもらうことで、講義を通じて起きた変化を見ています。学生たちはすごくちゃんと書いてくれますね。
　学生は「一枚ポートフォリオ」に毎回授業の感想やまとめを書き、それを授業後に集めて僕が全員にコメントをつけて返却しています。もちろん、授業中もやり取りしながら進めますが、人数が多くなると名前と顔が一致しなくなってくるので。昨年、完全に授業がオンライン化していたときは、オンラインでのコメントに全部返信をしていました。そのときは1週間で500人くらいにコメントしていたので、さすがにしんどかったですね。

西村　毎回コメントを返していると学生の変化が見えるなど、コミュニケーションするなかで関係性ができてくる手応えはありますか？

荒木　関係性ができてきますし、授業に対する学生の意識も変わるのかなと思っています。小中学校の先生は生徒にコメントを返すけれど、高校から大学になると基本的には返さないので、一方向の関係性になります。教育効果として、一方向と双方向なら双方向の方が良いですし、関係性の中でいろんなものが成り立ちますから。

西村　関係性づくりと道徳の関係についても少し伺ってみたいです。

荒木　各教科の授業は、ベースとなる学級経営の上に成り立つわけです。まずは教室の中の人間関係をつくることが一番大事です。関係性ができていないと対話も議論もできませんから。

西村　どうしても授業に意識が集中してしまって、関係性づくりに意識が向かないんじゃないかと思うんです。どうすれば関係性から始める大切さに焦点を移してもらえるのでしょう？

荒木　どの先生も関係性は大事だと思っていますし、ごく自然にやっているんですよ。ただ、「どうやって道徳の授業をつくろうか」という方に意識が向きすぎて、無意識にやっている関係づくりの方をあまり見ないんですよね。どちらかというと、「関係づくりが大事」と改めて意味付けしてあげる感じです。

もちろん、関係をつくるためのテクニックやワークショップもありますが、そっちを伝えてしまうと技術主義になってしまって、「これをやれば関係性ができるんだ」と勘違いしてしまうかもしれません。そうではなく、普段の何気ない声かけや、日常の子どもたち同士、教師と子どもの関係を改めて見てもらうためのきっかけづくりをしています。

西村　荒木さんは教育方法論の先生だから、きっとみんなは授業の方法の話を聞きにくると思うんです。だけど、方法の話はしてくれなくて「関係性が大事です」と。

荒木　いや、もちろん方法の話はしますよ。でも、大事なのは関係性なんです。

社会と個人の幸福の矛盾をなくすことを考えるのが「道徳」

西村　荒木さんがもっている、「他者との関係性を良くするために学びがある」という視点がすごくおもしろいです。世の中がどっちに向かうかというときに、「個々人で行こう」と考えるなら「あなたの能力をどんどん上げてください」という話になります。「集団で行こう」とするなら、知識や能力は「一緒にやっていくために何ができるのか、どうお互いに貢献できるか？」を考えるために使われることになります。行き着く先が全然違いますね。

荒木　それは強く感じています。2021年8月に某タレントが「ホームレスの命はどうでもいい」と発言して批判を浴びました。いろんな論評があると思いますが、彼はすごく頭の良い人で能力も高いけれども、他者への共感や世の中の捉え方が狭かったのかなという感じがしたんです。

今の学校教育は、むしろ彼のような人を育てようとしているので、「努力しなかったからダメな人だ」と考え、生まれた時点で努力しようにもできない環境にある人もいる、ということに想像が及ばないような人が増えているのではないか。だからこそ、世の中をどう見ていくのかという視点は、道徳教育あるいは学校教育の中で育む必要があると思っています。

杉本　社会の分断は、もとをたどれば個人間の関係性の分断から始まるものですよね。そういう意味でも、一人ひとりの能力を上げることに集中しすぎると、より分断が深まっていくのだろうと思います。

西村　最近、社会の個人主義化が行きすぎているので、そこに適応できないとやっていけなくなっているなと思います。絶対に誰も助けてくれないことが前提になるなら、むしろ教育する側もよかれと思って、「生き抜けるようにするために」と個人の能力の向上を後押ししようとするところもあるのかなと思いました。

荒木　菅元総理は、「自助・共助・公助」という順番で話されましたからね。本当は公助が一番先にあって、公のサポートがある安心感から自分の力を伸ばしていけるはずなのに。それこそ自分の力を伸ばさないと死んでしまう、というサバイバルな世の中になっているのを感じます。

西村　そういう時代において、教師の役割は何だろうかと思います。目指している方向性に対して意識的にならないと、能力主義に流されてしまう怖さがありそうです。インタビューを通じていろんな人の話を聞いていても、このテーマはいろんな分野に共通して現れてきます。

たとえば、観光はそもそも市場化されていなかったけれど、「観光というものは大事だ」と地位向上を目指した結果として、完全に経済化されてしまい、「やりたかった観光ってこれだったっけ?」ということになってしまっている。みんなが何かを目指してがんばった結果、「やりたかったことはこれだったっけ?」とわからなくなることが、これだけ同時に起きているのであれば、逆に変わる可能性があるかもしれません。

本書に掲載されているロスキレ大学の安岡美佳先生のお話も良いヒントだと思います。個人ががんばるという方向性を、自分たちの足元にある社会に向けることによって、社会全体の安心感をつくっていけるという可能性もあると思うんです。

荒木　そうですね。何のために賢くなるのかというと、みんなが幸せになるためなんですよ。僕の中では、「どうすれば社会の幸福と個人の幸福が矛盾しないように幸福感を増やしていけるのか?」を考えるのが道徳だと思っています。

安岡美佳

社会システムの構築はゴールではない。
生活者にどのように恩恵があるかを
問い続ける。

システムの意味

安岡美佳｜やすおか・みか｜ロスキレ大学 准教授/北欧研究所 代表。京都大学大学院情報学研究科修士、東京大学工学系先端学際工学専攻を経て、2009年にコペンハーゲンIT大学博士取得。2005年より北欧（スウェーデン、デンマーク）在住。日本、米国、デンマークの大学で計算機科学、情報学、インタラクションデザイン、数々の北欧のデザイン手法を学ぶ。専門は，社会で使われるICTとそのデザイン。近年は、電子政府・フィンテック・イノベーションのためのICT手法に注力。また、日本の企業・団体・政府機関とともに、参加型デザイン手法に基づくオープンイノベーションの枠組み「リビングラボ」の研究を実施し、ハンドブック「リビングラボの手引き」の制作にも携わる。共著書に『37.5歳のいま思う、生き方、働き方』（クロスメディア・マーケティング）がある。

知識を創造し次世代に伝える「図書館」に惹かれて

西村　安岡先生は、２００１年に京都大学情報学研究科で修士、東京大学工学系先端学際工学専攻とコペンハーゲンＩＴ大学で博士を取られています。当時はすごく未来的だったデジタルの分野を研究しようと思った背景には、そもそもどんな興味があったんですか？

安岡　私、大学に入るときは図書館司書になりたかったんですね。

西村　へえ！　突然出てきた。

安岡　あはは！　そういえばという感じですけれども。もともとは、図書館司書になろうと思って慶應大学文学部の図書館情報学科に入りました。慶應大には「塾生派遣」という交換留学の仕組みがあったので、図書館学の本場であるイギリスに行きたかったんですね。

西村　イギリスの図書館、かっこいいですよね！

安岡　だけど、その年はすでにイギリスの大学に行く学生は決まっていて。先生に「君は図書館をやりたいみたいだけど、これからは情報の時代だ。情報学で有名なアメリカの大学に行くのがいいと思うが、どうか？」と勧められ、１年間アメリカに留学しました。そこで、プログラミングの授業を取ってみたらすごくおもしろかったので、「もしかして、私向いているのかもしれないな」とちょっと勘違いをしたんです。

折しも、1998年から2000年は、世界各地でデジタルシティ関連のプロジェクトが花盛りでした。市中にセンサーを設置していろんなデータを取得したり、3Dマッピングをしてみたり。今では当たり前になったような仕組みが生み出されようとしていた時期でした。「ITで本当に生活が良くなっていくんじゃないか」とすごく感じたんです。

西村 図書館というと、ちょっと社会から隔絶された空間っぽいじゃないですか？「社会のために役立つものをつくりたい」と「図書館司書になりたい」が組み合わさるのはおもしろいなと思います。

安岡 おそらく一般的には、図書館といえば「本を貸し借りする静かな場所」というイメージだと思います。でも、私が大好きだったのは、中世ヨーロッパの修道院に併設されている大図書館なんです。中世の修道士は大学で神学を学び、キリスト教を世の中に広めていったという歴史があります。だから、中世の図書館は知を集めて保存するだけでなく、ナレッジ（knowledge：知識、知恵、知見）をつくる場所でもありました。修道院の人たちが知の伝達者だったからなんですね。

慶應大の図書館情報学でも、かっこいいなと思う先生たちは「図書館は、ホコリを被った本が置いてある場所ではなく、ナレッジをつくり出して次世代に伝えていく場所なんだ」「知識はただ置いてあるだけでは意味がなくて、必要に応じて情報を検索できる便利な場所でなければいけないんだよ」とおっしゃっていました。

現在、コペンハーゲンや北欧の大都市圏には、ファブラボ（さまざまな工作機械を備えた実験的市民工房）を併設した図書館がつくられています。本はもちろん重要だけど、知識を得るプロセスには「体で覚える」こともあります。だから、目で見たり耳で聞いたり手を動かしたりして、五感を活性化することも大事だと考えられているんです。まさに、それは私の中での「図書館」なんですよね。

大きく言えば、人間の知性や文化を全部包括して、知識をつくったり次の世代につないだりできるのが理想的な図書館だと思ったりしています。こんなこと話したことなかったな。おもしろいですね。

西村 今、ミラックでは『esse-sense』というアーカイブ型のメディアをつくっています。速報性を競うニュースサイトではなく、「長く読まれるメディアをいかにデジタルでつくれるか?」を考えていたので、「図書館」にはすごく共感するところがあります。

知の集積によって時代に応じた新しい回答が生まれてきます。知識は覚えておしまいではなく、「今生きる自分がどう反応するか」もセットだなと思います。

人を支援するITを追求するなかで出会った「参加型デザイン」

西村 慶應大学を卒業後は、京都大学大学院の情報学研究科の修士課程に入られましたね。なぜ京大だったんですか?

安岡 たまたま、後に指導教官になった石田亨先生の「デジタルシティ」プロジェクトを知って、関わりたいなと思ったからです。「ITを社会にどううまく活用していくか」を考えてみたかったし、すごく未来感があって素敵だなと思いました。

プロジェクトでは、京都市内のあちこちにセンサーを設置して、たとえば、バスの運行データをリアルタイム情報として地図上に反映するなど、現実の世界から取得したデータをデジタルの世界で処理・複製し、現実の世界にフィードバックするようなことをしていました。それが私のＩＴと社会の接点の始まりでした。

プロジェクト終了後は、グループウェアのユーザビリティを高める研究を始めました。私はグループウェアのことを、コンピュータの周りに集まる人たちを支援したり、コラボレーションをつくったりするひとつのツールだと考えていて。人間を助けるＩＴのあり方のひとつとして、非常に興味深く思っていました。

具体的には、まだ出始めたばかりだった機械翻訳をグループウェアに組み込んで、たとえば国際プロジェクトで言語の壁を取り払う、当時としては未来的なアプリケーションづくりでした。しかも、ドキュメント間だけではなく、人々の会話のように文脈が必要なところにも使ってみようと考えたのです。

西村　同じ頃に、言語学習プログラム「ロゼッタストーン」などが出ていましたね。

安岡　翻訳ＡＳＰ（Application Service Provider）としては「Amikai」などが出ていました。この研究で気づいたのは、良いシステムをつくるには、ＨＣＩ（ヒューマン・コンピュータ・インタラクション：人間とコンピュータのインターフェース）を良くするだけでは足りないということでした。どんなに見た目を整えて使い勝手を改善しても、結局はコンピュータの設計部分まで踏み込まないと社会で使えるシステムにはならないと強く感じました。

たとえば、コラボレーションのサポートをしたいなら、「コラボレーションによって何がしたいのか？」という本質の部分を明確にしないといけません。さらには「そもそもコラボレーションとは何か？」という哲学の部分まで踏み込んでいくシステム設計をしないと、最終的なアウトプットが人の支援につながるものにならないと思ったんですね。

そんなことを考えているときに、たまたま出会ったのが北欧の「参加型デザイン」という手法でした。参加型デザインでは、システムのコンセプト段階からエンドユーザーとして想定される人たちを巻き込みます。そして、「どんなプロセスが必要だろうか」「どういうサポートがあればうれしいか」を抽出して、要求仕様に落とし込んでいくんですね。「あ、これはおもしろい」と思いました。

博士課程で東大に移り、その後はアメリカでの博士課程継続を考えていたのですが、なかなか奨学金の取得などが難しくて。紆余曲折を経てコペンハーゲンＩＴ大学に移り、引き続きグループウェアでのコラボレーションを研究しました。参加型デザインや「リビングラボ（市民主体の共創型社会実験）」のプロジェクトをやるようになったのは、博士を取得した後からですね。

西村　博士課程を終えてからは、参加型デザインや共創、リビングラボなどを研究されているんですか？

安岡　そうですね。「コラボレーションをサポートする」というメインの研究テーマは変わりませんが、少しずつフォーカスが変化しています。

電子社会の恩恵が空気のように溶け込むデンマーク社会

西村　少し角度を変えてお話を伺ってみたいと思います。以前書かれた論文のどこかに、「デンマークでは、空気のように溶け込んでいる電子社会の恩恵が感じられる」と書かれていたと思います。「どんなシステムをつくったか」ではなく、「ちゃんと恩恵を受けているかどうか」が重要だということですよね。デンマークでシステムを構築・運用している人たちは、どのように成果を捉えているのかを聞いてみたいです。

安岡　デンマークは、システムの成果を測るために、本質に立ち戻って何が評価として必要なのかを真摯に考えてきました。定量評価が一般的な指標になっている常識を覆し、いかに定性評価を取り入れ、それを広く認めてもらうかをがんばって模索した国なのかなと思います。

たとえば、デンマークでは２０１２年に、すべての市民が公的機関から電子メールを安全に受信できる「電子私書箱（Digital Post）」を保有するという法律が成立し、市民は「２０１４年までに政府からの連絡をデジタルで受け取れるようにすること」を求められました。この法律が実現したのは、突然強制力が行使されたのではなく、デンマーク政府が１９９４年に電子政府構想「Info-Society 2000」を発表して以降、電子化に向けて着実に準備を進めてきたからなんです。

２０００年以降は、すべての政府・公共団体間での電子書類の交換（２００３年）、全公共サービスの電子化（２００５年）、電子化庁に連絡を行うシステムの導入（２０１０年）と、ひとつずつマイルストーンを達成してきました。

電子私書箱についても、「２０１７年には15歳以上の市民の80%が使えるようになる」という政府目標が掲げられていて、実際には90%を達成しました。こうしたマイルストーンの達成率は、その都度ニュースでも報道されていた記憶があります。

数字で示せる目標値に加えて、６か月後にはそれぞれに満足度調査も行っています。質問紙調査なので、これはある意味定性的な評価ですよね。その結果を、また定量的に「98%が満足している」と数字で出すこともやっています。ユーザビリティが非常によく考察されているなと思います。

やっぱり見てわかるかたちにしないと、なかなか周囲を説得するのは難しいというのは、デンマークに限らずどの世界でも同じです。そういう切り口をいかにうまく見つけていくかが、問われるのかなと思っています。

西村　システムをつくったことが成果ではなく、「どれくらい使われているか」「満足されているか」をベースにしたところに成果指標を置いているのだなと思いました。

デンマークとの対比で考えると、日本は「システムをつくりました」という部分を強調しがちだと思うんです。そうではなく「使われているかどうか」を指標にするところから、空気のように浸透する環境が生まれてくるのかもしれません。

安岡　「システムをつくりました」というところを強調するというのは、デンマークではあまり見ないかもしれません。どんなに良いシステムをつくっても使われなければ意味がないので。

日本は、つくったのに使われていないITシステムがたくさんあります。システムの完成ではなく、そのシステムが使われているか、満足しているのかをゴールに定めるようなマインドセットの転換が必要なんだろうと思いますね。

「学び直し」ではなく「学び続ける」仕組みを社会に組み込む

西村 今の話に関連してもうひとつ聞いてみたいことがあります。デンマーク電子庁は、公共サービスポータル「Borger.dk（市民ポータル）」を開発するときに、ペルソナ法（ユーザーを代表するモデルとなる仮想の個人を設定するモデリング手法）を使ったそうですね。

さらに、市民ポータルを改修するときも、また新たなペルソナを立ち上げて開発したという話がすごくおもしろいなと思っていて。ペルソナ法という方法論をちゃんと学んだから、サイト改修時にも使えたんじゃないかと思うんです。

方法論を学ぶには時間がかかるけれど、一度身に付ければ結果的に効率が上がります。デンマークの人たちはそれを理解しているから、新たな方法論を学ぶことに前向きなのでしょうか？

安岡 お話を聞きながら、いろいろとつながっているなと考えていたのですが、日本では今、「学び直し」がキーワードになっていませんか？

西村 「リカレント教育」は注目されていますね。

安岡 「学び直し」という言葉自体があまりよくない気がするんです。正確には「学び直し」ではなく「学び続ける」ことが必要なんですよね。

北欧の人たちは、生涯にわたって自分のスキルを伸ばしていくことを大事にしています。大学で学んだ専門性に紐付く仕事に就き、職にあぶれないように働き続けるには、新しい知識を得ることも、今までの学びを振り返ることもずっと続けないといけない。

だから、会社に勤めている人たちでも、自分の仕事に関連するワークショップやカンファレンスに参加して、自己研鑽を重ねています。しかも多くの会社では、毎年スキルアップのための期間を1～2週間確保するキャリアマネジメントの仕組みもあります。ところで、日本の人材教育ってどうなっているのでしょう?

西村　そうですね。増えつつあるものの、社会人で大学、大学院に通う人はヨーロッパに比べるとかなり少ないという状況があります。企業内の人材育成の機会はありますが、業務に関連するものや組織内での活躍を前提としたものが多いので、テーマは絞られているかもしれません。また、どうしても企業の企画者に左右される点も大きいと思います。

安岡　なるほど。先ほどのペルソナ法の話に戻ると、新しい知見やツールは次々に出てきますから、「私はペルソナ法でいこう」と考えている人たちは、情報をアップデートするためのネットワークをつくっています。もしかしたら社会の中に、常に最新の情報に触れられる状況が組み込まれているのかもしれません。

西村　最新の情報に触れるために、どんなツールやメディアが使われているんですか?

安岡　みんな、自分が専門家であることにすごく誇りをもっているので、年1回のスキルアップのための期間をつくって、同じ仕事をする人たちとネットワーキングしてアップデートしたりしますし、また企業の枠を超えて、同じ職種の人たちによる横のつながりはすごく大切にされています。

日本では企業別労働組合が主ですが、北欧では産業や地域、職種別に労働組合を組織しています。つまり、ＤＸ（デジタルトランスフォーメーション）をやっている人が業種や企業を超えて、たとえばトヨタのＤＸ担当者とホンダのＤＸ担当者、銀行や食品メーカーのＤＸ担当者が横につながるんです。それができるのは、ひとつには、いろんなところで情報を入手しやすい状況になっているということがあると思います。

他にも、地域コミュニティ、スキルを軸にしたコミュニティ、私であれば大学のコミュニティもあるし、リビングラボの研究や実践をしている人たちのコミュニティもあります。いろんなコミュニティがきちんと組織化されていて、それぞれに月次総会や年次総会を開いています。いろんな仕組みがうまくできているんですよね。

学び合いのネットワークを支えるＮＰＯの役割

西村　スキルベースのコミュニティってすごくおもしろいですね。日本にはありそうでないなと思います。もっとあってもいいと思うんですけど。

安岡　日本でも、たとえば大学の研究者同士が横でつながることはそれなりにあると思います。でも、コミュニティがあるわけではないので、仕事を探すときは自分でネットワーキングしなければいけません。デンマークでは組織化されているので、意外とつながりやすいかもしれません。

西村　組織化されたコミュニティは、誰が運営を担っているんですか？

安岡　運営のために、NPO的な少数精鋭の組織がたくさん設立されているんです。

杉本　そのNPOはコミュニティ運営のために設立されるということですか？

安岡　北欧では「NPO」と呼ばれているわけではないんです。どちらかというと、社会起業組織みたいなイメージかもしれません。何らかの課題やトピックを重要だと思っている人たちが集まってコミュニティをつくり、その組織を維持するためのビジネスモデルをすごく練って考えて、社会活動を行っているイメージかなと思います。

もしかしたら、これも北欧の特徴なのかもしれませんが、5人集まればコミュニティとその運営組織を設立できて、国のいろんなサポートを受けられます。たぶん、日本よりもずっと簡単に資金調達もできるので、1~2人のパートタイマーを雇用して動かせるようになるんですね。そんな感じで動かしているところが多いような気がしますね。

もちろん、社会的に注目されるトピック、たとえば今ならDXのコミュニティであれば、大企業からの寄付金なども流れ込んくるので、スタッフを雇用して運営できますよね。

西村　すごくおもしろいですね。最近『Anthropocene』（アントロポセン）という雑誌を見つけたのですが、一般用語だからグーグルで検索してもなかなか目的のサイトにたどり着かなくて。やっと見つけたら、NPOがつくっている機関紙だったんです。

西村　そのサイトでは、「Anthropocene（人新世）」というテーマに紐付く研究者とデザイナーなどの専門家集団1000人がつながっていて、毎日ひとつずつ情報を出してくれるんですね。週に一度は少し重めのトピックスが届いて、「今こんな研究があるんだ」とキャッチアップできる。まとめた雑誌は、100ドル以上寄付すると入手できます。『Anthropocene』を見つけたとき、「NPOがやるべきなのはこういうことだな」と思いました。

今の日本のNPOの多くは、「非営利じゃないと挑戦できない課題解決を目的にするものだ」という考えに囚われているように思います。もちろん、課題解決を目指すNPOも重要なのですが、NPOの良さのひとつは領域を横断していろんな人たちと協力できることだと思うんです。利害関係に縛られないからこそつくれるコミュニティがあるのではないかと思いました。

「社会参加」がデフォルトで社会に埋め込まれている

西村　そろそろ参加型デザインについても聞きたいと思います。安岡先生の論文を読んで、思っていた以上にこの分野の研究者がいて、知見が積み上がっているのだなと思いました。現在、参加型デザインに関して課題を感じていらっしゃることがあれば伺いたいです。

安岡　新しい危機は何度でもやってきますから、そのたびに新しい課題に対応した対策が次々に生まれてくる状態にあらねばならない。だからこそ、地道に努力を続けることが必要だと思うんです。さっきの「学び続ける」と同じで、常に社会のコンテクスト（文脈）に合わせながら、ずっと日常生活に根付いたところで考え続けなければいけない。

たとえば、北欧は民主主義教育をすごくがんばっていると言われます。確かに民主主義という大きな土台にみんなで参加するという常識が、デフォルトとして多くの人にシェアされているんですよね。投票率は平均70%後半から80%前半ですが、「どうすれば、残りの20%前後の人に投票してもらえるか？」を常に考え努力している社会なんだと感じています。

でも、北欧の社会においても、みんながみんな参加型デザインを考えているわけではないんですね。たとえば、「みんなでこのアパートを良くするために集いましょう」と呼びかけて、参加するのは10人に1人くらいなんですよ。300人が暮らすアパートで30人くらいが集まって、アパート全体に情報を広めていくうちに、アパート組織がそれなりに動いていくのだと思うんですよね。今は忙しくて参加できないという人でも、活動が続いていると、子育てが一段落したから参加するという人たちも出てきます。

その前提として、社会参加することがデフォルトで社会に埋め込まれている、ということが重要なんだと思います。なぜそれをデフォルトにできているのかを突き詰めていくと、やはり学校教育で「社会は一人ひとりが参加してつくっていくものだ」と教えられていることも大きいと思います。

少し話を広げますが、今のヨーロッパでは移民が大きな課題になっています。デンマークでも議論が起きていて、「みんなで社会をつくる」ことをデフォルトにしていない人たちが、国の1~2割を占めてしまうと、80%の投票率がもしかしたら60%になってしまうかもしれない。根が深い問題ですごく考えさせられます。

70年代から「アクティブ・ラーニング」を始めたデンマーク

西村　教育がひとつの突破口になるのかなと思います。覚える教育というよりは、行動することまでセットになっている教育。型と知識をセットにしてやってみることについてどう思われますか？

安岡　北欧も1960年代くらいまでは、先生が前に立って教えて50人くらいが座って話を聞く、日本と大して変わらない教育方法だったんです。「これから必要な教育ってそういうやり方じゃないよね」とガラッと変わったのが1970年代。教師の役割は、知識の伝達から学び方を教えることに変わったと言われています。

その頃に創立されたのが、オールボー大学と私が在籍するロスキレ大学です。デンマークにある8大学のうち2つの新しい大学で、率先して「アクティブ・ラーニング」を始めました。

アクティブ・ラーニングでは、レクチャーとグループワークによる体験学習が柱になります。たとえば、私はITやコンピューター・サイエンスの部門にいるので、いろんな開発手法を教えると同時にパートナー企業を探してきて、学生のグループと一緒に半年間のプロジェクトに取り組んでもらいます。学んだ知識を実践の場に移して振り返りを行うという型をつくり、サイクルを回すことが学校教育の一環に組み込まれているんですね。

指導教官は、プロジェクトのアウトプットよりも、「どんな開発手法を使ってみたのか」「コンテクストに合わせてみたときにその手法は最適だったのか」を振り返る力があるかどうかを評価します。多くの場合は、口頭試問で「何を学んだの？」「こういう結果になったのはどうして？」という議論を20分くらいして成績をつけます。

西村　プロジェクトを遂行するだけではなくて、それによって学んだことをセットにして評価するというのはすごくおもしろいですね。

安岡　どんなにレポートの内容が良くても、システムの完成度が高くても、口頭試問で「なぜその手法を選んだのか？」「なぜここで失敗したのか？」という質問に答えられなかったら、おそらく評価は下がってしまいますね。

杉本　口下手だったり、シャイだったりする人には厳しい評価方法かもしれませんね。

安岡　そう、口下手な人はやっぱりかわいそうなんです。だから私は、デンマークのやり方が１００％良いとは思っていないし、個々それぞれに合う社会への貢献の仕方があると思うんですよね。デンマークを含めた北欧の人たちが優れているのは、自分の意見を主張できるだけの理論武装と他者を説得するだけの信念とガッツがあること。それは国際社会では必須のスキルだと思います。

国によって常識も文化も異なっているなかで、「自分はこう思う」「これが必要だと思うから、みんなでやりましょう」と主張できなければ、国際社会の厳しい議論の世界ではなかなか通用しないと思います。

「なぜ、そのテクノロジーを必要とするのか？」を問い直す

西村　最後にもうひとつだけ伺いたいことがあります。それは「時代にとって大切な問いとは何か？」なのですが、安岡先生にとって「今、この時代にとって問われる必要がある」と思う問いをひとつ挙げていただけますか？

安岡　私の考えや研究の前提として、私たちが今デンマークと日本にいながらお話しできているように、

テクノロジーには人間の能力を拡張する力があると信じています。そのうえで、何が本当に大切なのか、重要なのかを考える必要があると感じています。

私たちがほしいのは単なるテクノロジーではなく、目には見えないくらいに日常に溶け込んでいて、誰もがストレスなく使えるテクノロジーです。つまり、私たちがほしいのはデジタル機器そのものではなくて、テクノロジーを使って毎日便利に暮らせる世界なんですよね。

たとえば、日本の企業の多くではメールに書類を添付するとき、ZIPに圧縮して解凍パスワードを別メールで送るという方法を使います。この場合、必要とされているのは「遠隔の人にすばやく安全に資料を渡す」ということですよね。この方法はセキュリティを高められると考えられてますが、実際はセキュリティにはほとんど貢献せず、送信企業側の「安全対策を行っている」という自己満足を充足する手段にすぎないことが専門家から指摘されています。

さらに悪いことに、スマートフォンやタブレットで即座に確認しにくいなど、受け手のユーザビリティは著しく低下します。ちなみに、この方法を採用しているのは日本だけです。

他にも、生活を便利にするためにあるはずのマイナンバーも、電子証明の更新をオンラインでは受け付けていません。本人が区役所に出向いて手続きしなければいけないし、窓口に並んで紙に手書きするんですよ。これではデジタル化のメリットを全然生かせていないですよね。

杉本　便利になるために導入したテクノロジーが不便を拡大する、本末転倒なことがしばしば起きているということですね。だからこそ、何のためのテクノロジーなのか、どんな必要があって新しいシステムをつくっているのかをちゃんと考えなければいけない。

安岡　そうです。テクノロジーに限らず、同じようなことはたくさん起きていると思います。私たちは毎日の生活を不便にするためにがんばりたいのではなく、便利にしたいからこそがんばって働いているわけですよね。みんなで努力するのであれば、社会を良い方向に進めていくことに取り組むべきだと思います。そのためにも「何が一番大切なんだろう?」を考え続けることが重要なんじゃないかというところですね。
デンマークに住んでいると、やっぱり日本と比べて悔しくなることがあるんですね。「なんでこの人たちはこんなに幸せそうなんだろう。毎年6週間も休みがあって、楽しそうに生活しているんだろう」って。日本の友人たちは遅くまで働いて、精神的にもストレスを感じながらすごくがんばっています。そのがんばりを生かす、もっと違う社会の回し方ができるはずだと思います。

西村　いくらでも聞きたいことが出てきてしまうのですが、今日はこのあたりで。ありがとうございました。

上田洋平

過去を育てることから未来をつくる。コモンズとしての地域の記憶を回復する「ふるさと絵屏風」の話。

人の環世界

上田洋平｜うえだ・ようへい｜1976年、京都府生まれ。滋賀県在住。滋賀県立大学地域共生センター 講師。滋賀県立大学大学院人間文化学研究科地域文化学専攻博士課程単位取得退学（第1期生）。専門は地域文化学、地域学。「知恵の知産知消」を掲げ、風土に根差した暮らしと文化に関する研究と実践に取り組む一方、地域と連携した人材育成、地域「共育」プログラムの開発にも力を注ぐ。琵琶湖のほとりにある築130年の古民家に妻子と住む。2011年度日本青年会議所「人間力大賞（総務大臣・環境大臣賞）」受賞。

野山を駆けめぐる「おばあちゃん子」だった少年時代

西村　上田さんは滋賀県立大学の1期生だったそうですね。そもそもなぜ、滋賀県立大学で地域文化学を学ばれたのか、その背景となった子ども時代のお話から伺ってみたいです。

上田　私が生まれ育ったのは京都です。小学3年生までは街中で暮らし、その後に自然豊かな嵯峨嵐山に引っ越しました。最初の小学校に変わった先生がいて、コイの解剖やキノコの研究を一緒にさせてもらって、自然に対する関心が芽生えました。

嵯峨嵐山は、いわゆる「洛中」の人によれば、「あそこは京都ではない、山だ」と言われるようなところです（笑）。そういう環境で、野山を駆けめぐって、虫を捕まえたり、水路の水を飲んでみたり、お寺の池でナマズを釣ったり、蛇を捕まえて観光客に投げたり……。

杉本　割といたずらっ子だったんですね！

上田　こう見えて意外と野生児だったんです（笑）。当時のバイブルは『ちいさないきもの　くらしとかいかた』という一風変わった本で、「ゴキブリの飼い方」なんかも書いてありました。大学に入ってしばらくしてから気づいたのですが、この本の監修をしたのは滋賀県立大学初代学長・日高敏隆先生だったんです。しかも、このシリーズの写真撮影陣には滋賀県の里山を撮られている写真家・今森光彦さんがいて。「やられた！」みたいな気持ちになりました。

それから、おばあちゃん子でしたね。同居はしていなかったのですが、祖母は無類の話好きでしたし、祖母が勤めていた老人ホームに遊びに行って、おじいちゃんおばあちゃんとしゃべっていました。中学・高校は新聞部に入り、いろんな人の物語を聞くようにもなりました。これらの経験は、里山に触れながらいろんな人の話を聞く、今につながる原点なんだろうなと思います。

また、詩人になりたいと思っていた文学青年でもありました。小学校のときに、初めて全巻を揃えてもらったのが『ドリトル先生シリーズ』です。動物と話ができる博物学者・お医者さんが世界中を冒険する物語に憧れていたという要素も混じっていたと思います。

ただ、滋賀県立大学を選んだのは本当に偶然なんです。歴史文化系の大学に行きたいと思っていたのですが、センター試験の結果が思っていたよ振るわなくて。担任の先生から、「4月に開学する滋賀県立大学の人間文化学部に日本で初めての地域文化学科ができる」と聞いて、おもしろそうだなと思いました。でき上がったものに乗っかるよりも、新しくつくることが好きなタイプなので、今までなかった地域文化学科に飛び込んだのだと思います。

たまたま選んだ大学で「ドリトル先生」に出会う

杉本　ところが、偶然飛び込んだ滋賀県立大学の学長は、子ども時代のバイブルを監修した日高先生だったんですね。

上田　そうなんです。日高先生は学生に対しても学長室の扉をいつも開いていて「いつでもいらっしゃい」という人でした。動物行動学や昆虫の研究でフェロモンについても扱っておられたからかわかりませんが、いつもいい香りのオーデコロンをつけていらっしゃる。なので「あ、今日は日高先生がおられるな」と匂いでわかる、みたいな（笑）。おしゃれでかっこいい先生でした。

入学して最初は、哲学者・梅原猛さんの息子さんで、芸術学・美学の研究者である梅原賢一郎先生のゼミに入りました。ですが、当時は分野の垣根を超えた合同ゼミも盛んで、日本における地域研究の草分け的存在だった高谷好一先生にも出会いました。京都帝国大学時代に今西錦司先生が在籍した旅行部、梅棹《うめさお》忠夫先生や川喜田二郎先生が活躍した京都探検地理学会の流れを汲む、京都大学探検部の初代プレジデントです。

つまり、動物行動学の草分けで「動物としゃべれる」日高先生と、世界中を探検した高谷先生に出会って「僕のドリトル先生がここにいる！」と思ったわけです。ドリトル先生の助手の少年「トーマス・スタビンズ君」になったような気分で、毎日研究室を訪ねてはいろいろなお話を聞き、破天荒な先生方の謦咳《けいがい》に接する幸せな時間を過ごしました。

大学院から正式に高谷ゼミに移りましたが、当時高谷先生は、文化人類学者でボノボ（哺乳綱霊長目ヒト科チンパンジー属に分類される霊長類）の研究をしておられた黒田末壽《すえひさ》先生、社会学者で僧侶の武邑《たけむら》尚彦先生と3人で組んで「人と地域ゼミ」という合同ゼミをつくられた。私はその番頭みたいなことをやっていました。

杉本　日高先生、高谷先生からはそれぞれどんな影響を受けられましたか？

上田　日高先生から学んだのは、ドイツの生物学者・ユクスキュルが提唱した「環世界（umwelt）」という概念です。

生きものは「客観的」な「環境」を生きているのではない。生きものはそれぞれが、それぞれの生活史の中で身に付いた身体能力や「まなざし」を通して、周囲の環境から自分にとって意味ある刺激を主体的に受け取り、そのような刺激で構成された固有の知覚世界、すなわち環世界を生きている。そんな考え方です。

この考え方を踏まえて「地域とは何だろう？」と考えてみると、地域は単に人間の都合で地図上につくられた区画ではなく、また生態的要因でつくられるものでもない。地域とは土地ごとの生態・環境条件とそこで培われた文化の相互作用の中で生まれ出てくる、それぞれ固有の環世界なんじゃないかと考えました。

また、高谷先生は「世界単位」という概念を提唱した人でした。崩れていく国民国家という枠組みに代わる世界秩序として、「socio-cultural-eco-dynamic」につくり上げられたひとまとまりの地域の範囲を括り直し、それを世界単位と名づけようと言われたのです。

地球上にはさまざまな生態環境がある。そうしたさまざまな生態的基盤の上に文化が現れ、社会が現れ、それらが歴史の中で変容を繰り返しながら、四次元的な構成をもつそれぞれ個性ある地域が生まれる。「それぞれの地域の個性をもっと大事にしながら共存していくにはどうしたらいいんだろう？」ということを考えておられました。

学問とは自分を習い、自分を忘れること

西村　滋賀県立大学発行の『人間文化 vol.11』に収録されていた「未来学座談の『序』―とまどいからの船出―」で、上田さんは「人がそこに生きていることと、地域が生きることが同時でないと、やっぱりダメじゃないかなあという気がする」と発言されていましたね。

上田　当時も今も、私の関心は常に「地域って何だろう？」を問い続けることです。

高谷先生は、日本の地域研究の分野に大きな山岳を築いたうえで、晩年にはその頂に立って「地域学は自分学である」と宣言されました。先生が到達点で発せられたその声を、私は研究活動のスタート地点でまともに浴びてしまった。「自分学とはなんぞや？」となったところで思い出したのが、道元禅師（鎌倉時代の仏僧で日本曹洞宗の開祖）の著した『正法眼蔵』の「第一現成公案」の一節、「仏道をならふといふは、自己をならふなり。自己をならふといふは、自己をわするるなり。自己をわするるといふは、万法に証せらるるなり。万法に証せらるるといふは、自己の身心および他己の身心をして脱落せしむるなり」です。

学問するというのは「自分を知る」ということであり、自分を知るということは「自分を忘れる」ということだ、と。「自分を忘れる」というのは、自分を忘れるくらいに何かに没入している状態こそが、最も自己が充実した状態なわけで、そこで「万法に証せらるる」というのは、森羅万象や世界の探求に没入していくことによって、自他がともに照らし合い、さらに自他の間に等式が成り立ち、互いが実現するというのです。「地域学は自分学だ」というのはこのことだ、と思ったわけです。

じゃあ「地域って何だろう？」と考えると、先ほどの「現世公案」の続きに「うを（魚）水にゆくに、ゆけども水のきはなく、鳥そらをとぶに、とぶといへどそらなきはなし」とあります。水の中をゆく魚は、どこまで行っても水の中です。空を飛ぶ鳥も、どこまで飛んでも空の上です。魚は水から、鳥は空から飛び出したらたちまちに死んでしまう。そのうえで、「以水為命しりぬべし、以空為命しりぬべし。以鳥為命あり、以魚為命あり。以命為鳥なるべし、以命為魚なるべし」と続きます。つまり、「命」を仲立ちとして魚と水、鳥と空の間に等式が成り立つというのです。

もうひとり、私が深く私淑《ししゅく》した文化人類学者の岩田慶治という先生がおられますが、この先生はこれらの話を端的に「鳥の魂は空で、空の身体は鳥だ」と言っておられます。

これを人と地域の関係に置き換えて考えてみると、人がいて地域があるのでなく、「人即地域」なんですよ。普通に生きている分には、魚が「自分の水はどこまでの広さだろう」と客観視したりせずに、ただ生きているわけです。学問するというのは、飛び上がって水を見ようとすることに似ているのですが、ずっと水から離れていたら死んでしまいますよね。ここが難しいところです。

相即不離《そうそくふり》の関係にあって、現に自分もそのように生きている地域を飛び出して研究することは、皮膚を剥がすようにヒリヒリするところがあります。だから私は、「地域学は自分学だ」と高谷先生に言われたときに、「人がいて地域がある」あるいは「地域があって人がいる」、前後または従属関係ではなく「人即地域」を単位として考えてみようと思いました。

「調査・研究する者」ではなく「地域の依りしろ」になりたい

杉本　私はライターとして地域の人たちに「取材」というアプローチで関わることがあり、民俗学者の宮本常一さんが書かれた「調査されるという迷惑」という文章をいつも胸に置いています。フィールドワークをされる際、上田さんは地域との関わり方をどんな風につくっておられますか?

上田　もちろん、調査する際の必要な手順や作法についてはこれを守り、踏み外さぬようにしています。また、いわゆる地域づくりの活動で関わりをもつ際には、学生たちには「まちを活性化します」という大きな約束よりも、たとえば「『また来ます』と言ったのなら、その小さな約束を必ず守ることを積み重ねていこう」と話しています。

また、フィールドや地域の人々に対して何か「する」という関わり、そこに何者かとして「いる」という関わり、それらを通じて互いに新しい存在や関係に「なる」ということ、それら3つのフェーズを意識しながら関わっています。

私自身は、調査者・研究者というよりも、自分自身が伝承者・語り部、あるいは依りしろであるような存在、そんな立ち位置を志向しているのかもしれません。その人々の環世界を私が解釈するというよりも、私は人々の環世界の「通路」になりたい、そういう嗜好が強いというか。生物としてもって生まれた共通の身体機能の制約や限界はありながらも、私たち人間は生まれ落ちた後で身に付けた大小さまざまな文化によって、言わば一人ひとりが丸ごと独自の「感覚器官」として世界を感受している存在でもあります。

私たちは、一人ひとりが固有の感覚器であるかのように感受したそれぞれの環世界を、言語や芸術によって表現し互いに交換できる。それがうれしい。一人ひとり違う人間がいることで、私たちの「世界」はこんなに豊かになるんだということをみんなと共有し喜びたい、という衝動があるのかもしれません。

しかし、それより以前の話として、学生の頃から地域を歩いて、そこにおられる方々と向き合っている瞬間の気持ちとしては、その方々を調査対象や情報提供者として見るというよりは……適切な言葉が見つかりませんが……「あんな風に豊かなまなざしをもちたい」というような、ある種の「憧れ」をもって接していたように思います。それが研究者として正しい、ふさわしい態度かはわからないのですが。

ただし、地域の人々の環世界を絶対視しているわけではありません。たとえば、毎年琵琶湖岸には、河川に遡上し産卵を終えた後、力尽きたコアユの親たちが流れ着いて打ち上がります。今年はたまたまその数が多かったのですが、「こんなことは初めてだ。臭いが気になる」という住民のコメントとともに新聞記事になりました。ところが、地域のお年寄りに話を聞いていると「昔はこんなことはよくあった」

「もっと真っ黒になるほどいっぱいコアユが来て集落中が臭かったんや」と言うんです。押し寄せたコアユを畑の肥料として使ったという話もある。

結局、現在その地域で生きている人が、毎日の生業や生活を通じて琵琶湖に関わることが減って、ほんの少し前の暮らしの記憶さえ共有されなくなった結果、実は異変でも何でもないことが「初めてだ、おかしい」と認識されてしまうことがあります。「地域を知ること」と「地域を生きること」が必ずしも一致しない場合もありますので、私たちなりに提供できる情報をつないでいけたらいいなと思います。

杉本　上田さんご自身が詩人を志しておられたこともあって、地域の人たちの言葉を詩のように聞いているところもあるのでしょうか？

上田　そうそう。地域を歩いていると年寄りの話が無類におもしろいわけです。「この人たちの語る言葉がもう詩そのものだ」と思いますし、「自分で詩を書いている場合じゃない！」とさえ思います。

たとえば、田んぼで昼飯どきに藁を焚いて湯を沸かすときに、ヤカンの底でパッパッと川の水面を払ってから水を汲むことを「俺らは水の皮剥いてから飲んでたんやわ」と言われる。「水に体があって、皮を剥くのなら、自分が今飲んでいるのは一体水の何なのか？」とポエジーが刺激されるんです。

「このおっさんたちの『詩』を聞いて、書いて残して伝えなければ」という一心ですね。自分が耳になってこの人たちの言葉をとにかく聞いて聞いて、この人たちが見ている世界を現代の社会に、今この地域に生きる世代の人たちに伝えたいんです。

今、地域の人たちの世界観や認識が必要とされている

杉本　地域の人たちのお話を聞くときには、どんな風に関係をつくられるのでしょうか?

上田　「地域の話を聞かせてください」「暮らしの歴史を聞かせてください」と言うと、「私はもう90歳で尋常小学校しか出ていない。先生にお教えするようなことは何もないんですわ」と謙遜されるわけです。「原始人みたいな、恥ずかしいような暮らしをしてきましたさかいに」と卑下される。そういうときは、「おばあちゃん、僕らは確かに本を読んで覚えたような知識はあるかもしれません。けれども、おばあちゃんには『身識《みしき》』があるじゃないですか」と言います。

身識は仏教語で「しんしき」と読みますが、「みしき」と読むのは私なりの用法で、身体を使ってその土地に生きるなかで得た、その地域・その場に立つことで起動する「まなざし」と「振る舞い」。環境との関わりの中で、認識と作用がぐるぐる回って立ち上がってくるモードみたいなものを身識と呼んでいます。たとえば、天秤棒で桶を担いで水を運ぶときも、私でしたら桶を揺らして水をこぼしてしまいますが、年寄りはこぼさずきれいに運ぶことができる。お正月なんかに会うと、もうそのモードなんですよ。パッとスイッチが入ったように身識が立ち上がって、年寄りはすごくきれいな挨拶をしてくれたりします。

「身識が大事だと思うから知りたい」と言うと、割と納得して話してくれます。一緒に作業していても、「上田先生にもこの頃は身識がついてきたな」と活用してくれるようになります。いつも、こうした身識をどのように掘り出していくかを考えています。書物の形で「冷凍保存」して、いつでもどこでも解凍できるのが知識だとしたら、地域を生きる人々の身体に染み込んでいるのが身識、知識と身識を合わせたものが「常識」だと言っています。

杉本　地域の目となり、耳となって掘り出した身識を、また地域に伝え直していく。役割としては「媒介者」に近いイメージでしょうか。

上田　そういうところがあります。私は、学生時代にまずは徹底的に聞いていこうと「耳の会」をつくり、「目を拾いに、耳を拾いにフィールドに行きます」と言ったら、高谷先生は褒めてくれました。先生はあえて「本なんか読まなくていい」と言っていました。「何を見るべきか、何を聞くべきかは地域の中から拾ってこい」と教えられたわけです。「地域に生きている人たちの話を聞いて、その中から君自身の言葉をつくり出していきなさい」ということだったと思います。

有名な琵琶湖の漁師の戸田直弘さんは、「魚を逃すのが俺の仕事です」と言われます。「山の上から見たら端から端まで見えるような小さな琵琶湖の上で、琵琶湖の漁師は二千年以上ずっと魚を獲って生きてきた。売れる魚は死んでいても売れるけれど、売れる魚と一緒に網に入ってくる雑魚を「売れないから」と放置して殺してしまうと、魚の多様性がなくなって漁師は生きていけなくなる。「売れない魚を生きているうちに少しでも多く逃すのが自分の仕事だ」というわけです。彼の考え方はまさしく持続可能ですし、ＳＤＧｓそのものじゃないでしょうか。今まさに、地域に根差して生きた人たちの世界観や認識が必要とされていると思います。

地域の中に入ると、「この人に見えているものを、どう伝えていこうか」と思うようなことにたくさん出会うんです。ただ、近代化するなかで暮らしぶりがガラッと変わってきましたし、滋賀県下には明治生まれの人はもう数えるほどしかいません。一人ひとりが目の前の環境と深く関わりながら生きてきた時代の話を聞けるタイムリミットが迫っていることに焦りをもちながら、この人たちの言葉を、こぼれ落ちる黄金の砂を受け止めるような思いで、とにかく拾いたいと思っています。

また、同じ地域で暮らしていても、漁師と農家では異なる時間感覚をもち、それぞれの世界を見ています。一人ひとり違う環世界を生きているといっても、共通の生態・環境の中で歴史を共有しながら生きている、地域という小さな共同体の環世界もあるかもしれません。個人だけでなく、共同体の環世界についても明らかにしたいです。

西村　「地域に入って人の話を聞く」と言うと、短絡的に知恵や知識を聞いていると思われがちだと思いますが、上田さんが聞いているのは認識なのだなと思います。

人の認識をなんとか言葉にしてもらって、同じ場所を違うまなざしで見るいろんな人たちの話を集めて、「ふるさと絵屏風」という一枚の絵にする取り組みをされていますね。これは、共同体の環世界を表す手法でもあると思うのですが、どうやってつくっているのですか?

上田　「ふるさと絵屏風」は、学生時代に行った「五感アンケート」から始まりました。同じ地域に生きていても、一人ひとりのまなざしが違っているのであれば、それを全部聞いてみようと思ったのがきっかけです。何に活用するかも考えずに、「目に浮かぶ風景は何ですか?」「耳に残る音は?」「匂いは?」「感触は?」「味は?」と尋ねてみることにしました。

すると、「まさにこれは詩の1行ずつじゃないか」という言葉がたくさん出てくるんです。この人たちの中には、こんなに豊かな世界があるんだと驚きました。集まってきた回答を印刷して、手作業で1行ずつ切って何百という短冊の山にして、分類してマッピングして貼り付けてでき上がったのが「五感体験マンダラ」です。一人ひとりの五感体験からは、それぞれの環世界の糸口が見えます。これを混ぜてマンダラ化すると、地域の環世界が少し見えてくるんじゃないかと思いました。

この写真(p414)は、滋賀・守山市の幸津川《さづかわ》という集落の五感体験マンダラです。ここで一番大きかったのが、上段「堀・内湖・舟」のグループの右側にある「ミソジャ」という塊でした。昔は川から田舟で田んぼに行くので、昼飯を食べに帰る時間がもったいないということで、米だけ炊いていったんです。お昼になると田んぼの横の水路で魚を獲って藁で焼いて、川で汲んだ水を沸かし、自家製の味噌を溶いたところへ焼いた魚を入れて食べるのがうまかった、という話がたくさん出てきました。アンケートでは「ミソジャ」という一言だけの回答もあれば、「ミソジャ」というひとつの言葉から、すごく長い物語を書いてくる人もいるんですよ。

ここまでくると、絵にするまでは一足飛びでした。『洛中洛外図屏風』(16世紀初めから江戸時代にかけて制作された、京都の市街と郊外の景観や風俗を描いた屏風絵)のイメージもあり、大学院生のときに最初の絵屏風をつくりました。私は絵を描けないので、環境科学部で生態学を学び、日本画の勉強をするために大学院から人間文化学研究科に移籍してきた同期の仲間に声をかけました。最初につくったのは2001年で、2009年に描き直してもらいました。

完成した「ふるさと絵屏風」を地域に持っていくと、年寄りがものすごく喜んで指差しながらしゃべるんです。それを

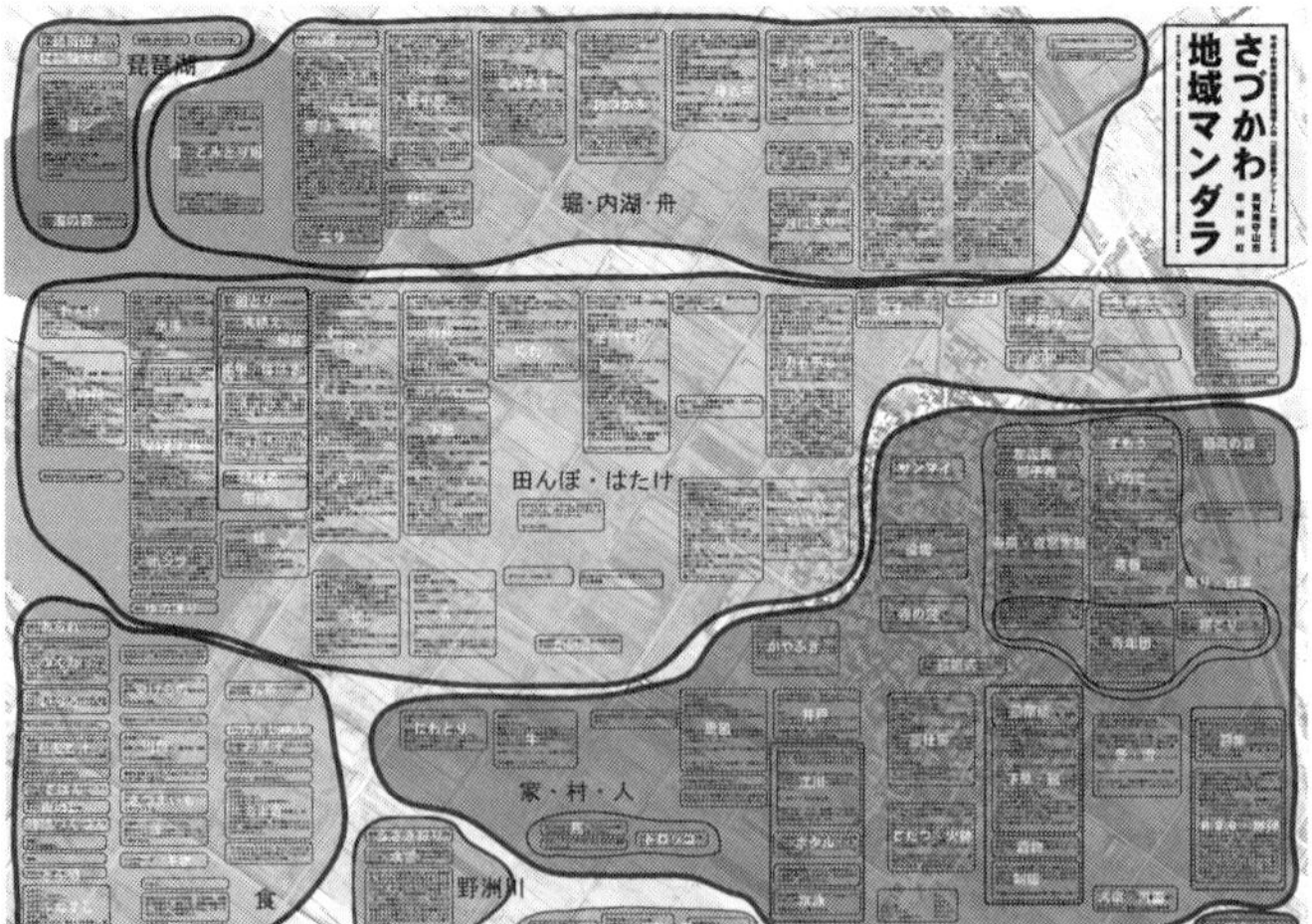

見て「これはもっと使えるな」と思いました。五感体験は誰もがもっていて、良い・悪いとか、どちらが正しいとか優れているかどうかといった評価からも割と自由です。意見を出し合えば対立することもありますが、五感体験であれば「あんたはそんな体験してたん?」と共感しながら共有できるなと思ったんです。

「ふるさと絵屏風」を見ながらおばあちゃんがしゃべっていると、子どもたちも隣に立って「これは何?」と尋ねます。絵を真ん中に置いたコミュニケーションだからこそ伝わることがあるのも感じました。

地域の中で過去を育てて、未来をつくる

杉本　集まってきた五感体験をもとに、本をつくることもできたと思います。絵というかたちを選んだ良さは何だったと思いますか?

上田　地域の人でつくって、使って、育てるというプロセスを共有できることです。完成する「ふるさと絵屏風」よりも、一緒につくるプロセスの方が大事だろうと思ったので、徹底

近江八坂のふるさと絵屏風

的にそのやり方を工夫しました。

絵をつくる過程では、構想を練って構図を考えたうえで、何百というエピソードの中から「何を描くか」を選択していきます。そこで改めて「この地域では何が大事だろうか？」と考えるので、普段は意識しないような地域の中での人と人、人と自然の関わりや位置関係を改めて意識する機会になるんですね。たとえば、この近江八坂の「ふるさと絵屏風」（p415）では琵琶湖が上部にありますが、画家の感覚では「水は下に描くもの」という意識があるのでおさまりが悪いように感じるそうです。でも、この地域の人にとっては、琵琶湖はいつも自分たちの前にあるもの。普段は意識していないことを再確認して構図を考えていくと、「私の村では新しいものは常にこっちの方向から入ってくるなあ」みたいな話も出てきます。お互いの世界観をしゃべりながらつくっていくプロセス自体が大切なんです。

完成した「ふるさと絵屏風」の除幕式をすると、おじいちゃんたちが「わーっ」と寄ってきてマイクを握ってしゃべり出して止まらない。次に、散開して「おーっ」て指を差して「あれだ」「これだ」と言いながらコミュニケーションが始まります。これがあれば、地域が自前でつくったものを自分たちで共有しながら過去を育てて、未来をどうつくっていくのかを自力でやってもらえる。私たちのような者がいなくてもできることが大事だと思います。

また、「ふるさと絵屏風」ができると、「かるたにしよう」「看板にしよう」「敬老会のお祝いに風呂敷をつくって贈ろう」「描いてあるものを復活させよう」といろんな発想が生まれて動き出します。今は汚いドブ川のようになっている水路も、学校や公民館で「ふるさと絵屏風」を見ながら、おじいちゃんやおばあちゃんが「昔はこの川にホタルがいて、川の水を汲んでミソジャしてたんや」と話しているのを聞くと、子どもたちにとってその川の意味が変わる。その瞬間まで「汚いドブ川やと思っていたけど違うんや」と認知が変わるわけです。

認知が変わると、次の行動が変わります。同じ水路について「汚いドブ川やな」と思ったまま育った子たちと、「昔はホタルがいて川の水でミソジャをつくった」ということを知って育った子たちでは、大人になって地域づくりに関わったときに出す答えは違っているんじゃないかと思います。

先ほど、湖岸に打ち上がったコアユのエピソードでもお話ししましたが、地域の「記憶喪失」が起き始めています。コモンズ・デザイナーの陸奥賢さんが「自己と国家を同一化しやすいパーソナリティの貧弱さは『故郷の喪失』も影響している」と指摘しています。もし、直接に触れたり関わり合うことができる、地に足のついた「ふるさと」の記憶や物語が抜け落ちてしまい、近視眼的な自分だけの思い出やタイムラインと「創造の共同体」とも言われる国家の歴史しかないとなると、危ういナショナリズムに走りかねません。

「ふるさと絵屏風」のようなものを使って、もう一度「記憶の共有地＝コモンズ」をつくる必要があると感じています。肥大する公私の間でやせ細ってきた「共」を回復しながら、そこを土台にしてもう一度地域を語り、学び、フィールドを取り戻していくのが「ふるさと絵屏風」の役割ではないかと思います。

共同体が共有していた身体性を失わないために

西村　最近、ブルーノ・ラトゥールの本を読むために、まずは解説書を読もうと『ブルーノ・ラトゥールの取説』を読んでいました。この本の中に「近代とは何か」という問いがあるのですが、すごくおもしろかったのは「近代とはいろんなものをがんばって同じ認識に揃えようとしてきたけれど、失敗だったのではないか」という話です。同じ認識に揃えようとした結果、「村の大切な樹木」が「木材」として捉えられてしまう。その結果として「木材なら家具にも燃料にもなる」と、どんどん意味が増えていくんです。

認識を揃えて意味を減らそうとしたのに、逆に意味が多様化したということになります。むしろ近代は、共通の素材にするために一所懸命に認識を言語化した結果、どんどん共通認識がもてなくなっていったということだと思うんです。

今、「ふるさと絵屏風」の話を聞いていると、共通認識になり得るものがずっと受け継がれる、認識の遺伝のようにも聞こえたんですね。意味を削ぎ落とさず、そのままの世界観を残しておけば、みんなで共通認識をもてる可能性がもともとあったのではないか。それを途絶えさせずに遺伝させていくと、パッと表したときに共有できるという話だなと思いました。

上田 なるほど。かつての村や集落には、直接この身体をもって環境に働きかけるなかで、一人ひとりに蓄積される認識があり、そこから生まれる世界観があったのだと思います。同じ労働や所作、疲労感などを共有することによって、共同体として共有できる仮想的な身体が成立し得たし、それが共同体を支えていたのだと思うんですね。

五感体験アンケートを見ていると、人間は何通りにも世界を見聞きして、目の前の環境を感じ分けて生きているんだなと実感します。我々はテクノロジーが進歩するなかで、人類としては前よりもっと精緻に、あるいは大きく世界を見ることができるようになったけれど、地域に生きる一人ひとりと自然との関わりは陳腐化してしまいました。個人個人が環境の中にある可能性や意味を受け取る力は、ひょっとして弱まっていないかと思います。

生産性や生産力をものさしとして、田んぼを「米をつくる場所」に一元化した結果、いかに合理的に効率よく、より多くの米が収穫できるかを目指すようになりました。その中で切り捨てられてきたものがたくさんある。昔は、田んぼはただ米をつくる「工場」ではなく、「魚のゆりかご」でもあったんです。

春、人間たちの田植えが済んで、フナやコイ、ナマズといった琵琶湖の魚たちの産卵時期になると、夜中、魚たちはこの時期に降るまとまった雨に乗じて水路をたどり、田んぼに上がってきて産卵する。親は人間に捕まって食われるリスクはありますが、稚魚にとっては人間がいる田んぼは天敵も近寄りがたく安全で、浅くて水も温かいので快適なのですくすく育つ。そして夏、中干しのために人間が田んぼの水を抜くのに乗じて琵琶湖に帰っていく。

人と生きものが互いにしたたかに利用し合い、しばしばギリギリの折り合いをつけながらともに生きてきた。人間にとって田んぼである場所が、魚にとってはゆりかご、子どもらにとっては遊び場という風に、それぞれの「環世界」であるというような、自然との重層的で豊かな関わりの記憶を今聞いておかないと、もう取り戻せない段階に来ていると思います。

次世代のまちづくりの材料を残していきたい

西村 途絶えてしまったことに気づいて、みんなが「困ったな」となったときに、どこからこの身体をもって環境に働きかければいいのでしょうか?

上田 どうしたものでしょうね（笑）。じゃあ過去の在所に戻るのかというと、もうそれはできません。しかも、過去には地域で生き延びるために、親が自分の子どもを手にかけるというような厳しい現実もあったわけです。

かつての暮らしのすべてが良かったということではありません。100と101の競争みたいなものですよね。100の工夫でなんとか生き延びてきたけど、課題が101になったときに、「この1をどう乗り越えようか」というなかで、新たな知恵や技術が生まれてきたのだと思います。

まだ今は焦りながら、「この人たちが見てきたものを、どうやって次に伝えていくか」ということばかりを考えています。その当時を生きた「身識」をもつ人たちがいなくなった時点で、これらの「ふるさと絵屏風」が、どういう意味をもつものになるのかはまだわかりませんが、次世代のまちづくりに結びつく材料をとにかく残していきたい。

「ふるさと絵屏風」は、滋賀県を中心にこれまでに50地域くらいでつくられていて、うれしいことに、私の関わりなしにつくられたものもいくつか生まれています。あとは地域から地域に、一種の文化として伝播してほしいと思います。私自身は「人間って何だろう?」を考えるところから、もう一度「自分学」に立ち戻ろうとしているところです。たとえば、滋賀なら滋賀のみなさんに改めてアンケートをして、一人ひとりの経験を五感体験にまで分解・還元したうえで、もう一度結び直して、今度は地域の姿ではなく人の姿を描くとどうなるのかなと思うんです。

ジャイナ教の世界観を示す存在に「ローカ＝プルシャ・世界原人」というのがあって、それは世界の最初に存在したとされています。たとえば『リグ・ヴェーダ』（古代インドの聖典）の中に「プルシャは千個の目と千個の頭、千本の足をもつ」という風に表現されています。この世界原人プルシャの身体から太陽も月も、人間や神さまも生まれたとされています。

「千の目や頭や手をもつ」と言うと一見グロテスクな表現ですが、私たちはこのひとつの手で世界をまさに千通りにも感じ分けることができ、千人いれば千通りの環世界を生きているということを考えると、むしろこちらの方がより自然な人間の表現だという気もします。地域の姿を描く「ふるさと絵屏風」から反転して描かれる人の姿は、おそらく「ローカ＝プルシャ・世界原人」のような姿になるのではないでしょうか。そんな風に、何らかのかたちで、人と地域の像をリニューアルして示せたらいいなと思っています。

西村　「ふるさと絵屏風」の制作を通して、「ドブ川だと思っていたけど違うんだ」と気づいて、自然や環境への認識が変わっていったときに、自分の側で一体何が起きるのだろうと思います。

僕がもともと専門としていた心理学は、まさに近代的な学問だと思います。「心」という存在ありきで、それをいろんな角度から見ようとするんですね。ところが、今日の上田さんのお話を聞いていると、「心」というものがひとつ自分の中にあるのではなく、「もっとグジャグジャしたものがあるんだよな」という認識が生まれてきたんですね。「そっか、自分はそういうものなんだ」という認識が生まれることが、次の幕開けになるのかなと思って聞いていました。

「ここで、ともに、無事に生きていく」という願い

杉本　先ほど、西村さんが「近代は認識を揃えようとした」というお話をされましたが、自分のものではない画一化された認識に合わせることが、すなわち自分と世界の関わりの喪失でもあったのだなと思いました。そういう意味で、「ふるさと絵屏風」の体験は、自分の足元を確かめながら、自分と地域の環世界を蘇らせるきっかけになるように感じました。

上田　そうですね。足元にある地域と地球にまで広がる認識を同時にもつ人間として生まれ直す、そういうときが近づいているような気がしています。近代はいろいろな場面で「わけて・あつめて・しばる」ことをしてきました。教育や都市計画もそうです。

私のいる琵琶湖の湖岸の集落では、目の前のひとつの浜が、炊事場、洗濯場、調理場、水汲み場、漁場、

遊び場、農業生産の場所、燃料供給の場所というように重層的かつ多面的な場でした。しかし、近代的な発想ではそれをぶつ切りにゾーニングしてしまう。一見合理的ですが、空間がどんどん陳腐化していくんです。初めはそれでよかったし、確かに大成功はしました。けれども、その問題もあらわになってきた。この問題に対しては、今度は「まぜて・ちらして・つなぐ」というやり方を試みてみたらいいと思っています。

今、滋賀県では農林漁業者や湖と田と山をつなぐ営みとして、先ほど紹介した「魚のゆりかご水田」を回復しようとしています。その取り組みを「世界農業遺産」として評価しようとする動きもあります。地方の多くの村落は、圧倒的に強力な自然・環境の中で、さまざまな苦労と工夫をしながら、有限の資源を分かち合い「ここで・ともに・無事に」生き延びてきました。そこにはすごい知恵も「身識」も文化もあるのに、そこに住む人たちはあえて「ここにはなーんにもない」とうそぶくけれど、「ここで・ともに・無事に」生きていくことが、地域・社会の願いであったと思います。この願いを実現するための人と地域の営み、「なーんにもない」と言いながら、100年、1000年生き延びてきた力やその生き方を、私は「ブジネスモデル（無事の経済文化モデル）」と呼んでいます。

我々の時代のブジネスモデルをどう開発していくのかを考えたいですし、次世代を担うブジネスパーソンを育てたいと思います。

西村　やっぱり「認識」がすごく大事なテーマなんだなと思います。文化には、行為や習慣みたいなことが入ってくると思うのですが、認識はそれぞれ色をもっているわけで、全然共通じゃなくていいし、突拍子もないものが出てきても別に構わないんですね。

「水の皮を剥ぐ」という認識もできるし、またその認識は言った人がつくったものではなくて、それ以前に生きた誰かが言った言葉で認識されているのかもしれない。地域の中で、どんどん凝縮されてすごい認識の塊をもっている状態になっているというおもしろさがあります。滋賀であれば、２０００年の歴史の中で生き続けてきたからこそもっている認識があり、それが今途絶えてしまいそうになっているのであれば、「もうちょっと教えてほしい」ということなのかなと思います。

そもそも上田さんは京都で生まれ育っているのに、京都の話はほとんど出てきませんでしたね。上田さんには滋賀人が受け継いできた認識が染み込んでいて、その認識から語る言葉が出ているから、みんなも「この人は滋賀人だ」と思っているんじゃないかと思います。

どこに生まれるかよりも、「どういう認識を受け継いだのか」によって、その地域に根差した人になっていくのかなとも思いました。

後藤明

人類学を「使う」ことによって人類の知恵と技術が明らかになっていく。

後藤明｜ごとう・あきら｜南山大学人文学部・人類文化学科 教授。1954年、宮城県生まれ。東京大学文学部卒業、同大学院修了、専攻考古学。ハワイ大学人類学部博士課程修了、Ph.D（人類学）。南山大学人類学研究所元所長。沖縄伝承話資料センター、日本航海協会理事。沖縄美ら島財団研究顧問、喜界島サンゴ礁科学研究所学術顧問などを務める。主な関心領域は、海洋人類学、天文人類学、物質文化研究。主な著書に『天文の考古学』（同成社）、『世界神話学入門』（講談社現代新書）、『海から見た日本人―海人で読む日本の歴史』（講談社選書メチエ）などがある。

大学1年生のときに過ごした鳩間島のサンゴ礁に衝撃を受けて

西村　まずは、後藤さんが考古学の世界に入っていかれたきっかけから伺えますか？

後藤　子どもの頃は、漠然と探検ものの物語が好きでした。中学生になると推理小説やSF小説にハマって、図書館にある少年少女向けのSF全集や江戸川乱歩作品を片っ端から読んでいました。特に好きだったのが秘境探検もの。コナン・ドイルの『失われた世界』、ジュール・ヴェルヌの『地底旅行』、ベリャーエフのSF小説『金星探検』などですね。あと、当時は第一次忍者ブームの頃で、テレビ時代劇『隠密剣士』なども好きでした。漠然と異世界に憧れる気持ちがあったように思います。

東京大学では、海洋調査探検部に入りました。1年生のとき、沖縄の八重山諸島の鳩間島で廃屋を借りて自給自足で暮らし、民俗調査の真似ごとをしてみたり、遺跡を見に行ったりして1か月くらい過ごしました。沖縄返還（1972年）から2年目で、車が右側車線を走っていた頃です。

なぜ海に憧れたのかなんて、大した必然性はないんです。加山雄三の歌や、当時ブレイクしていた同い歳の歌手・南沙織の曲「17歳」に憧れたという、至極単純な理由です。でもやっぱり、海の考古学をやりたいと思ったのは、鳩間島でサンゴ礁を見たときの衝撃が大きかったと思います。

西村　東京大学で修士を終えられた後、ハワイ大学に留学されたのはどうしてですか？

後藤　「海の考古学」と言っても、海そのものは考古学の対象になりませんから、海で生きる人が対象になりますよね。考古学は人のことを扱いますが、実際に扱うのは遺跡と遺物です。海で生きる人には、魚を獲るという行為があるということで、出土する魚を獲る道具である銛《もり》や釣針、網の重りなどの遺物を見ていくことになります。もうひとつ見るのは、遺跡から出てくる魚の骨や貝殻ですよね。遺跡の位置や環境条件によって獲る魚がどう違うか、それによって出てくる釣針はどう違うのか。考古学ではそういう議論をします。

卒業論文では、北太平洋のエスキモーやインディアンが使っている離頭銛《りとうもり》、修士論文では釣針を研究しました。なぜ北太平洋だったかというと、北の方がしっかりした文献があったからなのですが、もともとは南太平洋がやりたいと思っていました。ハワイ・ポリネシアで釣針の研究をしておられた、ハワイの「ビショップ博物館」の篠遠《しのとお》喜彦先生に憧れていて、彼のもとで学びたいという夢をずっともっていたんです。

私が学生の頃は、文化系で博士号を取ることはものすごく難しく、老教授が最後に取る名誉称号みたいなもので、実質的に機能していませんでした。たまたま、指導教官が理学部出身の先生だったので「これからはとにかくドクターをもっていないとダメだ」と言われて、「Ph.D（Doctor of Philosophy）」を取るシステムのあるアメリカの大学に目を向けました。結果的にはそれが現代を予言していましたね。またハワイで釣針を研究したかったですし、ハワイ大学への留学を選んだのは私にとって自然なことでした。篠遠先生に会いに行って、「ポリネシアの釣針の研究をやりたい」と話したら、「いいね、やりなさい」と言っていただきました。

釣針からカヌーへ、考古学から人類学への広がり

西村　後藤さんは、あるときに研究テーマを釣針からカヌーへと広げられていますよね。同時に、方法論も考古学から人類学へと変わっていったと思います。そのあたりの経緯を伺っておきたいです。

後藤　私は海の考古学を標榜しながら、あまり船には関心がなかったんです。それに、船そのものはほとんど朽ち果てるので、遺跡から出ないという理由もありましたが。ハワイ大学に留学しているときも、ソロモン諸島やインドネシアの調査をしていたときも、カヌーはあったけれど実はあまり見ていませんでした。

ところが、沖縄にある海洋文化館のリニューアルの総合監修を2003年から務めることになり、既存の資料を最大限に生かすという視点で見たときにカヌーのコレクションがすごくて、「これが売りだ！」と思いました。しかも、沖縄で海洋がテーマですから、交易や移動、人は海を渡るということがやはりコンセプトのキーになりますし、そこでカヌーの研究にのめり込んでいったんですね。さらには、カヌーを操るためには航海術も必要ですので、天文学にも関心をもち始めました。

考古学は遺跡から出るモノを対象に研究して、そこから人間を推測していくわけですけども、やはり、今現在そのモノをつくったり使ったりしている人を見たい気持ちが強くなってきて、実際に生きている人の調査を始めると、そっちの方がおもしろくなってきて、考古学から民俗学へのシフトが起きていきました。

杉本　モノを研究するおもしろさと人に焦点を当てる研究のおもしろさについて、それぞれ聞かせていただけますか？

後藤　私にとって、モノと人は対立するものではないんです。たとえば、世界中に「釣針を失くす」という神話があります。なぜ、網でも斧でもなく釣針なのか。なぜ、神話の中で釣針が大事なアイテムとして語られるのか。失くすのがなぜ弟や息子で、責めるのが兄や父なのか。要するに、男子の世代間葛藤の物語なのです。モノの背景にある意味を知るためには神話の比較研究が必要ですし、実際に使う人にとって「釣針とは何か」を知る必要もあります。

海を移動する道具であるカヌーは、人間を模した形で表現されていることもあります。神話では、船に乗って遠くへ行くことは移動や発見だけではなく、世界を切り分けて分節化する、世界を秩序立てていくという意味があります。さらに、船が棺になることもあり、「なぜ棺が船なのか」という象徴性の問題にも発展していく。モノなのだけれど人もいるし、象徴性もあるという研究が、自分の一番のスタンスだと思っています。

「21世紀初頭の太平洋の人々」を軸にした海洋文化館の展示

西村　海洋文化館について、もう少しお話を伺いたいです。海洋文化館の展示では「過去にこういう時代があった」ではなく、「今このような文化がある」という視点から伝えられていることがとても印象的でした。なぜ、今を考えることに焦点を当てられたのでしょうか？

後藤　かつての民族学博物館は、「西洋人が来る前の生活」を展示するというものでした。しかし、コレクションした時点ですでに西洋人が接触していますし、いろんな時代のモノが混ざり合っていて、「それはいつなのか」という時間の限定性がすごく難しいという問題があったんです。また、ヨーロッパ各地の博物館は植民地時代に南洋から持ち帰った良い資料があるのですが、「植民地主義的な展示だ」という批判も浴びていました。

1975年の沖縄海洋博覧会のときにつくられた海洋文化館は、1年だけパッと見せるパビリオンで、沖縄を含めた「伝統的な」海の文化を展示するというスタンスだったようです。当時の文化人類学には、まずはヨーロッパや日本とは違う異文化があることを示すという役割もあって。海洋文化館も、「昔ながらの生活が残っている」みたいなゆるい時代設定だったと思うのですが、そうした純粋無垢な過去みたいなものを想定すること自体、今の人類学では許されません。海洋文化館の仕事では、オセアニアの中堅の研究者たちや、展示や映像の専門家たちと時代設定について随分と議論して、「21世紀初頭の太平洋の人は今どうやって生きているのか」を軸にすることにしました。

日本人が「南太平洋ってこんな生活が残っているんだ」とおもしろがることは、その裏返しで「いまだにこんな生活?」とちょっと偏見になるような気もしているんですよね。「いや、そんなことはないよ」と示したい。たとえば、70年代にはすでに西洋とのコンタクトは100年以上続いているから、漁具やカヌーもすでにその影響を受けています。たとえばパプアニューギニアのクラ・カヌーもペンキを塗ってあったりしたわけですが、リニューアル以前はそういう部分はあまり強調されていなかったと思います。リニューアル後は「今の彼らが何年前に使っていた船」として展示して、こうした文化をもつ人が、いろんな変化を経て今どうなっているのかというところまで、ちゃんと伝えることを意識しました。

また、考古学では、ひとつの遺跡から長く使われてきたものや、ずっと昔に使われたけどその後は使われなくなっていたものなど、いろんな遺物のグループで組成されています。博物館もまた民族学コレクションの組成です。21世紀の今、南太平洋の人がこれらを全部使っているという意味では決してないので、今も使われているものや使われなくなったもの、復元やレプリカも一緒に展示するスタンスをとるために、みんなでかなり議論しました。

紋切り型の理解ではない方向へ世界は動いている

杉本 今の太平洋の人たちがどうやって生きているのかを、どのように展示されているのですか？

後藤 一人ひとりのスタッフに、「あなたが担当する部門でこだわるところをつくってください」とお願いしました。たとえば、食文化の研究をしている「国際日本文化研究センター」の野嶋洋子さんは、現代のバヌアツのキッチンを再現しました。そこには、即席ラーメンの袋や缶詰も置いてあるわけです。でも、昔ながらの食材がまったくなくなったわけでもない。そういう今の生活の実態を展示しています。

カヌーも、ハワイの伝統的な航海術を再現したホクレア号などを経て、今や彼らの誇り得る新しいアイテムにもなっていて、カロリン諸島の航海術とカヌーづくりはユネスコの無形文化遺産にノミネートされています。そういう風に、現代を生きる者として受け継いできた文化を使い直す、理解し直すというのでしょうか。彼らが自分たちのアイデンティティを保ちつつ、現代に対応していこうとしている努力みたいなものが表されるといいのかなと思っています。

西村 海洋文化館のリニューアルをするとき、参考にされた海外のミュージアムはありますか？

後藤 たくさんの博物館を見に行きましたが、どれかひとつをモデルにしたというよりは、それぞれに刺激を受けて考えました。カヌーの展示では、ベルリンの民族博物館は資料が非常に充実していますが、同じオセアニアに関する展示をしていても、ニュージーランドの海洋博物館とは状況が違います。ニュージーランドには先住民のマオリ族がいますから、展示解説には英語とマオリ語が併記してあるんです。

さらに驚いたのは、ハワイの「イミロア天文センター」という天文博物館。さまざまなハワイの天文学の展示があると同時に、現代のビッグバンやブラックホールといった科学の最先端の展示もあって、そのすべての解説に英語とハワイ語が併記されているんです。

ただ、ハワイ語にはブラックホールという概念がないので「黒い穴」としたり、新しい言葉をつくったりしていて。ハワイ語は決して過去を語る言語ではないんだと思って、すごく斬新に感じました。「ハワイ語は古代、英語は現代」という紋切り型の理解ではない方向に世界は動いてきていると実感して、海洋文化館でもそういうコンセプトをもちながらやりたいと思いましたね。

また、ヨーロッパでは植民地主義への反省から、博物館展示も変化してきています。ウィーンの民族学博物館も「世界博物館」と名前を変えてリニューアルしました。地域ごと、テーマごとに分けて展示すること自体がよくないという考え方も出てきました。たとえば、釣針は「魚を釣る道具」というカテゴリに分類されるけれど、神話の中では別の象徴的意味があるので、ひとつのカテゴリだけにおさまりません。海洋文化館でも、オセアニアゾーンに共通する側面を、漁労、食、住、装飾、宗教、音楽と6部門に分けて、それぞれに担当者を決め、仮に重複があってもいいとしたのはそういう意図からです。

西村　僕は海洋文化館に5回くらい行きましたが、順路がなく自由に見られるので、子どもたちと行くとすごく楽しいんです。「こう見なさい」みたいなのがないから、行くたびに「今回はこっちに行こう」「今日は一日中プラネタリウム」みたいな感じで楽しめます。

後藤 海洋文化館には体育館くらいの広い空間がありますが博物館にあれだけ広い空間はないので、あまり導線をつくらずに船を展示して、自由に動けるようにしようと話し合いましたね。

西村 そのあたりも、必要以上にカテゴライズしない展示とうまくマッチしているのかなと思いました。

カヌーは太平洋の人々を結びつけるアイテム

西村 海洋文化館のリニューアルを終えてからも、ずっとカヌーに関わり続けておられます。なぜ、カヌーとの関わりが深まっていったのでしょうか？

後藤 他の道具に比べて、カヌーは材料も多様ですし、つくり方にも当時のいろんな技術が使われています。そういう、当時のハイテク技術みたいなものは、まだまだ私には理解できていないところもたくさんあります。ロープひとつでも、どこを縛るロープかによって撚《よ》り方が違ったりします。船体を彫るのも、航海カヌーだとわざと左右非対称に彫ったりする微妙な技術もあり、非常に奥が深いなと思います。もちろん、釣針ひとつをつくる技術もすごいのですが、カヌーをつくる技術はもっと複合的で、家のつくり方にも通じるものがあります。

今、私は新学術科研のモニュメント班に入っていて、神殿や古墳の研究をしている方たちとご一緒しているのですが、カヌーもモニュメントだなと思うんです。大きな航海カヌーをつくるには、村の人が全員集まって棟梁みたいな人が指揮をして、何か月もかけてつくるわけですよね。つくった人たちの威信の結晶という意味で、モニュメントをつくるというのとまったく同じです。完成した巨大カヌーを海岸で見上げるのは、我々が神殿を見上げるのと同じようなところがあります。

しかも、カヌーは動きますから、別の島に行くと、その島の人が「おおっ！」と見るわけですよ。たとえば、海洋文化館の入り口に展示しているタヒチのダブルカヌーは、ポリネシアで最も神聖とされるライアテア島にお参りするときや、キャプテン・クックを王様や神主が迎えたときに乗っていたと言われています。クックたち西欧人も威圧されたと記していますし、まさにカヌーは動くモニュメントであるという社会的・象徴的なおもしろさもあります。

つまり、ポリネシアの文化にとって最も象徴性の高い重要なアイテムは、カヌーなのではないかと思っているんです。70年代以降、世界中で先住民の文化復興が行われてきました。オセアニアの場合は、音楽や踊りもありますけれど、みんなでつくって島々を移動する手段でもあったカヌーが最も象徴的だと思います。今は太平洋の各地に、昔ながらの航海術を教えるカヌー学校がたくさんあります。「なぜ、カヌーに乗るのか？」と聞くと、「私たちはもともと共通の海洋民族だった」みたいな答えが返ってきます。

国籍が異なっていても、「自分たちはカヌーで行き来していた共通の人間だ」という意識が高まってきているんですよね。カヌーを通して、国籍の違う人たちが「自分たちはポリネシア人だ」と意識するときに、太平洋の人を結びつける最善のアイテムはやはりカヌーではないかと思うようになってきました。

日本にも海の文化があったわけですから、「なぜ、日本人がオセアニアを見る必要があるのか」という共通の土台をつくっていかないとダメな時代なのかなと思っています。そのため、日本の船文化にも目を向けながら、オセアニアと連携できるような努力をしています。自分たちが何ももっていないのに、ただ応援する、エキゾチックなものとして見るというのは底が浅いですし、もうそういう時代ではないですから。私たち自身が「深く」ならないと通用しないのです。

深く関わるためには自分自身のことも深く知らなければならない

西村　お話を伺っていると、人類学は観察者として対象を見ることから、対象に関わっていこうとするようにシフトしてきているように思います。この50年間でこうした変化が起きたのはどうしてだったのでしょう？

後藤　昔はもっと「自分と違う連中は野蛮だ」というような偏見があったと思います。70年代くらいに「リスペクトをもって興味をもとう」という考え方が出てきて、「違いは悪いことではなく、楽しいことだ」という風に変わっていった。さらに、より積極的に「その違いを認めたり楽しんだりするだけではダメなんじゃないか」と考えられるようになってきていると思います。

たとえばアイヌ文化を考えたときに、「日本と違う」と言っているうちに失われてしまうかもしれない。あるいは、アイヌ文化を生かそうとしている人たちを見て拍手を送っているだけでいいのか、あるいはお金を援助すればいいのかというと、そういう問題でもないかなと思います。やはり、一緒に加わってみることが大切ですし、深く関わるためには自分自身のことも深く知らなければならないと思うんですよ。

釣針について知りたくても、魚を獲ったことがない素人が漁師に話を聞いてもバカにされるだけです。魚の獲り方、旬はいつで何を食べていて、どこに棲んでいる魚なのか。そういうことまでを知らないと話が発展しません。自分自身が勉強をすることによって、相互作用が深まっていくのだと思います。

カヌーについては、やはりみんなでつくったり乗ったりするものだから、そこに加わっていくことがとても大事だと思っています。カヌーづくりはひとりではできない作業だからこそ参加しやすいですし、乗ることができる対象でもあります。今年の3月に草船をつくったのですが、みんなでやっていると会話が生まれたりするんですよね。遠巻きで見ていたおじいさんが知恵を授けてくれたり、若い女性が紐の扱いがすごく上手だったり、子どもに命令されたり、普段のステータスと違う関係が生まれたりもします。大学教授も若い人も、一緒になって作業していると平等になっちゃうのがすごくおもしろいです。

日常とは違うおもしろさを生み出す仕掛けをつくり、文化を体験するというのかな。私のゼミのキャッチコピーは人類学を「使う」なんです。人類学を「知る」ではなく、「人類学を使って何かやろうよ」ということなのです。

人類学を「知る」ではなく、人類学を「使う」

西村 今のお話は全部つながってくるなと思います。草船もプラネタリウムも「研究」としてまとめられるけれども、実際には「みんなと一緒につくる」ことにかなり時間を割かれていて、そのこと自体も人類学だということですね。草船について後藤さんに解説してもらって学ぶという話ではなく、草船をつくること自体が人類学を「使う」ことになっていて、人類学の目的を達成するひとつの道になっている。文化をちょっと知ることの先に踏み込むには、一緒につくる方がトータルで早いということなのかなと思いました。

後藤 そうですね。まさにその通りです。

西村 もうひとつ、近代のいわゆるキリスト教ベースの科学技術を使った文化の発展の仕方だけではわからない部分を、別の発展の仕方をしている文化から「一緒につくる」ことを通して学べるということもあるのかなと思って。人類学が違う方法や解決案を提示する段階に入ってきているのかなと思ったのですが、いかがですか？

後藤　そうですね。たとえば草船をつくるときに、「なんでこの草でつくるのか」とか「他の草を使う方がいいよ」という反応があるんじゃないかと予想していたら、案の定出てきたんですね。地元の植物に詳しい方が「これを紐に使ったら」とか、だんだん言ってくれるようにもなって。実はそれが狙いだったんです。

喜界島で民俗調査をしていて、人々がもっていた植物に関する知識を知りたいというとき、「植物について聞かせてください」と尋ねる方法もありますが、何かを一緒につくることをきっかけに、いろんな知恵が出てくることがあります。やりたいのはそういう仕掛けづくりみたいなことですね。単なるおもしろおかしいイベントなら、どこでもできます。喜界島でやるなら、「なぜここでそれをやるのか？」という問いに答えられる必然性のあることをやりたいんですよね。

たとえば、喜界島でプラネタリウムをつくるなら、奄美の星を必ず要素として入れる。草船をつくるなら、喜界島にあるどんな植物があるのかを調べて利用できる植物でつくる。「旧石器時代のようにほとんど道具なしでつくれる船って何だろう？」という問いを立て、地元にあるもの、忘れられかけているようなものを思い出して再利用する。そういうことが、まさに人類学を「使う」ということなのかなと思います。学問的に裏打ちされたものの延長線上で、みんなに加わってもらって楽しくできるプログラムを試みようとしています。

西村　技術があるからそこに反応する知恵があり、知恵があるから技術が使えるというセットがすごく大事だということだと思います。後藤さんは、技術というものをどういう風に捉えておられますか？　人類学やカヌー・ルネサンスみたいな話だと、技術は遠いものとして感じる方も多い気がしますが、むしろ技術を使っているから知恵が集まったり、知恵が生まれてきたりする感覚が、後藤さんにはあるのではないでしょうか。

後藤　ある発表で、「モノをつくるというのは人の関係をつくることだ」と言ったことがあります。材料を取り揃えて手を動かせばモノができると思ったら大間違いで、材料を集めるのも人間のコネクションがなければできません。町工場の人だって、材料を仕入れるには人との関係がないと対応できないようなところがありますよね。

技術というのは、材料を切ったり貼ったりするだけのものではありません。何をつくるにも売るにも人間関係が必要になります。知恵もまた、「こう結べばこうなる」ということだけでなく、「この場合はあの人にちょっと聞いてみよう」「この部分はあの人に手伝ってもらおう」ということも含めて知恵だと思うんです。そういうものを全部ひっくるめたものが、技術であり知恵だと思います。

ハードとソフトという言い方がありますが、技術と知恵は切り離せるものではないと捉えていて。だから、草船をつくること自体もおもしろいのですが、それだけに留まらないものが生まれるんじゃないかと期待しながらやっています。

星や星座の名前は、世界にひとつだけではない

西村　その話は、今度は天文学にもつながってくると思います。天文学はまさに技術がないとアプローチできないものですし、今までずっと最先端の科学技術を使い続けている分野です。

後藤さんはなぜ天文学を扱うようになられたのか、そして天文学に民族学や考古学の考え方を取り入れていく価値をどう考えておられるのかについて伺えますか？

後藤　天文学に関心をもつようになったのは、カヌー航海術への関心が伏線になっています。ポリネシア人が何千キロも移動した背景には、カヌーの技術と航海術がありました。航海術では天文だけでなく他の自然も読むわけですが、やはり一番有名なのは「スター・ナビゲーション」という星を読む技術ですから、自然と天文学にも関心をもつようになったわけです。

もうひとつ、ホクレア号が日本を来訪したときに、国立天文台と一緒に仕事をしたんですね。ハワイのマウナケア山には「日本国立天文台ハワイ観測所（通称すばる天文台）」があるのですが、マウナケア山はハワイ人の聖地ですから、ハワイ人の理解を得なければならないということで、国立天文台がハワイ文化復興の象徴であるホクレア号の招致委員会を立ち上げて、委員長になってほしいと言われたんです。そこから国立天文台との関係が始まりました。

２００９年は、ガリレオ・ガリレイが天文望遠鏡を用いてから４００年目を記念する世界天文年で、世界中で天文学を振興しようというイベントがありました。国立天文台がアジアを担当することになり、私も人類学者として参加しました。

ポリネシアの天文学や神話について講演したりするうちに、天文学もおもしろいなと思うようになりま

した。結局、ポリネシアの航海術などを語るのであれば、天文学も研究要素のひとつに入れていかなければいけないとなったということです。

西村　そのとき、それまでの研究に天文学を取り入れるだけでなく、民族学的要素を天文学に入れていこうと思われた背景や、その結果として見えてきた新しいものについて伺いたいです。

後藤　太陽や月、星は誰もが見ている対象なわけですよね。季節や農作業の指標にもしますし、星や太陽の神話をもつことも共通にありますから、まさに文化の問題にもなります。だから、もともとポリネシアの天文学は、「ポリネシア人は星をどう見て利用して方位や時間を知ったのか」「その背景にどういう神話や民話があるのか」という民族学的な研究なんです。

驚くことに、天文学者も一般の方も、星の名前は西洋の呼び名が当然だと思い込んでいます。少し考えればわかるのですが、日本にもアイヌにも固有の星の見方がありますし、もちろんポリネシアにもあります。ギリシャや西洋でつけられた星座の名称もまたひとつの見方なんです。同じ星が違った名称で呼ばれ、背景にある物語が違うことを、プラネタリウムの中で体験する、あるいは自分が解説者になるという方向にもっていきたいと思って始めたということですね。

西村　天文学が入ってくると、過去の星空がどう見えたのかをシミュレーションできるので、考古学の観点からもおもしろそうです。出土した遺物は、いろんな角度から測定しても最後はちょっとわからない部分が残ると思うのですが、星はほぼ確実だと言えますよね。科学と考古学、科学と民族学の接点としても星はすごくおもしろいのではないでしょうか。

後藤　実は、私がいただいている科研費の中で、考古学者と国立天文台の天文学者と一緒にシミュレーターを開発して、佐賀県の吉野ヶ里遺跡で「卑弥呼の見た星空」というイベントを開きました。卑弥呼がどこにいたかは置いておいて、今から約1700年くらい前の、卑弥呼が生きた時代の星空を再現したんです。遺跡や地形のデジタルデータを全部入れて、遺跡の中を歩いたり、櫓《やぐら》に登ったりできるバーチャル・シミュレーションみたいなものをつくったんですよ。

そのときにわかってきたのは、遺跡の一番大きな墳丘墓の前に柱が立っているのですが、その軸をつなげて延ばしていくと雲仙普賢岳の頂上に向いているということ。すなわち、火山信仰があったのではないかと考えられます。また、別の変なかたちをした集落の軸を延ばしていくと、冬至の満月の出現位置に一番近いことがわかりました。これについては仲間が日本の考古学研究会で発表しましたし、今年はプラハで開催される世界考古学会議で発表する予定です。

西村　つまり、吉野ヶ里遺跡のシミュレーションで「月」が重要だったとわかってきたということですね。

後藤　私の本にも書いていますが、ひとつ興味深い謎があるんです。文明では太陽が重視されるのですが、たとえば『万葉集』のような日本の古典では圧倒的に月の記述が多い。ひょっとすると海と関係するのかもしれません。月は満ち欠けしますし、潮の干満とも関係しています。吉野ヶ里遺跡も、当時はかなり近くまで海があったらしいんです。だったら月を重要としたのもあるかもしれないという、新しい解釈が出てきています。

「逃げるか、逃げないか」を研究者として決める覚悟をもつ

杉本　釣針からカヌーへ、カヌーの航海術から天文学、そしてシミュレーターの開発へという研究の広がり方が、とても自然で美しいものに思われました。後藤さんはどうして、このように問いを広げていくことができたのでしょうか？

後藤　研究者ってそういうものではないでしょうか。答えが出ると思ってやっていない。よく質問される大きな問いは「ポリネシア人はなぜ海を渡って移動したのか？」というものです。「いつ」という年代は大体わかりますし、「いかに」はカヌーや航海図の研究である程度は推測できます。しかし「なぜ」についてはわからない。でも、それはずっと追求していきたいと思っています。

今年4月から、喜界島の「サンゴ礁科学研究所」の人たちとの科研が通ったんですけども、サンゴの分析によってすごく細かい年代で気候変動がわかるらしいです。ポリネシア人の移動は、１５００年ぐらいハワイで留まっていて、ディズニー映画『モアナと伝説の海』はそれを題材にしているのですが、１５００年後にまた動き出したのは、気候変動が関係しているかもしれないという研究です。まあ、気候変動が起きたから移動するというのはちょっとつまらない説明なのですが、それも含めて「なぜ」に少しは迫れるかなと思っています。

杉本　答えが出ないからこそ、問いが広がるということでしょうか？

後藤　答えが出ないからおもしろいし、また違った角度からやってみようという気になるというのでしょうか。研究者ってみんなそうじゃないですかね。工学系の技術開発研究などは、新しい製品という答えがあり得るのかもしれませんが、人文系や、理系でも天文学などは最たるものだと思いますが、「宇宙はどこまで広いのか？」の答えなんて出ないじゃないですか。

杉本　そうですね。ただ、お話を聞いていて、後藤さんの興味の広がりとともに世界が広がっていくのがとてもきれいだなと感じました。

後藤　ありがとうございます。今はいわゆる「未開社会」がなくなって、若い人から見た高齢者、健常者から見た障害者を「異文化」として研究する若い人類学研究者が多くなっています。それは悪くはないのですが、社会学や福祉の研究と境界がなくなってきているかもしれないと感じています。私は、大きなスケールで人類を語るというのが人類学の醍醐味かなと思っています。私はやっぱり大きなテーマをもちたい。それが海と空だったということでしょうか。

杉本　海の釣針、カヌーそして星空へと、新しいことに取り組むたびに10年単位で時間をかけていらっしゃると思います。その研究に対する底力にも圧倒されました。

後藤　本当に10年かかりますね。カヌーも10年やりましたし、天文学もそろそろ10年になります。もうこれ以上は新しいテーマに取り組まないと思いますよ。自分の学問人生の最後にやろうと考えているのは大体そのあたりです。今は船のモノグラフ（論文）を書いていて、その次は天文のモノグラフを書こうと思っています。

西村 研究するときには、選んだテーマにどう踏み込んでいくのかはすごく大事だと思います。「どうせ関わるなら、こういう風に関わった方がいい」というスタンスが、後藤さんの中にはあるような気がするので、それを聞いてみたいです。

後藤 たとえば、国立天文台からホクレア号の日本での招致委員会を立ち上げてほしいと依頼されたとき、研究者として関わるべきかどうかすごく迷いました。ホクレア号にはイベント的な側面もあり、ハワイでも賛否両論がありました。しかし、日本のオセアニア研究者は誰も関わらなかったし、批判すら出なかったんです。

私は国立天文台に頼まれたということもありましたし、ハワイの恩師の篠遠先生にも「ホクレア号が日本に行くからよろしく」と言われたので、絶対にやらざるを得ないと覚悟しました。外野と内野があるなら、自分はやっぱり近いところで関わりたい。

実は、オセアニア学会で話したときに、皮肉的なコメントをもらったこともありました。「ホクレア号は伝統的なものなのかどうか？」という学術的な批判もあります。それは十分にわかっているけれど、「では、あなたはオセアニアの研究をしていて、こういう船が来たときにどういう態度をとるんですか？」と反論しました。

いろんな矛盾や批判があることはわかっていても、研究者として逃げるか逃げないかみたいなことですよね。そのときに、私は冷やかしや批判があっても、関わっていこうと決断したということです。

西村 僕は後藤さんに大きな影響を受けていて、自分もちゃんと背景をもって考えられるように勉強し直そうと思い、博士課程に入り直しました。今日は、研究の成果だけでなく、後藤さんのスタンスみたいなものが読者に伝わるといいなと思ってインタビューをしていました。

今まで何度もお会いして、「すごいな」と感じてきたのですが、今日は「なんですごいのか」をグッと掴めたような時間でした。ありがとうございました。

システムデザインは人類が
人類として進化していくために
必要なアプローチだと信じている。

白坂成功

価値創造の民主化

白坂成功｜しらさか・せいこう｜慶應義塾大学大学院システムデザイン・マネジメント研究科 教授。東京大学大学院工学系研究科航空宇宙工学専攻修士課程修了後、三菱電機株式会社にて宇宙開発に従事。技術試験衛星VII型(ETS-VII)、宇宙ステーション補給機(HTV)などの開発に参加。特にHTVの開発では初期設計から初号機ミッション完了まで携わる。途中1年8か月間、欧州の人工衛星開発メーカに駐在し、欧州宇宙機関(ESA)向けの開発に参加。「こうのとり(HTV:H-II TransferVehicle)」開発では多くの賞を受賞。内閣府革新的研究開発推進プログラム(ImPACT)のプログラムマネージャーとしてオンデマンド型小型合成開口レーダ(SAR)衛星を開発。2004年度より慶應義塾大学にてシステムズエンジニアリングの教鞭をとる。

子どもの頃は「生きもの」と「技術」に興味があった

西村　白坂さんは、東京大学で航空宇宙工学を研究されてから、三菱電機での宇宙開発、現在の慶應義塾大学でのシステムデザイン・マネジメント（以下、ＳＤＭ）へと、ずっと経歴がつながっています。そもそもなぜ宇宙開発の道に進まれたのか、あるいは子どもの頃はどんなことに興味をもっていたのか、そのあたりから伺いたいと思います。

白坂　子どもの頃は、大きく2つの興味の軸がありました。ひとつは生きもの。育ったのは広島県尾道市の東側にある海沿いのまちで、山も近かったので魚釣りと虫捕りが遊びの大きな比重を占めていました。もうひとつはテクノロジーです。小学校高学年になる頃、3歳上の兄が「ＴＫ-85」というボードコンピュータでプログラミングを始めて、私も本を見ながら数字を打ち込んで、すごくシンプルなゲームを動かしていました。兄が映画雑誌を読み始めると、ＳＦ映画にも興味をもつようになりました。

杉本　当時のＳＦ映画って、どんな作品が公開されていましたか？

白坂　『スター・ウォーズ』や『エイリアン』などですね。中学・高校は松山の愛光学園で寮に入ったので、友達とスポーツをしたり、映画を観たりする方に興味が移っていきました。ただ、寮では自由にテレビの映画番組も観られないし、頼みの綱は映画雑誌でした。初めは、アメリカの月刊ＳＦ雑誌『スターログ（Starlog）』を購読していて、だんだん『キネマ旬報』や『ロードショー』なども読み始めて、ＳＦ以外の映画にも興味が広がりました。

宇宙に興味をもったのは、テクノロジー軸やSF映画の流れからです。今も覚えているのですが、中学2年生のときに宇宙に興味をもつ同級生と話していて、「宇宙から地球を見たい」と思ったんですよ。しかも、月から見る小さくて丸い地球ではなく、目の前が全部地球になるような距離感で見たかった。理由はわからないのですが、そのとき、ふとそう思ったんです。

それ以来、「どうやったら宇宙に行けるんだろう?」とずっと考えていたのですが、当時は宇宙飛行士になるというイメージはまったく浮かびませんでした。「宇宙にあるものをつくれば、メンテナンス要員が必要なはずだ」と考えて、「宇宙にあるものをつくる人になろう」と思ったんですよ。その思いが、宇宙工学へとつながっていきました。

実は、その一方で映画の道に進むことも考えていたのですが、インターネットもない時代ですから、松山の中学生にはどうすれば映画業界に入れるかがわからなくて。

杉本 もし、映画業界に入る道筋が見えていたら、SF映画をつくる人だったかもしれませんね。

白坂 そうかもしれません。ただ、自分にはクリエイティビティがないと思っていたので、監督や脚本家になることはないと思っていました。「SF映画に携わるにはどうすればいいんだろう?」と思いながら、宇宙もテクノロジーも大好きだったので、大学受験をすることを選びました。

大学受験は、東大の航空宇宙工学以外考えなかった

西村 大学は、東京に行こうと決めていたんですか?

白坂　当時は、明確に宇宙を専門に学べる大学は東京大学の宇宙工学専攻しかなかったので、受験は東大に絞りました。「宇宙が専門だ」と言うと「星が好きなんですよね?」とよく言われるのですが、星や天文学には興味がなくて、私はテクノロジーが好きで、宇宙にあるものをつくりたかったんです。

ただ、東大には、3年生になる前に希望するコースを選ぶ「進学振り分け」があり、宇宙工学コースは、毎年理科一類の学生1200名のうち12名しか入れません。定員12名の宇宙工学コースに進むには希望者の上位12位内、平均点でいうと85~90点以上を取らなければいけないので、教養部時代は必死で勉強していました。親には「万が一、宇宙工学コースに入れなかったら1年だけ留年させてほしい」と伝えていましたが、受かって本当によかったです。

西村　宇宙工学に進むことが決まった頃には、「宇宙のものをつくる」ことは具体的に見えてきていたんですか?

白坂　まだ全然わかっていませんでした。というのも、当時は宇宙のものをつくることは今ほど身近ではなく、すごく特殊なことだったんです。せいぜい、「NASDA(宇宙開発事業団)」、現在の「JAXA(宇宙航空研究開発機構)」のイメージしかなくて、その下でどういう会社が何をつくっているのかという情報もほとんどありませんでした。いろんな情報が入ってくるようになったのは、宇宙工学コースに入ってからです。

杉本　では、「宇宙のものをつくるにはどんな会社に入ればいいか」がわかってきたのは、3年生以降だったのでしょうか?

白坂　そうですね。実は、3年生から4年生の初め頃まで、三菱重工でロケットをつくりたいと思っていたんです。やっぱり宇宙というとロケットのイメージですし、ロケットをつくる技術はものすごく高難度です。技術系の人間としては難しいものに挑戦したい気持ちがあります。しかしその後、「もう、宇宙の研究はいいかな」と思った時期もあって、航空会社への就職を考えたりしました。でも、4年生の半ばぐらいで研究のおもしろさがわかってきて、修士課程に進むことを決めました。

大学では宇宙ステーションで自動組立をするロボットを研究

西村　大学ではどんなテーマで研究されていたんですか？

白坂　実は人工知能なんです。宇宙用AIと呼んでいましたが、宇宙ステーションなどで作業する自動組立ロボットの研究をしていました。

西村　まさに今のディィープラーニング（深層学習）を先取りしていたんですね。

白坂　我々の時代は、ディープラーニングの前の時代で、組立ノウハウや経験、人間の観点から重要だと思われるパラメタを選んで学ばせていたのです。今のディープラーニングは全部AIに任せて人間は介入しない。究極的に言えば、人間がやる方がダメだという考え方なので、初めて聞いたときは驚愕しました。

西村　では、当時からコンピュータ制御に関心があったのですか？

白坂　もともと制御系の研究室にいたんです。ただ、ディープラーニングとは全然違うロジックで考える機械学習に取り組んでいました。「ＬＩＳＰ（リスプ）」というプログラミング言語があるのですが、京都大学がフリーで公開していた「Kyoto Common Lisp」を使ってプログラミングして、どうすれば自動組立ができるかを計画する研究をしていました。

当時は、生物の特徴や進化の仕組み、遺伝情報などをソフトウェアに組み込み、コンピュータが生命の動きをシミュレーションする「アーティフィシャル・ライフ（人工生命）」という考え方が生まれてきた時代です。私の適用先は宇宙でしたが、読んでいた論文のほとんどはそれ以外の分野のものだったりしました。

その後、修士課程で、火星上を自立して動き回る「火星ローバー」というロボットの研究を始めました。このとき参考にしていたのは、ロボット掃除機「ルンバ」をつくったロドニー・ブルックスの論文です。ルンバは、何かにぶつかったり、階段の段差を見つけたりしたら向きを変えて動いて床をきれいに掃除するわけですが、あれはもともとロドニー・ブルックスが提唱した「サブサンプション・アーキテクチャ（Subsumption Architecture）」という概念に基づいています。「刺激と反応によって動きを変える」というすごく単純なものが組み合わさっていくと、まるで知能をもっているように見えると彼は考えたんです。

私の研究は、外部で経験した刺激と反応をマッピングするバーチャルセンサーを脳内バーチャル空間の内部に置いて、外界における刺激と反応と、内部の脳内における刺激と反応を組み合わせて、より高次な行動をさせるというものでした。それを火星ローバーに応用して、学習を重ねて賢くなると同時に、すごく低レベルな刺激と反応の組み合わせだけで目的を達成することを目指していたんです。

自分がつくったものを宇宙に打ち上げるためにメーカーに就職

西村　そのまま研究の道に進むこともできたと思うのですが、どうして大学から出て就職されたのですか？

白坂　研究はすごくおもしろかったのですが、やっぱり宇宙のものをつくりたかったんです。今は大学が人工衛星を打ち上げる時代ですが、当時は日本で宇宙への打ち上げをするのはＪＡＸＡだけで、大学はまだ自分がつくったものを宇宙に打ち上げることはできませんでした。なので、宇宙にあるものをつくるために、ＪＡＸＡが発注するメーカーへの就職を選んだんですよね。
　本当は、有人宇宙機をつくりたかった。あの頃、「有人宇宙機の開発に携わるには、アメリカのボーイングかフランスのエアロスパシアル、日本では三菱電機か三菱重工で働くしかない」と言われました。アメリカで働くには、向こうの大学院を出てグリーンカードを取得しないといけないし、フランスで働くならフランス語が必須でした。そうなると、日本で三菱電機か三菱重工のどちらかだと考え、ロケットが中心の三菱重工ではなく、人工衛星が中心の三菱電機を選びました。会社訪問をするなかで、一番話が合ったしイメージが近かったのが三菱電機だったということもありました。

西村　入社後は、すぐに宇宙関連の開発チームに入ったんですか？

白坂　就職のときに希望を聞かれて、「将来は人工衛星を丸々全部見たい」と伝えました。もちろん、新入社員がいきなり人工衛星を全部見られる訳がないので、宇宙関係のソフトウェアの開発チームに配属されました。

ハードウェアの製造は、製造部の資格をもったプロがつくります。それに対して、ソフトウェアは設計も製造も試験も全部自分でできます。時間軸においてより広い範囲のことができるので、「将来はシステム全体を見たい」とソフトウェアの開発チームを希望したんですね。

西村　入社して希望通りの部署に入って、4年目から12年間「こうのとり（HTV：宇宙ステーション補給機）」を担当されました。まさに、人工衛星を立ち上げから宇宙に送り出すところまで手がけられて、思い通りの道を歩まれたわけですが、すごく楽しかったことや思い残していることなどがあれば聞いてみたいです。

白坂　一言で言うなら「おもしろかった」しかないです。もちろん、ものすごく大変でつらかったし、後から思えば「もっとこうすればよかった」と思うことはたくさんあります。いろんな失敗や苦労をして、いろんな先輩にたくさん教えられたことはすべて学びに変わって、「こうのとり」につながっていきましたから。

「こうのとり」をつくっているときは、ハードウェアのミスが一切許されないので、すごく神経を使っていました。たとえば、「こうのとり」のコンピュータは1台2億円するのですが、ケーブルを挿し間違えるだけで壊す可能性があったりするわけです。チーム全体がピリピリしてきますし、いろんな面できつかったことはありますね。

新しい知識と技術を学んで身に付けるのがすごくおもしろかった

杉本　中学2年生のときに「宇宙から地球を見たい」と思われてから、東京大学の受験、そして進学振り分けで希望のコースに入るためにも大変努力をされたと思います。就職してからも大変な緊張感の中でお仕事をされていて、どんどんハードルが上がっていく年月だったと思うのですが、ご自身を支え切れたのはどうしてだったのでしょう?

白坂　新しいことを知る、学んで身に付けていくことがすごくおもしろかったんだと思います。ショーン・コネリーが主演した『薔薇の名前』という映画をご存知ですか? 私はその原作本がすごく好きだったのですが、人間の欲望について書かれているんです。人間には食欲や性欲、睡眠欲などがありますが、あの本では知識欲を満たすために命をかける人たちが出てきます。私は命まではかけていませんが、『薔薇の名前』を読んで、自分は知識欲が結構強いんだなと思ったんですよね。

学生のとき、ちょうど大学の研究室にワークステーションが設置されるようになりました。UNIXというOSが搭載されていたので、私は『UNIXスーパーテキスト』という厚さ3センチくらいのマニュアルのような本の上下巻を毎日持ち歩いていて、空き時間に読んでいたんですよね。他にも、ソフトウェアの本とか技術雑誌を月に6~7冊は読んでいました。もしも「これを読め」と強要されていたらいやになっていたと思うのですが、単に好きだったから読んでいたんですよね。

杉本　宇宙関係の開発となると、たくさんの人たちと一緒にものすごく長い時間をかけてプロジェクトを進めなければいけないでしょうし、チーム内の意見の相違や技術力の違いを調整する必要もあったのではないでしょうか。そういった部分を担う難しさは、どうして乗り越えられたのでしょう？

白坂　小さい頃から人と遊ぶのが好きだったんですよ。ちょっとだけ人見知りはあるのですが、仲の良い人たちと一緒にいるのが好きなんです。

一般的には、発注側と受注側って対立構造になりやすいのですが、「こうのとり」の開発ではＪＡＸＡとメーカーは対立関係ではなかった。プロジェクトの成功のために、自分たちの設計は安全であるとＮＡＳＡを説得しなければいけないので、ＪＡＸＡとメーカーは力を合わせて戦う仲間なんですよね。

もちろん、開発はものすごく大変でした。アメリカでの安全審査のときなどは、時差を利用して現地時間の深夜に日本とやり取りして、指摘されたことを翌朝の会議までに修正しておくなんてこともありました。ただ、そういった大変さは人間関係がギスギスするよりも全然楽なんです。そういう意味ではすごく恵まれていたと思いますし、みんなでがんばっていたのでやれたんだという気がします。

「こうのとり」で経験した多様性の重要さと難しさ

西村　三菱電機時代にチームで一緒にがんばった経験が、現在ＳＤＭ研究科で取り組まれていることにつながっているんですね。この時期に、チームだからこそ出せた結果や創造的な解決が生まれた経験がいくつかあったのかなと思います。もし、よく覚えていらっしゃることがあれば伺えますか？

白坂　やっぱり、技術の分野なので自分の専門外は山のようにあって、自分ひとりでは全然わからないことをみんなで考える場面が本当にたくさんありました。一番わからなかったのは、多くの電気・電子機器で起きるＥＭＣ（Electromagnetic Compatibility：電磁両立性）です。

たとえば、電気・電子機器のスイッチをオンオフしたりすると電波が漏れていくんですが、打ち上がったロケットの軌道がズレたときに地上から爆破指令を出す電波とＥＭＣによる電波が同じになるとロケットを爆破してしまう可能性があるので、非常に危険です。

もちろん、余裕をもって「この範囲で変な電波が出ないように」という要求をするのですが、実は「こうのとり」の1号機と2号機のときは、その規定をほんのわずかにオーバーしていたんです。審査では「この程度であれば許容可能」との技術的判断でＯＫをもらって打ち上げていたのですが、これだけは、私は技術を取りまとめる責任者だったのに全然わからなくて、同期の専門家に任せていました。

「こうのとり」では、自分がわからないことを周りのメンバーに手伝ってもらいながら、全体としてなんとかするという経験がたくさんありました。システム工学的に言えば、「全体を統合して目的を実現するのはどういうことか」を身をもって体験していたわけです。最後の頃は、チーム全体のマネジメントもしていて、人によって将来ビジョンや目指したい方向性が全然違うなかで、プロジェクトの目的にみんなで向かっていかなければならない。しかも、「こうのとり」は1号機から9号機まであるなかで、どういう風にみんながやっていきたいのか、全員が個々に違うんです。

なので、自分の部下全員と一人ひとり話をして、どういう方向に人生を進めていきたいのかを聞きながら、音頭を取ってプロジェクトを進めていくマネジメントを学びました。多様性の重要さと難しさの両方を体験したのが「こうのとり」だったと思います。

技術システムと社会システムを対象に統合的な問題解決を図る

西村 「こうのとり」の仕事では、宇宙にあるものをつくるという夢を叶えられたわけですが、なぜ三菱電機を退職されたのでしょうか。転機を迎えられた経緯について伺いたいです。

白坂 「こうのとり」の2号機が打ち上げられた後はマネージャー職になったので、基本は現場を離れて主な仕事が承認作業になったんです。起きている時間のほとんどを働いているのに、「これは自分がやりたい作業なのか？」とちょっと悩みました。

会社を辞めたトリガーはいくつかあったのですが、ひとつは狼嘉彰先生が、ＳＤＭ研究科を退官されるときに「慶應大へ来ないか」とお話をくださったんです。

西村 そもそも、なぜ慶應大ＳＤＭ研究科に関わるようになったんですか？

白坂 三菱電機に在籍時、1年8か月間ドイツのエアバスに駐在し、欧州宇宙機関（ＥＳＡ）向けの開発をしていました。その頃、宇宙業界で世界的にシステムエンジニアリングのブームが起きていて、情報交換しやすい環境で同時に設計する「コンカレント・デザインセンター（Concurrent Design Center）」という概念が生まれていました。

エアバスではコンカレント・デザインセンターをすでに導入していて、日本でもＪＡＸＡが導入しようとしていました。とりわけ先進的だったのがＮＡＳＡのＪＰＬ（Jet Propulsion Laboratory：ジェット推進研究所）です。ＪＰＬでシステム工学に関するカンファレンスが開かれたので、私も三菱電機代表のひとりとして日本のメンバーと合流して参加したんです。そこで、当時ＪＡＸＡの研究総監だった狼先生と出会って意気投合し、世界の潮流に関する意見交換が始まったんです。

狼先生がＪＡＸＡを退官された後に慶應大に移られ、２００４年に理工学部が中心になって「デザインスクール」という夏の集中講義が始まり、「システム工学の最新潮流を講義してくれないか」と誘われて、２００６年まで3年間講師を務めました。このデザインスクールの延長で２００８年につくられたのがＳＤＭ研究科です。

ＳＤＭ研究科をつくるときの議論で「今、必要なのはハードウェア・ソフトウェアだけじゃないよね」という話がありました。確かに、私自身もエンジニアでしたが、三菱電機ではマネジメントはもちろん、特許申請、プロジェクトの予算や人工費も全部自分で管理していました。つまり、エンジニアにも技術以外のスキルが求められるのです。

ＳＤＭ研究科はものづくりだけではない、その周辺にあるスキルまでを含めてシステムとして見ていくという概念でつくられていきました。私も「今度はＳＤＭ研究科で授業を手伝ってほしい」と狼先生に言われて、非常勤講師として引き続き関わることになりました。

杉本　それで、三菱電機を退職された後に慶應大に行かれたのですね。

白坂　はい。そこに、大学で宇宙のものをつくれるようになったというタイミングも重なりました。東京大学の恩師・中須賀真一先生が、内閣府の最先端研究開発支援プログラム（ＦＩＲＳＴ）で資金を得られて、「大学中心で小型の人工衛星をつくるプログラムを立ち上げるから、手伝ってもらえないか？」と声をかけてくださったんです。私は「ものをつくる現場のないエンジニアリングに価値があるのだろうか」という疑問がずっとあったので、ものをつくれない大学に行くことは念頭にありませんでした。でも、人工衛星をつくれるなら大学で現場をもてます。研究した結果を現場に適用することができます。

ちょうどその頃、中高の同級生が大学に移って宇宙関係の開発を始めていて、同窓会で会ったときに「お前、もう会社を辞めていいんじゃない?」と言われたことにも背中を押されました。いくつものタイミングが重なって、「もうこのチャンスしかないかな」と思い、転職をしました。

ものをつくる人から見る、人や組織のおもしろさとは?

西村　僕は社会科学寄りの人間なので、人や組織にすごく興味がありますが、ものはつくらないんですよね。ものをつくる人から見たときに、人や組織のおもしろさって何だろうと思っていて。こんなにも不確実で全然制御できないものは、気持ち悪くないですか?

白坂　いや、その不確実さを特徴として捉えるだけですね。部品がそれぞれに特性をもっているのと同じく、人や組織がもっている特性は要素であって良い悪いではないと考えます。どちらかというと人の方がばらつきが大きいので難しいですが、思い通りにならないけれども何もできないかというとそうでもないところがおもしろいです。

また、私がもっているものづくり系の知識が、非ものづくりの現場でも役に立つことがあったり、非ものづくりの人たちが似たようなことを考えたりするのだと教えられることもおもしろいです。

慶應大SDM研究科では、ものづくり系だけでなく、非ものづくり系もできることにおもしろさを感じて転職を決めました。単に技術系の延長をやるだけよりも、SDM研究科の方が知識欲が満たされるんですよ。特にSDM研究科は学生が社会人なので、インプットもアウトプットもあります。学生との研究相談も、彼らの専門分野の知識が私にインプットされますので、少なくとも私の研究室では学生と教員は対等な関係になります。自分の知識欲、成長欲求も満たされることが、SDM研究科のすごく魅力的なところでした。

西村　僕も短い間ですけれど、大学で教えていたときにそのおもしろさを感じていました。僕よりも圧倒的に専門性の高いフィールドワーカーも授業を受けにくるので、良い問いが生まれるシチュエーションをつくってディスカッションをするしかない。やればやるほど自分も賢くなれる授業にシフトしていくのがおもしろかったです。

こういうおもしろさは、分野が特定されていると出てこない。SDM研究科は、特定の分野ではなくプロセスそのものを扱うので、すごくおもしろくなるんだろうなと思います。

白坂　おっしゃる通りです。たとえば、宇宙工学の専門家だけが集まると、宇宙工学が細分化されていきます。自分の専門分野の中だけのディスカッションでは、新しい気づきはそう多くないですよね。でも、SDM研究科では、学生とのインタラクションを密にやればやるほど新しい気づきがあります。研究の指導は大変ですけどすごくおもしろいし、うちの場合は毎年テーマが違うので学びも多いです。

私からは、ものづくりの概念を使った提案を非ものづくりの研究をしている学生にしています。たとえば、「CMM（Capability Maturity Model：能力成熟度モデル）」という概念があります。ハードウェアに比べて、ソフトウェアの不具合や信頼性は評価が難しいものです。そこで、アメリカの国防総省がソフトウェアをつくる組織の能力を評価しなければいけないと言い出して、カーネギーメロン大学がその成熟度を測る指標としてCMMをつくり、レベル0から5までの指標を設定しました。たとえば国防総省では、CMMのレベル3以上じゃないと受託できないんです。

私の研究室では、こうしたものづくりの手法を抽象化概念に変えて、非ものづくり分野に適用することをやっています。たとえば「地域活性化で重要な概念って何だろう？」というテーマでいくつか選んだ既存の研究にCMMを応用し、組織体の地域活性におけるケイパビリティ（能力）を測ったりしています。

あるいは、企業の健康経営の成熟度を、既存研究からもってきた指標で「この観点ではレベル2だね」と見ていきます。「レベル3にするには個人への依存性をなくそう」とか、「ここはレベル3だから、レベル4にするには健康診断受診率を改善しよう」などと考えてみることもできるんです。

属人的な知見を人類の知見へと切り替えていく

西村　システムデザイン学のおもしろみのひとつは、今お話しいただいたように、コンテンツではなくプロセスを扱うところだと思うのですが、それ以外にも学問としてのおもしろみを挙げるとしたらどんなところですか？

白坂　たとえば、新しい食をデザインしたり、新しいビジネスや新しいルールをつくり出す人たちがいますよね。その人たちは「システムをデザインしている」とは言わないかもしれません。

しかし、つくり出しているものを「システム」として見なした場合に、共通するところとそうじゃないところがあるんですよ。我々は、共通しているところをなるべく多く抽出して、「システムをデザインするってこういうことだよね」と抽象化していきます。あるいは、分野ごとに共通項もあるので、ある人の経験をいろんな人にトランスファーできる形にしていきます。

私が研究しているのはその方法論です。方法論をつくる研究を横串で見ながら、「方法論をつくるにはこういうことをしなければいけない」ということを一般化していくと、いろんな分野の「方法論をつくること」がもっと進んで横展開できます。方法論をつくる方法論の研究をしているということになります。ここが、研究していて一番おもしろいところですね。

西村　暗黙知を形式知にするという意味では、「形式知に型がある」「形式知になっていくプロセスに型がある」という両方があると思うんですね。暗黙知が形式知に変わっていくプロセスにはいくつかのパターンがあるし、出てくる形式知にもパターンがあるということですね。

白坂　その通りです。

西村　生み出していく方の大もとのパターンを押さえておけば、どんなコンテンツでも当てはめて形式知化すればうまくいったかどうかがわかるし、他の分野との違いもわかる。また、どこを修正して改善すればいいかもわかる。そういうイメージですね。

白坂　パターンという型をつくって横串で共通項を見ていくと、他の研究分野でまったく違うことを言っているはずのものが、ものすごく近く見えてくるのがおもしろいんです。我々の分野では「システム・オブ・システムズ」という言い方をするのですが、全然違うシステムがつながるということが起きます。

また、ガバナンス（管理体制）の世界では「アジャイル・ガバナンス」を提唱する人たちが、「ガバナンス・オブ・ガバナンス」という、各組織が歩調を合わせてガバナンスを整えることも必要だよねと言っていたりもします。

同じ時代の中で生きているので、同じような悩みを抱えている。そのとき、全然違う分野のことを参考にすることで問題が解ける可能性が出てきている。そこがたぶん、我々が見ていておもしろいところになるんです。

学術は「分析」と「統合」をどう扱っていくのだろう

西村　個別にはうまくいっているものごとを、引いて見る捉え方は分野を問わずに存在するのだなと思いました。いろんな分野からパターンを見出すというのは、職人技的に習熟していくイメージがあるのですが、研究としてはどう進めていくのですか？

白坂　残念ながら、論文化するときはちょっと狭い範囲で切り出しています。そうじゃないと再現性が出ないので検証できませんから、研究として成立しないんですね。そこがシステムデザイン学の難しさだと思います。

西村　システムデザイン学としての論文のあり方は、これから整備が必要なんですね？

白坂　そうですね。もう10年以上言われていますが、やはりこの分野はちゃんとした学術として認められていない部分があるんですよね。

西村　お話を伺いながら、そこに橋が架かりそうな感覚がありました。たとえば経営学では、時代が変わったら適用しない特殊なケースも結構多く扱っています。でも、一歩引いて「これはこういうシステムだよね」と言えると時代を超えることができて、特殊なケースではなくなる気がするんです。そもそも社会科学は再現性が低いわけですが、むしろそこに再現性をつくっていくのがシステムデザイン学なのかなと思います。

白坂　たぶん、社会科学の中でもデータ分析をする分野であれば、同じデータセットで同じ手続きを踏むと基本的に同じ結果が出るので、科学になりやすいんですよね。我々は、「分析（analysis）」よりも「統合（synthesis）」側なんです。同じプロセスで同じインプットを与えても、人によってアウトプットが異なるので再現性は出ません。なので、学術の世界において科学として認め切れないところがあります。

吉川弘之先生は、東京大学総長だった1993年ごろから、いわゆる基礎研究とは違う研究分野として、実用化につながる応用研究「第二種基礎研究」をつくる必要があると言い続けておられます。そうしないといろんな知見が蓄積せず、形式知化として共有できない状態になっていることを問題として指摘されているんですね。学術は、数式にもならないし再現性も低いけれども、何らかの知見が入っているものを扱うことがあまり得意ではないんです。

たとえば、建築の分野では建築物は制作品として認められているけれども、「こうのとり」は学術的な制作品としては認められていないわけですよね。統合側をどうやって学術で扱っていくのかというのは、まだまだ途上なんだと思いますね。

方法論づくりは、天才がより天才になるためのものではない

西村　質的研究の中で「いったん、これ以上は出なくなったね」というところを目指そうとする、「理論的飽和」という考え方があります。すごくざっくりしているけれど、それをやらないと始まらないということだと思います。「100までは行けなくても99は狙えるかもしれない」ということを誰かがやり始めなければ、いつまで経っても前に進まないと思うんです。

白坂　私はよく研究室で「何もやらないと0のままだ。0よりも0・1が良いし、0・1より0・2の方が良い。だったらやった方が良いよね」と話しています。方法論づくりでは、基本的にはいきなり1の結果を出すことはできません。実は、私自身も一生かけても1はできないとさえ思っています。

方法論づくりは、天才がより天才になるためのものではありません。たとえ、天才がいてそのやり方を方法論としてつくれても、100％方法論化することはまずできませんから。その10％でも方法論化できたら、今まで0だった人が大量に0・1になれるので絶対に良いはずです。基本的に、すごいものをつくるというよりは、今より社会を良くしていくためのものというアプローチで考えていますので、いきなりポンと飛ぶことを必ずしも狙わなくていいんじゃないか、という言い方はよくするんですよね。

西村　今までのアカデミアでは、失敗するとわかっているところにはなかなか突っ込んでいけなかったけれど、そこに挑戦しているのがシステムデザインだという伝え方ができるといいなと思います。先ほど、天才の方法を10％方法論化することで、みんなが0・1になれるというお話をしていただきましたが、シ

ステムデザインが目指しているのはどんな考え方や世界観なのでしょう?

白坂　あくまでも私見ですが、私は、世の中でうまくいったりいかなかったりすることには、何かがあるはずだと考えています。その「何かがある」というものを少しでも形式知化できればより良い社会にしていける。それがシステムデザインにおける方法論研究であると思っています。

私は、人類が人類として進化していくことに必要なものだと思っているんですね。個人として成長するためなら形式知化する必要はありませんし、その人の経験の中だけでやればいい。それをすごく狭い範囲でやるのであれば、弟子に伝えていけばいい。だけど、それでは人類全体が伸びていく気がしないんですね。

やっぱり、いろんな人たちが工夫していろんなものを見つけ出していく方法、うまくできるように考えた方法を、より多くの人たちができるようにしていく。これがシステムデザインがやろうとしていることです。これはまさに、人類自身が進化していく、成長していくために必要なアプローチだと信じて私は取り組んでいます。

西村　そういう意味では、システムデザインは100人の村だった時代には必要なかったけれど、80億人が生きる地球で、情報をやり取りする技術が高度に発達した今の世界において求められる学問なのかなと思います。

白坂　日々、80億人が工夫をして悩んでいるわけですから、すごい量の知恵が生まれているわけですよね。その知恵を知識にしてみんなで共有して、使えるようにできるかできないかの差は大きいと思います。

西村　最後に、これからシステムデザインはどう発展していくと考えているか伺ってみたいです。

白坂　「システムデザイン」という言葉自体は一般用語なので、いろんな意味で使われていくでしょうし、私はその方が良いと思っています。高い山の裾野が広いのと同じように、上に伸びるためには下も広がらないといけないからです。たとえば、レストランのシェフや農家の人なども興味をもってくれる方が、良い方向に行くと思っています。

システムデザインは、対象を俯瞰的に捉えて意図的に方向性を狙うことで、失敗したときのフィードバックを得られたり、その先を考えてみたりできるというのがもともとの概念なんです。難しく考えず、そういうことを普通にできる人が増えていけば、加速度的に良い方向に進んでいくのが、これからの10年で起きていくのだろうと思っています。

KEYWORD MAP

キーワードマップ

—

ミラツク分析チームによる半年間の作業を通じて、本書に登場する22編の記事を構成している25万文字の文章から645の要素を整理・構造化し、4領域19テーマ87項目のキーワードマップを作成しました。次ページのマップに配置されたキーワードたちは、本書の中に現れるエッセンスです。また、各項目は関連する記事と紐付けられ、後項の「フレーズインデックス」から逆引きできるようになっています。

このマップは名前の通り「書籍全体を概括する地図」の役割を果たしてくれます。本書で扱われているキーワードを概括し、気になるキーワードを見つけたら、フレーズインデックスから関連する記事を探してみてください。行ったり来たり、情報を繰り返し味わうことが新しい問いへの道標となるはずです。

11 C

私たちの豊かさは私たちの手で生み出す

私たちの人生が豊かになるには、人間主体の経済が必要である
忘れられかけている地域のリソースを回復することが
私たちの手に地域を取り戻すことになる
プロダクトやサービスを考えるときの起点は、それを届けたい相手や地域への愛である
好きなことに一所懸命取り組むことが未来をつくる

4 A

共感で人を巻き込み時代を切り拓く

想像力が共感性をもたらし、時代を切り拓く
自分のフィールドを活用して他者を巻き込みおもしろいことをやる
地域づくりとは、そこに住む人たちとの小さな約束を必ず守ること
「何を」やるか、よりも「誰と」やるか
言語を介さない経験の共有は分断を超えてつながりを生み出す
方向性を示し牽引するリーダーが必要

Ⓒ 意志をもって未来をつくる

14 C

人との関わりが自分を深く掘り下げ視座を高める

個人の思考の質と行動力は、人間関係の土台をもって発揮される
コミュニケーションに必要なのは論理的説明力と伝えたい気持ち
話を聞いてくれる相手がいることで思考の解像度が上がる
100%相手を受け止める姿勢は対話や相互の変容を生み出す
他者を深く知るためにはまず自分自身のアイデンティティを深く知る

19 D

個々人がもつ思いが行動として実現されることが社会変革につながる

「個の私」の根源的な欲求から社会へつながる感覚をもつ
内なる声が社会を変える原動力になる
個人個人が創造性を発揮できると社会が変わる
マインドセットシフトによって社会変革が加速する
私たちの日々の消費行動はポリティカル・アクションでもあるし、アートでもある
平和への強い思いとともに、現実に向けての小さな挑戦をしていく
困難な挑戦にも覚悟をもって立ち向かう

1 A

個の可能性は場によって引き出される

それぞれが力を発揮できる関わり方を見出す
自分の変容の可能性を実感できる体験が必要
会社は人を幸せにするために存在する
「こうした方がいいのに」と言いたくなるのを教師がグッと我慢することが
生徒の成長につながる

8 B

可能性の追求がさらなる発展の可能性を開拓する

トライ&エラーを積み重ねることで取り組みの解像度が上がる
ほんの1%にも満たない可能性の追求が新たな知恵や技術を生み出す
地球の暮らしを知らない宇宙生まれの人類の知性は私たちの想像を超える可能性がある
テクノロジーは人間の能力を拡張させる
細部までこだわったアウトプットは波及力をもつ
正解のない課題を解く過程で幅広い解が見えてくる

12 C

時代の変化の中で、指針となる哲学をもって進む

大きな問いを考えることで、自分自身の進む方向性や立ち位置がわかる
哲学がバックボーンにあるものはフロンティアを開拓するパワーを秘める
時代の変化を見つめながら私たち人類の生き方を常に問い直す

18 D

自分もまた歴史の一部だという長い目で社会を捉え貢献する

社会のために、自分が得た知識や能力をどう還元するかを考える
みんなが幸せな社会を築くために、考え行動し続ける
多くの人へ知のバトンを渡すことで社会が加速度的によくなる
生物学的な死後も作品などの形で社会に生き続けることはできる
私たちは個人としても共同体としても歴史を積み重ねながら生きている
会社経営を長い軸で考えることが結果的に会社が長く生き残る秘訣である

Ⓓ 地球史の中で生きる

5 A

人類と自然が共存共栄するための視点をもつ

人類の発展の裏には自然の犠牲があるという視点をもつ
自然と都市が融合できるような仕組みを考える必要がある
生物多様性を保ったまま、地球や文明と共存共栄する方法を考える

7 新たな知恵は人と人との間に出現する

住民同士の協働が地域全体の活性化につながる
人との関係の中で、新たな技術や知恵が発展する
お互いの世界観の共有から新たな知恵が出現する
紋切り型で世界を捉えるのは効率的ではあるが、分断を加速させてしまう
B

Ⓑ 立ち現れる知

9 異なる叡智にアクセスしやすい社会で人類は成長する

人類の成長のために暗黙知を形式知化する
異なる分野を横串で見ることで新たな発見がある
過去の叡智は現代でも通用する
特定の文化を真に理解するためには、基本からその背景を勉強すべき
人々が社会や知識にアクセスしやすい社会システムをつくれるかが重要
事実に基づき自信をもった情報発信が情報の質を担保する
B

3 異なる価値観に触れることが生き方の選択肢を増やす

違う価値観で生きる人たちとの出会いが生き方の選択肢を増やす
自分の人生を進めるために知に触れることが大切
自分と他者が違う存在だと認識することで対話や交流が生まれる
A

15 グレーゾーンに立ち続ける勇気をもつ

答えがわからないなかでも、二項対立するものの間に立ち続ける勇気をもつ
対立的ではなく3つの概念を掛け合わせてものごとを見る
C

13 ものごとの捉え方次第で未来が変わる

自分の情報の受け取り方次第で情報の意味が変わる
ものごとの捉え方が変わると行動や未来が変わる
多面的・多角的な視点でものごとを捉えると解像度が上がる
問う行為そのものを肯定することが、新たな問いを促す
イシューの設定がアウトカムの８割を決める
人生の中に生きる意志と意味を見つける
C

Ⓐ 個の可能性が生かされる共生の基盤

2 多様性がゆるやかに存在できる場は希望を生む

ルールがゆるんだ場だからこそ、ゆるやかな関係性がつくられ、新しいものが生まれる
規範を取り払うことで、大きな関係性や流れが見えてくる
場のあり方が人の心に影響し、そこで起こることも変化する
多様な人が集まるコミュニティは風通しがよく、一人ひとりが生きやすい
人も組織も多様であることが社会を豊かにする
同じ社会に存在していてもそれぞれが自分独自の世界観を築いている
多様な人との交流から調和を学び未来への希望をもつ
A

10 身体感覚を伴った学びが成長には不可欠

おもしろがる力と探究の力は呼応し合う
学び続けることで解像度が高くなる
知識を得るために書物だけでなく自分の身体も使う
失敗やモヤモヤからの学びは成長に不可欠
身体感覚を研ぎ澄ますことが問題対処力を上げる
B

6 生きものとしてのエネルギーが自然と満ちてくる環境で、その人本来の力が発揮される

生産性や有用性を価値判断の基準にしない社会では、
人間の生きものとしてのエネルギーが引き出される
人間という動物の身体がもつ自然なポテンシャルの追求には価値がある
自然のエネルギーを感じることで心のバランスがとれる
A

16 未来を思い描くために今の状態を受け入れる

立ち止まって本質を考える瞬間をつくる
自分の状態と向き合い受け入れることから一歩が始まる
未来を思い描くことは祈りに近い
死と向き合うことで、本来の自分と向き合う
D

17 自然の摂理に従うことが人類の本来の生き方

人間は自然そのものであるという考えが地球との調和を生む
自然とともに生きて死んでいくのが本来自然な状態
自然の中に私たちの生活が内包される感覚をもつ
D

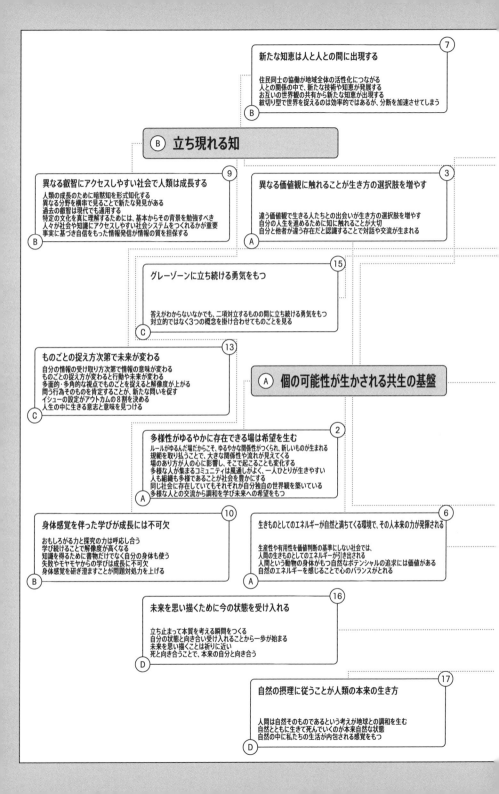

PHRASE INDEX

フレーズインデックス

—

このフレーズインデックスは、前項の「キーワードマップ」の中に現れるエッセンスと照らし合わせながら、関連する記事を見つけるための仕組みです。気になるフレーズを見つけたら、該当するページを開いてみてください。そのエッセンスが詰まった章へとたどり着くはずです。気になる視点とともに行ったり来たりすることで、新しい視点と出会える読書体験をお楽しみください。

フレーズインデックスの見方

—

フレーズインデックスは4つの大きさの文字で表現されています。A〜Dのアルファベットが振られた縦書きのフレーズが4つの領域を、①〜⑲の番号が振られた縦書きのフレーズが19のテーマを表しています。そして、その19のテーマとつながる87の項目が横書きの大きな文字のフレーズで、87項目とつながる645の要素が横書きの小さな文字のフレーズで表されています。この小さな文字のフレーズにはページ番号が振られています。気になるフレーズから関係する章を見つけて、新たな視点との出会いをスタートしてください。

A 個の可能性が生かされる共生の基盤

① 個の可能性は場によって引き出される

A 個の可能性が生かされる共生の基盤

② 多様性がゆるやかに存在できる場は希望を生む

ルールがゆるんだ場だからこそ、ゆるやかな関係性がつくられ、新しいものが生まれる

ルールや計画性がゆるんでいる場が創発を生み出す | 51
開かれた教育では、一人ひとりのやりたいことに合わせて、ゆるやかな関係性がつくられて新しいものが生まれてくる | 355
小さなスケールであれば利他や贈与の精神が機能する | 239
都市の中で自然発生する人の動きが、街の創造性の幅を広げる | 51

規範を取り払うことで、大きな関係性や流れが見えてくる

ルールから個人を解放することが感覚知へのアクセスになる | 95,275
規範を取り払ってみると、途端に開けて豊かな関係性や時間の流れ方が見えてくる | 51,329,425
子どもたちの枠を外す仕掛けによって、一人ひとりが自分の可能性に気づけるようになる | 329
合理性が排除された時間の流れの中で生きる力が芽吹く | 29,139,161

場のあり方が人の心に影響し、そこで起こることも変化する

働いている臨場感が組織の一体感を醸成する | 329
場のあり方が人の心に影響を及ぼす | 51,119,329

多様な人が集まるコミュニティは風通しがよく、一人ひとりが生きやすい

多様な人が集まると、決まり切った場の関係性に風穴を開ける | 51,329
ヒエラルキーが固定するパワーと情報が弱まっている空間の方が生きやすい | 51,161
場に混ざっていきやすい仕掛けがコミュニティの風通しをよくする | 449
どこにもないすごく中途半端な状態な場だからこそ、多様な人たちがそのまま共存できる | 51
幸せが多軸化するとそれぞれが共有できる項目は、ネガティブチェックになる | 255

人も組織も多様であることが社会を豊かにする

一人ひとり違う人間がいるから、私たちの世界は豊か | 401
人や組織それぞれがもつ特性に良し悪しはない | 449

同じ社会に存在していてもそれぞれが自分独自の世界観を築いている

時間的・空間的に同時性のあるなかで過ごしても、人によって時間感覚も見ている世界も異なる | 95,401
自分の浸っている世界の常識はとても限定的である | 95,139
直接この身体をもって環境に働きかけるなかで、一人ひとりに蓄積される認識があり、そこから生まれる世界観がある | 329,401
同じプロセスで同じインプットを与えても、人によってアウトプットは異なる | 449

多様な人との交流から調和を学び未来への希望をもつ

さまざまな地域での、人との交流を通して、調和を学び、未来の希望をもつことが、日本の観光の軸になる | 119
混ぜこぜの文化で暮らすうちに、多様性の調和が当たり前になる | 119

A 個の可能性が生かされる共生の基盤

③ 異なる価値観に触れることが生き方の選択肢を増やす

違う価値観で生きる人たちとの出会いが生き方の選択肢を増やす

違う価値観で生きる人たちからは本質的な刺激を受けられる | 293,329
いろんな大人の生き様に子どもが出会える環境がその子の生き方の選択肢を増やす | 95,329
経験のある人たちとのプロジェクトに若い人が入ると人材育成の場になる | 119
働き方が違うと結果も違う | 51

自分の人生を進めるために知に触れることが大切

自分の人生をキュレートするには取捨選択するための知識が必須 | 95
自分の中の足りなさを補うには外からの刺激や知が大切 | 139,275
いろんなことを考えるために知識は絶対に必要 | 355

自分と他者が違う存在だと認識することで対話や交流が生まれる

私たちは、一人ひとりが固有の感覚器であるかのように感受したそれぞれの環世界を、
言語や芸術によって表現し互いに交換できる | 401
相手と自分は同じものを見ていないという前提をもち対話をすると、共通する新たな視点を発見できる | 9,73,355
自分の想定を保留する力が創造的な対話を生み出す | 73,139
違いを生かし合う世界観では、聞くことの重要度が高くなる | 161
個の最適が異なるなかで「ふたりの最大化」をするために話し合う | 95,255

④ 共感で人を巻き込み時代を切り拓く

想像力が共感性をもたらし、時代を切り拓く

時代を切り拓いてきたのは常に個人の想像力の拡大と共有である | 119,239,255
想像力が豊かな人が多い世界は、共感性が高くなる | 239,355
他の命を感じられる感受性を育む教育や対話から人間が「間合い」を学ぶことが、社会問題を防ぐことにつながるかもしれない | 313
想像力を失った人は本来自分に関係していることも他人ごとになってしまう | 239
想像力が強い人は異常なほどの執着力をもつ | 239
知性は想像力を広げ、これまで見えていないものを掴み取ることができる | 239

自分のフィールドを活用して他者を巻き込みおもしろいことをやる

学問を使って他者と何か一緒におもしろいことをやる | 161,425
「この人はいいな」と思う人に出会ったら、一所懸命に仕事をつくってその人を巻き込んで一緒に仕事をする | 329
外野としてではなく、内側から一緒に関わる | 51,401,425
自分にできること同士を掛け合わせると大きなことができる | 139,161

地域づくりとは、そこに住む人たちとの小さな約束を必ず守ること

地域づくりに関わる人は、「まちを活性化します」という大きな約束よりも、
たとえば「『また来ます』と言ったのならその小さな約束を必ず守る」ことの方が大事 | 401

「何を」やるか、よりも「誰と」やるか

「何を」やるか、よりも「誰と」やるか | 139

言語を介さない経験の共有は分断を超えてつながりを生み出す

知識や理念のような「情報」の共有ではなく、「経験」をともにすることがそれぞれにとって必要な場所をつくることにつながる | 51
絵を真ん中に置いたコミュニケーションには世代を超えて伝わるものがある | 401
言葉が通じずとも身体を通すと十二分にコミュニケーションがとれる | 293,401

方向性を示し牽引するリーダーが必要

人々をひとつにまとめるのではなく、ひとつの方向に導ける感覚をもったリーダーが今必要とされている | 119
東洋思想が新しい時代を導く鍵かもしれない | 119
組織はリーダーの変化に伴って変化する | 29

⑤ 人類と自然が共存共栄するための視点をもつ

人類の発展の裏には自然の犠牲があるという視点をもつ

人類の発展の裏には自然の犠牲があるという視点をもつ | 221
共有財となる宇宙を守るためのアプローチを考える | 221

自然と都市が融合できるような仕組みを考える必要がある

都市に家畜化されてしまった私たち人間がちゃんと都市と自然の間を埋めなきゃいけない | 239,313
その土地ならではの植物が育つと深呼吸して気持ちの良い都市になる | 255

生物多様性を保ったまま、地球や文明と共存共栄する方法を考える

生物多様性を保ったまま、地球や文明と共存共栄する方法を考える必要がある | 119,221
人間が自分たちのために他の生きものから奪ってきたスペースを返していくべきである | 313
圧倒的に強力な自然と折り合いをつけながら「ここで・ともに・無事に」生き延びる感覚を忘れない | 401

A 個の可能性が生かされる共生の基盤

6 生きものとしてのエネルギーが自然と満ちてくる環境で、その人本来の力が発揮される

生産性や有用性を価値判断の基準にしない社会では、人間の生きものとしてのエネルギーが引き出される

人間を個の「生きもの」として尊重する社会システムであるべき | 51,95

社会に役に立つかどうかや、生産的かどうかではなく、生きもの(人間)としての生き方を考える | 51,293,313

人は、生きものとして受け止められたときにエネルギーが引き出される | 51,95,161

個々の生命は毎秒生き直すような流動性をもつ | 51

社会的・地球環境的にはあまり意味がないことに対して、人間の動きたい、生きたいというエネルギーを浪費しすぎている | 95

これまで積み上げてきた社会システムに乗っけるのではなく
生きものとしての人間が生きやすい環境に再設計する | 51,161,183,293

人間という動物の身体がもつ自然なポテンシャルの追求には価値がある

人間を動物と捉えると身体がもつ自然なポテンシャルの追求になる | 313

いろいろなことがオンラインでできるようになると、身体性を伴う経験の価値がなくなってしまう | 329

自然のエネルギーを感じることで心のバランスがとれる

自然のエネルギーを感じることで心のバランスがとれる | 119,183,293

自然を介して自身のアイデンティティが育つ | 119,425

B 立ち現れる知

7 新たな知恵は人と人との間に出現する

住民同士の協働が地域全体の活性化につながる

地域住民のワクワク感や住民同士の協働が、地域全体の成長につながる | 119,139

北欧は、平均投票率が70%後半～80%前半で、「どうすれば、残りの20%前後の人に投票してもらえるか?」を
常に努力している社会 | 381

人との関係の中で、新たな技術や知恵が発展する

技術と知恵は切り離せない | 221,425

知恵は人と人の関係の間に宿る | 119,139,425

モノをつくるというのは人の関係をつくること | 425

お互いの世界観の共有から新たな知恵が出現する

お互いの世界観を共有しながらひとつのものをつくるプロセスを経ることで新たな知恵が出てくる | 401,425,449

プロジェクトの成功のために、普通は対立構造になりやすい相手とも力を合わせて戦う仲間になる | 449

価値観の違う人とのゆるいつながりが、イノベーションが起きるために重要 | 329

組織を超えて人がつながるコミュニティで共有されるノウハウが組織をもっとよくする | 203,381,449

地域に根差して生きた人たちの世界観や認識が本質的で、世界共通でものすごく価値がある | 119,401

紋切り型で世界を捉えるのは効率的ではあるが、分断を加速させてしまう

紋切り型の理解ではない方向に世界は動いている | 425

正しい答えが出る環境に慣れすぎると情報の背景が見えづらくなる | 425

住空間と職場を分けるのは効率的ではあるが、それは人間を層で分けることにつながる | 329

カテゴリーを超えて混ざり合い、互いから学び合う | 95,425

⑧ 可能性の追求がさらなる発展の可能性を開拓する

トライ&エラーを積み重ねることで取り組みの解像度が上がる

ほんの1%にも満たない可能性の追求が新たな知恵や技術を生み出す

地球の暮らしを知らない宇宙生まれの人類の知性は私たちの想像を超える可能性がある

テクノロジーは人間の能力を拡張させる

細部までこだわったアウトプットは波及力をもつ

正解のない課題を解く過程で幅広い解が見えてくる

B 立ち現れる知

⑨ 異なる叡智にアクセスしやすい社会で人類は成長する

人類の成長のために暗黙知を形式知化する

異なる分野を横串で見ることで新たな発見がある

過去の叡智は現代でも通用する

特定の文化を真に理解するためには、基本からその背景を勉強すべき

人々が社会や知識にアクセスしやすい社会システムをつくれるかが重要

事実に基づき自信をもった情報発信が情報の質を担保する

B 立ち現れる知

⑩ 身体感覚を伴った学びが成長には不可欠

おもしろがる力と探究の力は呼応し合う

なんでもおもしろがれる力が最強の学びの力 | 9
新しいことを知るのはすごくおもしろい | 449
研究は答えが出ないからおもしろい | 239,425
すぐには答えが出ないことを普段からポジティブに受け入れるには探究の力が必要 | 9

学び続けることで解像度が高くなる

「学び直し」ではなく「学び続ける」ことが必要 | 381
自分が何かの専門家であることに誇りをもち、自分をアップデートし続ける | 381
最も考える時間に投資してきた人間が、最も解像度高く考えることができる | 239

知識を得るために書物だけでなく自分の身体も使う

身体を使ってその土地に生きることで身に染み込む身識(みしき)は、書物からは決して得られないものである | 401
ファシリテーターを養成するには現場を体験してもらうのが一番 | 355
本はもちろん重要だが、知識を得るプロセスは「体で覚える」ことでもある | 381

失敗やモヤモヤからの学びは成長に不可欠

講師が失敗することにも教育的価値はある | 329
発達や成長には「モヤモヤ」が絶対に必要 | 355

身体感覚を研ぎ澄ますことが問題対処力を上げる

頭で考えるのではなく、身体で考えることで、解への道筋が見える | 29,51,139,275
自分の五感を研ぎ澄ますと恐怖にも対処できる | 293

C 意志をもって未来をつくる

⑪ 私たちの豊かさは私たちの手で生み出す

私たちの人生が豊かになるには、人間主体の経済が必要である

豊かな人生を送るには、資本主義を人間主体に取り戻すことが必要である | 203
非線形の経済が結果的に強さにつながる | 275
経済資本、社会関係資本、文化資本のすべてが揃うと人間は豊かになれる | 203
経済資本に加え、社会関係資本、文化資本、自然資本のすべてを増やすことが新しい資本主義である | 203
人の気もちを上げると経済は動く | 275
想像力を加えた新しい経済指標でお金の流れが変わる | 239

忘れられかけている地域のリソースを回復することが私たちの手に地域を取り戻すことになる

記憶の共有地であるコモンズで「共」を回復し地域を取り戻す | 401
地元で忘れられかけているリソースをもう一度思い出して再利用する | 425

プロダクトやサービスを考えるときの起点は、それを届けたい相手や地域への愛である

自分だけではなく地域、日本、世界の人たちへの愛といった横軸の部分をきちんとつくって、そこからプロダクトやサービスを考える | 275
「世界の中で大事にしたい人」という視点で顧客を捉える | 161,203

好きなことに一所懸命取り組むことが未来をつくる

後悔しない人生を送るためにとにかく好きなことをやる | 255
自分の中にあるワクワク感が未来をつくっていく | 161,255,275
自分の目の前のことを一所懸命ひとつずつ取り組むことが未来をつくることにつながる | 73,255

⑫ 時代の変化の中で、指針となる哲学をもって進む

大きな問いを考えることで、自分自身の進む方向性や立ち位置がわかる

自分に問うたり、相手から問われたりすることで自分の進む方向性と自分の立ち位置がわかる | 29,161
今は「What is your mission?」を積み重ねて自分を深掘りする時代になっている | 203,275
自分に静寂というスペースを与えて出てくる問いが自分を導いてくれる | 203,313
大きな問いについて考える場が必要 | 255
近代社会の構造や目的を問う時代が来た | 95

哲学がバックボーンにあるものはフロンティアを開拓するパワーを秘める

哲学や倫理観をもってフロンティアを開拓すべき | 203,239,255
ただ新たに見た目や使い勝手の良いものを生み出すのではなく、哲学の部分まで設計する | 329,381
科学やアートには、経済性を突き破れるパワーがある | 239

時代の変化を見つめながら私たち人類の生き方を常に問い直す

時代の変化を見つめながら常に今のルールや常識を問い直す | 51,275
コロナは、人類が謙虚で豊かな生き方に変わるきっかけ | 29,203

⑬ ものごとの捉え方次第で未来が変わる

自分の情報の受け取り方次第で情報の意味が変わる

その情報を味わおうとする態度が、良い情報の受け取り方に変わる | 9
情報は自分の思考を通過させて初めて意味のある情報となる | 9
情報や体験への意味付けが、そこからの学びを深める | 9,95,119

ものごとの捉え方が変わると行動や未来が変わる

デザインを受け取った人の行動が変わると生態系のように社会は変化する | 139
ものごとを見るときの視点や解像度を上げることが未来を考えることにつながる | 29,95,183
ほんのちょっとの思い込みの問い直しが行動を変える | 29,51
自分という概念を広げて、私たちという感覚をもつことで、社会が変わる | 73,95,119,275,293
月を目指す人によって、月のもつ意味は異なる | 255

多面的・多角的な視点でものごとを捉えると解像度が上がる

ものごとを一面だけで捉えず多面的に捉えようとすると視点の解像度が上がる | 9,183,425
固有だと思っているものも背景にある物語は違う | 51,221,401,425
他の生命と組織との共通項を探る | 221
オンラインで信頼が醸成できるかどうかは世代によって捉え方が違う | 329

問う行為そのものを肯定することが、新たな問いを促す

問うために大事なことは、問うことそのものを肯定することである | 9
自分の中にずっと問いをもち続けることが、問うことに対する美意識になる | 9
自ら問うことを促すためには、問う行為を楽しむ方法を伝える | 9

イシューの設定がアウトカムの8割を決める

イシューの設定がアウトカムの8割を決める | 139

人生の中に生きる意志と意味を見つける

自分が今ここにいる意味を見つけられるとそれが生きる理由にもなる | 119,161
人生の最大化には当人に意志の力が必要 | 95
自分が生きたい世界であれば何があっても乗り越えられる | 95
明日も生きようとする意志が心を豊かにするプロセスのひとつ | 95

⑭ 人との関わりが自分を深く掘り下げ視座を高める

個人の思考の質と行動力は、人間関係の土台をもって発揮される

関係の質を上げると思考の質と行動力が上がる | 73,139,449
人間関係の土台ができると人が混ざりやすくなる | 329,355,449

コミュニケーションに必要なのは論理的説明力と伝えたい気持ち

自分の意見を主張できる理論武装と他者を説得するガッツの両輪が国際社会では必須スキル | 381
経験値が足りない部分はパワーで補う | 329

話を聞いてくれる相手がいることで思考の解像度が上がる

良いフィードバックは気づきの解像度を上げる | 183,449
人は、じっくり話を聴いてもらうことで、自分が何を感じ、何を考えているかを言語化できる | 161

100%相手を受け止める姿勢は対話や相互の変容を生み出す

自分の感情を相手にぶつけず、全部受け止める側になることはとても創造的かつ積極的なこと | 183,275
100%相手に寄り添うスタンスを崩さないことでその人を深く知れる | 183
全部を受け止めるコミュニケーションは人の変容を促す | 29,275,329

他者を深く知るためにはまず自分自身のアイデンティティを深く知る

自分とは違う人を深く知るためには自分自身のことをまず深く知る | 425
現代の国境に囚われない自分のアイデンティティを過去の文化から見つける | 425
アイデンティティをつくるというのは、小さな人間界の中で小さな差異を確かめ合って自分自身を規定すること | 51,95
どれだけグローバル化が進んでも国というアイデンティティは残る | 255

⑮ グレーゾーンに立ち続ける勇気をもつ

答えがわからないなかでも、二項対立するものの間に立ち続ける勇気をもつ

どこにも属さないニュートラルハブな人が一番フラットにディレクションできる | 139,255
答えがわからない中でも、二項対立するものの間に立ち続ける勇気をもつ | 29,239

対立的ではなく3つの概念を掛け合わせてものごとを見る

何ごともまったく違う3つの要素で概念設計するのが大切 | 239,313

⑯ 未来を思い描くために今の状態を受け入れる

⑰ 自然の摂理に従うことが人類の本来の生き方

D
地球史の中で生きる

⑱ 自分もまた歴史の一部だという長い目で社会を捉え貢献する

社会のために、自分が得た知識や能力をどう還元するかを考える

みんなが住み良い社会にするために自分が得た知識や能力をどう還元するかという視点をもつ | 355
「地域を知ること」と「地域を生きること」が一致した人が地域づくりに関わったときに出てくる答えは他とは異なる | 401
人がいて地域があるのでなく、「人即地域」である | 401

みんなが幸せな社会を築くために、考え行動し続ける

どうせがんばるなら社会を良い方向に進めるために何が一番大切なのかを考え行動し続ける | 381
効率化に重きを置いた事業は人を不幸にする | 203
何のために賢くなるのかというと、みんなが幸せになるため | 355
世の中をどう見ていくのかという視点を、道徳教育や学校教育の中で育む | 355

多くの人へ知のバトンを渡すことで社会が加速度的によくなる

天才のやり方を10%でも方法論化できれば、今まで0だった人が大量に0.1になれて加速度的に社会がよくなる | 449
次の世代へのバトンは選択肢の多い社会である | 29
高い山の裾野が広いのと同じように、分野として上に伸びるためには多くの人にその分野が広がらないといけない | 449
自分の個としての死を超えた先を考えて未来の方向性を見出す | 293

生物学的な死後も作品などのかたちで社会に生き続けることはできる

心臓死や脳死をしても、個人が生きていた証が文学や写真という残像で残っているなら死んでいない | 293

私たちは個人としても共同体としても歴史を積み重ねながら生きている

私たちは地域共通の生態・環境の中で歴史を共有しながら生きている | 401

会社経営を長い軸で考えることが結果的に会社が長く生き残る秘訣である

社員との信頼関係を長期志向で構築する | 161
うんと長い時間軸で経営を考えれば、その会社は絶対に社会に役立てる | 161,203
会社の長期を見据えるというのは、数年後の姿を事業戦略として描けているという状態 | 161
会社が「なくてはならない存在」になると目先の競争に勝たなくても結果的に長く生き残れる | 203

D
地球史の中で生きる

⑲ 個々人がもつ思いが行動として実現されることが社会変革につながる

「個の私」の根源的な欲求から社会へつながる感覚をもつ

自分の「こうしたい」から地域とつながっていく | 401,425,449
人は「個の私」を発揮したいという根源的な欲求をもっている | 161
能力の個人主義化の行きすぎが分断を起こしている | 355
足元にある地域と地球にまで広がる認識を同時にもつ人間として生まれ直す | 293,401
今この身体で感じていることは社会変革につなげられるという感覚をもつ | 29
すべての人にとって良いものをつくるのは難しい | 29,119

内なる声が社会を変える原動力になる

社会がこうあれば良いという個人の多少のエゴが社会を変える原動力になる | 29,255,275
自分の内の声と社会との接点で感じる外の声の両方がモチベーションになる | 255

個人個人が創造性を発揮できると社会が変わる

場に携わる人それぞれが創造性を発揮できればその場はよくなる | 139,161,425
個人の創造性が社会を変える時代である | 139
自分がもっと楽にいられるように、すでにでき上がった場所ではなくこれから新しく価値観や枠組みがつくられる場所に行く | 161

マインドセットシフトによって社会変革が加速する

社会変革はマインドセットシフトによって加速する | 29,161
ミクロの変容が超マクロな変容につながっていく | 29,161

私たちの日々の消費行動はポリティカル・アクションでもあるし、アートでもある

日々の暮らしの中で何を買うかという消費行動はポリティカル・アクションになるしアートにもなる | 313

平和への強い思いとともに、現実に向けての小さな挑戦をしていく

人間を動物と捉えると身体がもつ自然なポテンシャルの追求になる | 313
いろいろなことがオンラインでできるようになると、身体性を伴う経験の価値がなくなってしまう | 329

困難な挑戦にも覚悟をもって立ち向かう

覚悟をもってプロジェクトを導く | 425
宇宙産業はブルーオーシャンの領域なので、日本が「宇宙の日本」となり得る可能性を秘めている | 255
日本は発展途上国に比べて、困難と思われることが少ないがゆえに、立ち向かう力が必要である | 95

RECOMMENDED BOOKS

書籍関係者からの推薦図書

—

このコーナーでは、インタビュイーおよび記事作成に関わるメンバーが選んだ「推薦図書」を3冊ずつご紹介します。それぞれの書籍はインタビュイーの世界観をより深く知るための3冊であり、読者の方々への次の1冊としておすすめです。

各関係者のプロフィール部分に記載したQRコードは、推薦図書の詳細情報や、ウェブ記事へのリンクがまとまったプロフィールページにつながっています。リンク先からは、各関係者にメッセージを送ることもできます（メッセージを送るためには、ユーザー登録とログインが必要です）。

※プロフィールページは、エッセンス社が運営するWebメディア『esse-sense』の協力を得て制作しています。

まなざしの共有
アメリア・アレナスの鑑賞教育に学ぶ

上野行一(監修)|淡交社|2001

ちいさなちいさな王様

アクセル・ハッケ、ミヒャエル・ゾーヴァ(絵)、那須田淳+木本栄(訳)|講談社|1996

エンデの遺言
根源からお金を問うこと

河邑厚徳、グループ現代|講談社|2011

塩瀬隆之|しおせ・たかゆき|京都大学総合博物館 准教授。1973年生まれ。京都大学工学部卒業、同大学院工学研究科修了。博士(工学)。専門はシステム工学。2012年7月より経済産業省産業技術政策課にて技術戦略担当の課長補佐に従事。2014年7月より復職。小中高校におけるキャリア教育、企業におけるイノベーター育成研修など、ワークショップ多数。平成29年度文部科学大臣賞(科学技術分野の理解増進)受賞。著書に『問いのデザイン 創造的対話のファシリテーション』『インクルーシブデザイン 社会の課題を解決する参加型デザイン』(いずれも共著、学芸出版社)などがある。

プロフィールページ|esse-sense.com/users/433

グッド・アンセスター
わたしたちは「よき祖先」になれるか

ローマン・クルツナリック、松本紹圭(訳) | あすなろ書房 | 2021

Social Presencing Theater
The Art of Making a True Move

Arawana Hayashi | Pi Press | 2021

これからの「社会の変え方」を、探しにいこう。
スタンフォード・ソーシャルイノベーション・レビュー
ベストセレクション10

SSIR Japan(編) | SSIR Japan | 2021

井上有紀 | いのうえ・ゆき | 一般社団法人イノラボ・インターナショナル 共同代表。慶應義塾大学大学院卒業後、ソーシャルイノベーションのスケールアウト(拡散)をテーマとして、コンサルティングやリサーチに従事。スタンフォード大学(Center on Philanthropy and Civil Society)、クレアモント大学院大学ピーター・ドラッカー・スクール・オブ・マネジメント 客員研究員(Visiting Practitioner)を経て、現職。身体からの情報を含めたホリスティックなアプローチによるリーダーシップ教育に携わる。ソーシャル・プレゼンシング・シアター(SPT) シニアティーチャー。NPO法人ミラツク 理事。一般社団法人ソーシャル・インベストメント・パートナーズ 理事。『スタンフォード・ソーシャルイノベーション・レビュー 日本版』(SSIR Japan)共同発起人。

プロフィールページ | esse-sense.com/users/602

あいだ

木村敏｜筑摩書房｜2005

原っぱと遊園地
建築にとってその場の質とは何か

青木淳｜王国社｜2004

わたしたちのウェルビーイングをつくりあうために
その思想、実践、技術

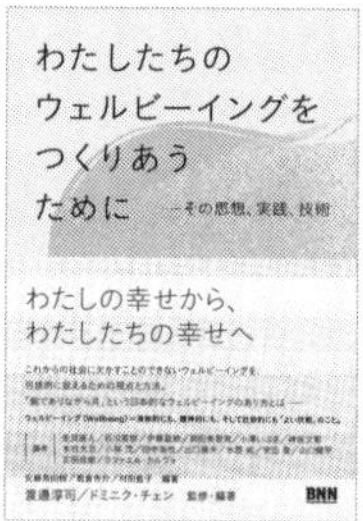

渡邊淳司、ドミニク・チェン、安藤英由樹、坂倉杏介、村田藍子｜ビー・エヌ・エヌ新社｜2020

坂倉杏介｜さかくら・きょうすけ｜東京都市大学都市生活学部 准教授／三田の家LLP 代表。1972年生まれ。1996年、慶應義塾大学文学部哲学科美学美術史学専攻卒業。1996～2001年、凸版印刷株式会社に勤務。2003年9月、慶應義塾大学大学院政策・メディア研究科修了。慶應義塾大学デジタルメディア・コンテンツ統合研究機構専任講師などを経て、2015年4月より現職。専門はコミュニティマネジメント。多様な主体の相互作用によってつながりと活動が生まれる「協働プラットフォーム」という視点から、地域コミュニティの形成過程やワークショップの体験デザインを実践的に研究。「芝の家」や「ご近所イノベーション学校」の運営を通じて港区の地域づくりを進める他、さまざまな地域や組織のコミュニティ事業に携わる。

プロフィールページ｜esse-sense.com/users/693

神話の力

ジョーゼフ・キャンベル、ビル・モイヤーズ、飛田茂雄(訳) | 早川書房 | 2010

気流の鳴る音
交響するコミューン

真木悠介 | 筑摩書房 | 2003

ダイアローグ
対立から共生へ、議論から対話へ

デヴィッド・ボーム、金井真弓(訳) | 英治出版 | 2007

中野民夫 | なかの・たみお | 東京工業大学リベラルアーツ研究教育院 教授/ワークショップ企画プロデューサー。1957年、東京生まれ。東京大学文学部卒。博報堂に30年勤務した後、同志社大学総合政策科学研究科教授を経て、2015年秋より現職。1989年、博報堂を休職してカリフォルニア統合大学院研究所(CIIS)で組織開発やワークショップを学ぶ。以後、人と人・自然・自分自身をつなぎ直すワークショップやファシリテーション講座を実践。主著に『ワークショップ』『ファシリテーション革命 参加型の場づくりの技法』『学び合う場のつくり方 本当の学びへのファシリテーション』(いずれも岩波書店)などがある。

プロフィールページ | esse-sense.com/users/1989

縄文文明

世界中の教科書から消された歴史の真実

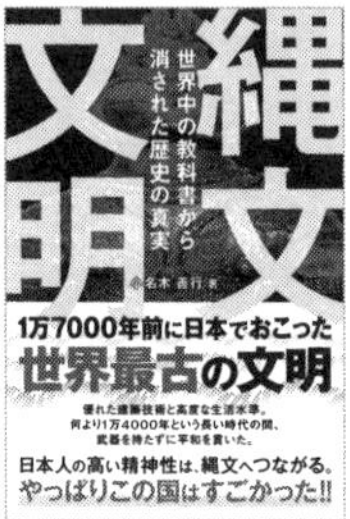

小名木善行｜ビオ・マガジン｜2022

野生哲学

アメリカ・インディアンに学ぶ

管啓次郎、小池桂一｜講談社｜2011

食育菜園 エディブル・スクールヤード

マーティン・ルーサー・キングJr.中学校の挑戦

センター・フォー・エコリテラシー、ゼノビア・バーロ+マーゴ・クラブトゥリー(編)、ペブル・スタジオ(訳)｜家の光協会｜2006

福本理恵｜ふくもと・りえ｜株式会社SPACE 創業者 代表取締役 最高情熱責任者(CEO)。1981年、兵庫県姫路市生まれ。熱血教師の母の姿を見て、人の人生に影響を与える先生という職業に憧れて育つ。2006年、東京大学先端科学技術研究センターの交流研究員を経て、東京大学大学院博士課程に進学。自身の体調を崩したことをきっかけに日々の食の重要性を再確認し、2012年から「種から育てる子ども料理教室」を主宰する。2013年、東京大学先端科学技術研究センターに戻り、農と食から教科を学ぶ「Life Seed Labo」を立ち上げ。2014年12月、「異才発掘プロジェクトROCKET」を立ち上げてプロジェクトリーダーを務める。2020年8月にSPACEを創業。

プロフィールページ｜esse-sense.com/users/697

なぜ今、世界のビジネスリーダーは東洋思想を学ぶのか
史上最高のビジネス教養「老子」「論語」「禅」で
激変する時代を生き残れ

田口佳史｜文響社｜2018

イノベーターの条件
社会の絆をいかに創造するか

P・F・ドラッカー、上田惇生(編訳)｜ダイヤモンド社｜2000

あなたが世界を変える日
12歳の少女が環境サミットで語った伝説のスピーチ

セヴァン・カリス＝スズキ、ナマケモノ倶楽部(編訳)｜学陽書房｜2003

比屋根隆｜ひやね・たかし｜株式会社レキサス 代表取締役社長。沖縄国際大学商経学部卒。大学在学中にITの可能性を感じ、学生ポータルサイト開発、企業向けの独自サービスを提供するIT企業を従兄弟とともに設立。1998年、独立して株式会社レキサスを設立。Web/クラウドサービス/スマートフォン向けアプリケーションの企画・開発・販売事業および投資・インキュベーション事業などを手がける。また「人材育成を通して沖縄県経済の自立と発展を目指す」という大きな理念のもと、2008年より、沖縄の次世代リーダーを発掘し育成するために、人材育成プロジェクト「IT frogs(現Ryukyufrogs)」をスタート。2017年9月に人財育成事業部門が独立、株式会社FROGSとなる。2018年、株式会社うむさんラボを立ち上げ、沖縄の未来共創デザインに取り組んでいる。

プロフィールページ｜esse-sense.com/users/1891

モモ
時間どろぼうと、ぬすまれた時間を人間にとりかえしてくれた女の子のふしぎな物語

ミヒャエル・エンデ、大島かおり(訳)｜岩波書店｜1976

アメリカ大都市の死と生

ジェイン・ジェイコブズ、山形浩生(訳)｜鹿島出版会｜2010

イシューからはじめよ
知的生産の「シンプルな本質」

安宅和人｜英治出版｜2010

筧裕介｜かけい・ゆうすけ｜NPO法人issue＋design 代表理事／慶應義塾大学大学院健康マネジメント研究科特任教授。多摩美術大学統合デザイン学科非常勤講師。1998年、株式会社博報堂に入社。2008年、ソーシャルデザインプロジェクト「issue＋design」を設立。以降、社会課題解決のためのデザイン領域の研究、実践に取り組む。代表プロジェクトに東日本大震災支援の「できますゼッケン」、子育て支援の「日本の母子手帳を変えよう」他。主な著書に『ソーシャルデザイン実践ガイド』『持続可能な地域のつくり方』(いずれも英治出版)などがある。グッドデザイン賞、竹尾デザイン賞、日本計画行政学会 学会奨励賞、カンヌライオンズ(フランス)など、国内外の受賞多数。

プロフィールページ｜esse-sense.com/users/1818

LISTEN
知性豊かで創造力がある人になれる

ケイト・マーフィ、篠田真貴子(監訳)、松丸さとみ(訳)|日経BP|2021

ファスト&スロー
あなたの意思はどのように決まるか?
上・下

ダニエル・カーネマン、村井章子(訳)、友野典男(解説)|早川書房|2013

銃・病原菌・鉄
一万三〇〇〇年にわたる人類史の謎
上・下

ジャレド・ダイアモンド、倉骨彰(訳)|草思社|2012

篠田真貴子|しのだ・まきこ|エール株式会社 取締役。慶應義塾大学経済学部卒、米・ペンシルバニア大学ウォートン校MBA、ジョンズ・ホプキンス大国際関係論修士。日本長期信用銀行、マッキンゼー、ノバルティス、ネスレを経て、2008年10月にほぼ日(旧・東京糸井重里事務所)に入社。同年12月から2018年11月まで同社取締役CFO。1年間のジョブレス期間を経てエール株式会社の取締役に就任。『ALLIANCE 人と企業が信頼で結ばれる新しい雇用』(ダイヤモンド社)監訳。

プロフィールページ|esse-sense.com/users/197

白

shiro

原研哉｜中央公論新社｜2008

脳はなぜ「心」を作ったのか

「私」の謎を解く受動意識仮説

前野隆司｜筑摩書房｜2010

新編言志四録

人生の知恵五〇〇の座右言

井原隆一｜PHP研究所｜2015

土谷貞雄｜つちや・さだお｜株式会社貞雄 代表。コンサルタント、建築家、住まい・暮らしに関する研究者、コラムニスト。1989年、日本大学大学院理工学研究科建築史専攻修士課程修了。ローマ大学への留学や住宅不動産系のコンサルティングなどを経て、2004年に株式会社良品計画のグループ会社に入社し、「無印良品の家」（現・株式会社MUJI HOUSE）の開発に従事。2008年に独立し、住宅系の商品開発やWebコミュニケーションの支援を行う。無印良品のWebメディア「くらしの良品研究所」「みんなで考える住まいのかたち」の企画・運営をはじめ、現代の暮らしについてアンケート調査やフィールドワーク、執筆活動などを行い、未来の暮らしのあり方を提案。住まいに関する研究会「HOUSE VISION」を企画・運営、中国での暮らし調査なども行ってきた。2020年より、北海道・ニセコで「都市未来研究会」を運営している。

プロフィールページ｜esse-sense.com/users/2011

生物から見た世界

ユクスキュル、クリサート、日高敏隆+羽田節子(訳) | 岩波書店 | 2005

たたずまいの美学
日本人の身体技法

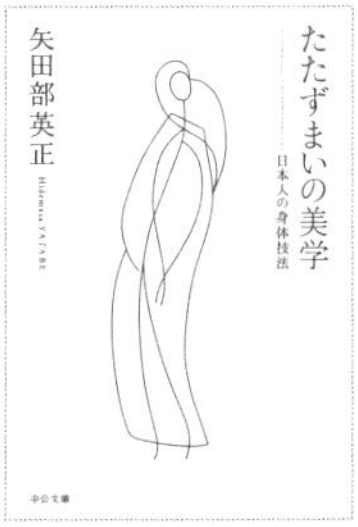

矢田部英正 | 中央公論新社 | 2011

Saru
上・下

五十嵐大介 | 小学館 | 2010

白石智哉 | しらいし・ともや | フロネシス・パートナーズ株式会社 代表取締役(CEO/CIO)。シリコンバレーなど海外で10年以上ベンチャー・キャピタル投資の経験を積んだ後、1999年に帰国し株式会社ジャフコの事業投資本部長として日本でプライベート・エクイティ(PE)投資を開始した。その後欧州系PE投資会社ペルミラ(Permira)の日本代表を経て、現在はPE投資会社フロネシス・パートナーズの代表を務める。事業投資と企業経営の経験を生かして、2012年にソーシャル・インベストメント・パートナーズを設立し、社会的事業を資金面・経営面で支える活動も行っている。GSGインパクト投資国内諮問委員。1986年、一橋大学法学部卒業。

プロフィールページ | esse-sense.com/users/28

アフターマン
人類滅亡後の地球を支配する動物世界

ドゥーガル・ディクソン、今泉吉典(監訳) | ダイヤモンド社 | 2004

量子力学で生命の謎を解く

ジム・アル=カリーリ、ジョンジョー・マクファデン、水谷淳(訳) | SBクリエイティブ | 2015

三体

劉慈欣、大森望+光吉さくら+ワン・チャイ(訳)、立原透耶(監修) | 早川書房 | 2019

岡島礼奈 | おかじま・れな | 鳥取県出身。東京大学大学院理学系研究科天文学専攻にて博士号(理学)を取得。卒業後、ゴールドマン・サックス証券へ入社。2009年から人工流れ星の研究をスタートさせ、2011年9月に株式会社ALEを設立。現在、代表取締役社長(CEO)。「科学を社会につなぎ 宇宙を文化圏にする」を会社のミッションに掲げる。宇宙エンターテインメント事業と中層大気データ活用を通じ、科学と人類の持続的発展への貢献を目指す。

プロフィールページ | esse-sense.com/users/824

ドローダウン

地球温暖化を逆転させる100の方法

ポール・ホーケン、江守正多(監訳)、東出顕子(訳) | 山と溪谷社 | 2020

地球に住めなくなる日

「気候崩壊」の避けられない真実

デイビッド・ウォレス・ウェルズ、藤井留美(訳) | NHK出版 | 2020

複雑系

科学革命の震源地・サンタフェ研究所の天才たち

M・ミッチェル・ワールドロップ、田中三彦+遠山峻征(訳) | 新潮社 | 2000

田崎佑樹 | たざき・ゆうき | 株式会社KANDO 代表取締役。クリエイティビティ/リベラルアーツ、サイエンス/テクノロジー、ファイナンス/ビジネスを三位一体にし、ディープテックの社会実装と人文社会学を融合させた事業を開発する「ENVISION Design」を実践する。その実例として、REAL TECH FUNDの投資先であるサイボーグベンチャー「MELTIN」において20.2億円を調達し、人工培養肉ベンチャー「インテグリカルチャー」においては8億円を調達。その他にパーソナルモビリティ「WHILL」のMaaSビジョンムービーや小橋工業ビジョンムービーなどを担当。彫刻家・名和晃平氏との共同プロジェクト「洸庭」、HYUNDAIコミッションワーク「UNITY of MOTION」、東京工業大学地球生命研究所リサーチワーク「Enceladus」、荒木飛呂彦原画展「AURA」といったアートプロジェクトも手がける。

プロフィールページ | esse-sense.com/users/18

日の名残り

カズオ・イシグロ、土屋政雄（訳）| 早川書房 | 2001

大英帝国衰亡史

中西輝政 | PHP研究所 | 2004

海の都の物語
ヴェネツィア共和国の一千年
第1巻

塩野七生 | 新潮社 | 2009

石田真康 | いしだ・まさやす | 2003年、東京大学工学部卒。「一般社団法人SPACETIDE」の共同創業者兼代表理事（CEO）として、新たな民間宇宙ビジネス振興を目的に年次カンファレンス「SPACETIDE」を主催。グローバルコンサルティングファーム「A.T. カーニー」にて宇宙業界、ハイテク業界、自動車業界を中心に15年超の経営コンサルティングを経験。内閣府宇宙政策委員会基本政策部会 委員。ITmediaビジネスオンラインにて「宇宙ビジネスの新潮流」を2014年より連載中。また著書に『宇宙ビジネス入門 Newspace革命の全貌』（日経BP社）がある。

プロフィールページ | esse-sense.com/users/2206

日本的霊性

鈴木大拙 | 中央公論新社 | 2008

夜と霧
ドイツ強制収容所の体験記録

V・E・フランクル、霜山徳爾(訳) | みすず書房 | 1985

花鳥風月の科学

松岡正剛 | 中央公論新社 | 2004

谷本有香 | たにもと・ゆか | Forbes JAPAN Web編集長。証券会社、Bloomberg TVで金融経済アンカーを務めた後、2004年に米国でMBAを取得。その後、日経CNBCキャスター、同社初の女性コメンテーターとして従事。3000人を超える世界のVIPにインタビューした実績があり、国内においては多数の報道番組に出演。現在、経済系シンポジウムのモデレーター、政府系スタートアップコンテストやオープンイノベーション大賞の審査員、企業役員・アドバイザーとしても活動。2016年2月より『フォーブスジャパン』に参画。2020年6月1日より現職。「アクティブリスニング なぜかうまくいく人の「聞く」技術」(ダイヤモンド社)、「世界のトップリーダーに学ぶ一流の『偏愛』力」(ディスカヴァー・トゥエンティワン)などの著書がある。ロイヤルハウジンググループ株式会社 上席執行役員、株式会社ワープスペース 顧問。

プロフィールページ | esse-sense.com/users/2208

夜と霧
ドイツ強制収容所の体験記録

V・E・フランクル、霜山徳爾(訳)|みすず書房|1985

悲しき熱帯
第1巻

レヴィ=ストロース、川田順造(訳)|中央公論新社|2001

美の呪力

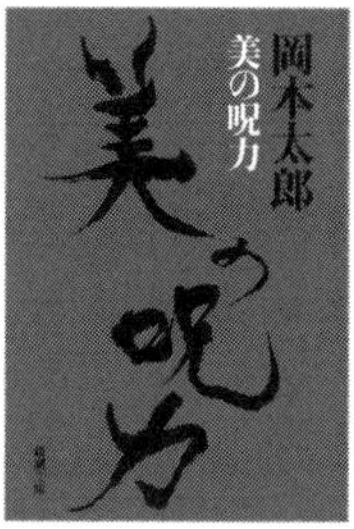

岡本太郎|新潮社|2004

杉下智彦|すぎした・ともひこ|1990年に東北大学医学部を卒業。聖路加国際病院で外科医として勤務した後、東北大学心臓外科医局にて心臓移植の研究を行う。1995年に青年海外協力隊として、マラウイ共和国の国立ゾンバ中央病院に赴任。3年間の活動を経て、ハーバード大学公衆衛生大学院で国際保健学を、ロンドン大学で医療人類学を修学。その後、タンザニア共和国で保健プロジェクトのリーダーを務めたのを皮切りに、国際協力機構(JICA)のシニアアドバイザーとして、アフリカを中心に世界各国の保健システム構築に関わる。2015年に策定されたSDGs(持続可能な開発目標)の国際委員を務める。現在は東京女子医科大学医学部にて国際環境・熱帯医学講座の講座主任として活動しながら、引き続きアフリカを含め世界各国の支援を続けている。

プロフィールページ|esse-sense.com/users/58

シッダールタ

ヘルマン・ヘッセ、岡田朝雄（訳）｜草思社｜2006

バイオフィリア
人間と生物の絆

E・O・ウィルソン、狩野秀之（訳）｜筑摩書房｜2008

動物を追う、ゆえに私は（動物で）ある

ジャック・デリダ、マリ＝ルイーズ・マレ（編）、鵜飼哲（訳）｜筑摩書房｜2014

井口奈保｜いぐち・なほ｜2013年にベルリンへ移住。働き方、住む土地、時間、お金、アイデンティティ、街との関係性、地球エコシステムとの連環、意思決定のスタンスなど都市生活のさまざまな面を一つひとつ取り上げ実験し、生き方そのものをアート作品にする社会彫刻家。近年は南アフリカへ通い、「人間という動物」が地球で果たすべき役割を模索し、その実践を「GIVE SPACE」というコンセプトに集約した方法論を構築中。また、「GIVE SPACE」を広く伝えるための物語「Journey to Lioness」を映像やイラストレーションで制作。ベルリン市民とともに進めているご近所づくりプロジェクト「NION」共同創始者兼Chief Community Catalyst.

プロフィールページ｜esse-sense.com/users/1850

陰《いん》翳《えい》礼《らい》讃《さん》

谷崎潤一郎 | KADOKAWA | 2014

POST-OFFICE
ワークスペース改造計画

岸本章弘、仲隆介、中西泰人、馬場正尊、みかんぐみ | TOTO出版 | 2006

生きられた家
経験と象徴

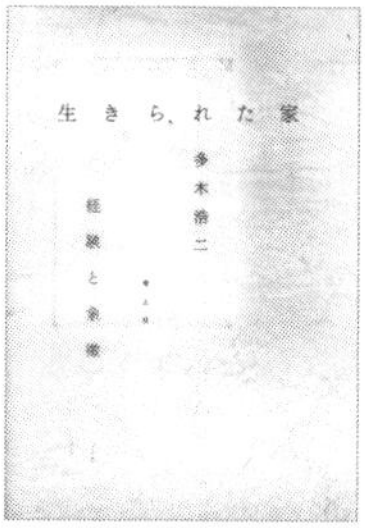

多木浩二 | 青土社 | 2019

仲隆介 | なか・りゅうすけ | 京都工芸繊維大学デザイン・建築学系 教授。1957年、大分県生まれ。1983年、東京理科大学大学院修士課程修了。PALインターナショナル一級建築士事務所 所員、東京理科大学工学部 助手。マサチューセッツ工科大学建築学部 客員研究員、宮城大学事業構想学部デザイン情報学科 専任講師・助教授、京都工芸繊維大学デザイン経営工学科助教授を経て2007年より現職。新世代オフィス研究センター長、公共建築協会次世代建築研究会新ワークスタイル部会長、国土交通省知的生産性研究委員会建築空間部会委員、日経ニューオフィス賞審査委員など、さまざまな機関で研究、啓蒙活動を展開するとともに、さまざまな企業においてワークプレイスデザインを実践している。

プロフィールページ | esse-sense.com/users/1661

学校におけるケアの挑戦
もう一つの教育を求めて

ネル・ノディングズ、佐藤学(監訳)|ゆみる出版|2007

プレイフル・シンキング［決定版］
働く人と場を楽しくする思考法

上田信行|宣伝会議|2020

実力も運のうち
能力主義は正義か?

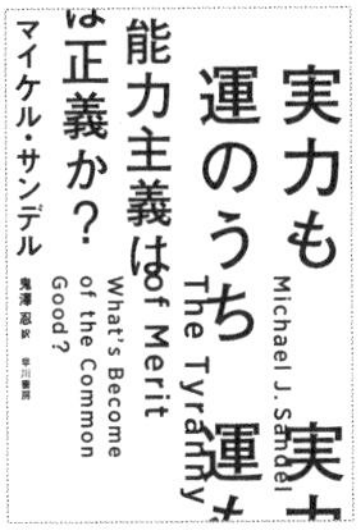

マイケル・サンデル、鬼澤忍(訳)|早川書房|2021

荒木寿友|あらき・かずとも|立命館大学大学院教職研究科 教授。NPO法人EN Lab.代表理事。1972年、宮崎県生まれ、兵庫県育ち。2002年、京都大学大学院教育学研究科博士課程修了。博士(教育学)。専門は道徳教育、教育方法、ワークショップ、国際教育、カリキュラム開発。国内外、大人子どもを問わず、さまざまなワークショップを展開する。著書に『学校における対話とコミュニティの形成』(三省堂)、『ゼロから学べる道徳科授業づくり』『いちばんわかりやすい道徳の授業づくり 対話する道徳をデザインする』(いずれも明治図書)などがある。

プロフィールページ|esse-sense.com/users/1099

本心

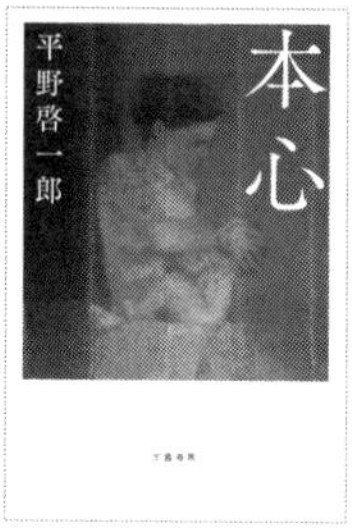

平野啓一郎 | 文藝春秋 | 2021

FACTFULNESS ファクトフルネス
10の思い込みを乗り越え、
データを基に世界を正しく見る習慣

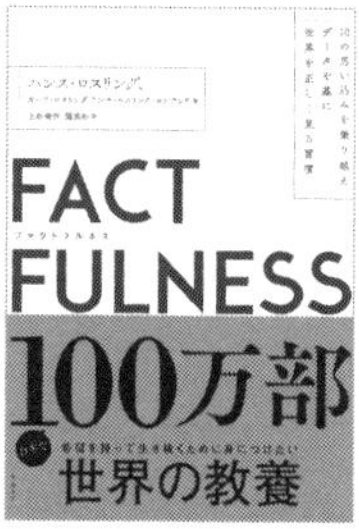

ハンス・ロスリング、オーラ・ロスリング、アンナ・ロスリング・ロンランド、上杉周作+関美和(訳) | 日経BP社 | 2019

図説 不潔の歴史

キャスリン・アシェンバーグ | 原書房 | 2008

安岡美佳 | やすおか・みか | ロスキレ大学 准教授/北欧研究所 代表。京都大学大学院情報学研究科修士、東京大学工学系先端学際工学専攻を経て、2009年にコペンハーゲンIT大学博士取得。2005年より北欧(スウェーデン、デンマーク)在住。日本、米国、デンマークの大学で計算機科学、情報学、インタラクションデザイン、数々の北欧のデザイン手法を学ぶ。専門は、社会で使われるICTとそのデザイン。近年は、電子政府・フィンテック・イノベーションのためのICT手法に注力。また、日本の企業・団体・政府機関とともに、参加型デザイン手法に基づくオープンイノベーションの枠組み「リビングラボ」の研究を実施し、ハンドブック「リビングラボの手引き」の制作にも携わる。共著書に『37.5歳のいま思う、生き方、働き方』(クロスメディア・マーケティング)がある。

プロフィールページ | esse-sense.com/users/2109

生命のかたち/かたちの生命

木村敏｜青土社｜2005

忘れられた日本人

宮本常一｜岩波書店｜1984

アニミズム時代

岩田慶治｜法藏館｜2020

上田洋平｜うえだ・ようへい｜1976年、京都府生まれ。滋賀県在住。滋賀県立大学地域共生センター 講師。滋賀県立大学大学院人間文化学研究科地域文化学専攻博士課程単位取得退学(第1期生)。専門は地域文化学、地域学。「知恵の知産知消」を掲げ、風土に根差した暮らしと文化に関する研究と実践に取り組む一方、地域と連携した人材育成、地域「共育」プログラムの開発にも力を注ぐ。琵琶湖のほとりにある築130年の古民家に妻子と住む。2011年度日本青年会議所「人間力大賞(総務大臣・環境大臣賞)」受賞。

プロフィールページ｜esse-sense.com/users/2027

世界神話学入門

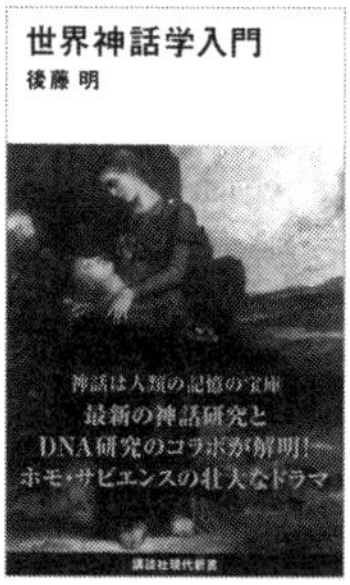

後藤明｜講談社｜2017

古代海人の世界

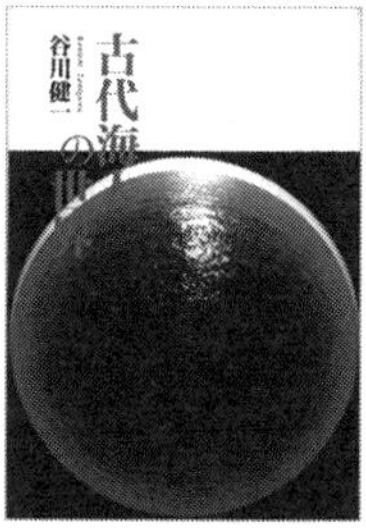

谷川健一｜小学館｜1995

銀河の道 虹の架け橋

大林太良｜小学館｜1999

後藤明｜ごとう・あきら｜南山大学人文学部・人類文化学科 教授。1954年、宮城県生まれ。東京大学文学部卒業、同大学院修了、専攻考古学。ハワイ大学人類学部博士課程修了、Ph.D(人類学)。南山大学人類学研究所元所長。沖縄伝承話資料センター、日本航海協会理事。沖縄美ら島財団研究顧問、喜界島サンゴ礁科学研究所学術顧問などを務める。主な関心領域は、海洋人類学、天文人類学、物質文化研究。主な著書に『天文の考古学』(同成社)、『世界神話学入門』(講談社現代新書)、『海から見た日本人―海人で読む日本の歴史』(講談社選書メチエ)などがある。

プロフィールページ｜esse-sense.com/users/1735

チーズはどこへ消えた?

スペンサー・ジョンソン、門田美鈴(訳)|扶桑社|2000

The Art of Systems Architecting

Mark W. Maier|CRC Press|2021

ゾウの時間ネズミの時間
サイズの生物学

本川達雄|中央公論新社|1992

白坂成功|しらさか・せいこう|慶應義塾大学大学院システムデザイン・マネジメント研究科 教授。東京大学大学院工学系研究科航空宇宙工学専攻修士課程修了後、三菱電機株式会社にて宇宙開発に従事。技術試験衛星VII型(ETS-VII)、宇宙ステーション補給機(HTV)などの開発に参加。特にHTVの開発では初期設計から初号機ミッション完了まで携わる。途中1年8か月間、欧州の人工衛星開発メーカに駐在し、欧州宇宙機関(ESA)向けの開発に参加。「こうのとり(HTV:H-II TransferVehicle)」開発では多くの賞を受賞。内閣府革新的研究開発推進プログラム(ImPACT)のプログラムマネージャーとしてオンデマンド型小型合成開口レーダ(SAR)衛星を開発。2004年度より慶應義塾大学にてシステムズエンジニアリングの教鞭をとる。

プロフィールページ|esse-sense.com/users/192

海をあげる

上間陽子｜筑摩書房｜2020

分解の哲学
腐敗と発酵をめぐる思考

藤原辰史｜青土社｜2019

京大的文化事典
自由とカオスの生態系

杉本恭子｜フィルムアート社｜2020

杉本恭子｜すぎもと・きょうこ｜同志社大学大学院文学研究科新聞学専攻修了。学生時代は同大の自治寮に暮らし、吉田寮や熊野寮、ブンピカなどで自治を担う京大生とも交流した。現在は、フリーランスのライターとして活動。アジールとなり得る空間、自治的な場に関心をもち続け、寺院、NPO法人、中山間地域でのまちづくりを担う人たちなどのインタビュー・取材を行っている。

プロフィールページ｜esse-sense.com/users/41

アニミズムという希望
講演録 琉球大学の五日間

山尾三省｜野草社｜2021

世界はうつくしいと

長田弘｜みすず書房｜2009

火を焚きなさい
山尾三省の詩のことば

山尾三省、nakaban(漫画)、早川ユミ(解説)｜野草社｜2018

増村江利子｜ますむら・えりこ｜編集者、文筆家、ミニマリスト。長野県富士見町在住。国立音楽大学卒後、Web制作、広告制作、編集を経てフリーランスエディターとして活動。SMOUT移住研究所編集長、greenz.jpシニアエディター、おかえり株式会社 取締役CCO 共同創業者。2017年に東京から富士見町に移住。3児の母として、犬2匹、猫3匹とともに、長野県諏訪郡の賃貸トレーラーハウスにてDIY的暮らしを実践中。ミニマリストとしての暮らしぶりは『アイム・ミニマリスト』(三栄書房)にもおさめられている。

プロフィールページ｜esse-sense.com/users/4

希望という方法

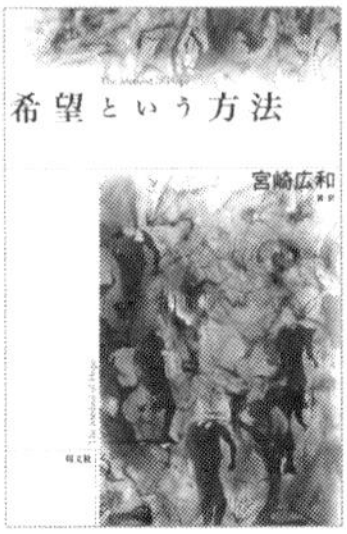

宮崎広和｜以文社｜2009

ヘラジカの贈り物
北方狩猟民カスカと動物の自然誌

山口未花子｜春風社｜2014

この宇宙の片隅に
宇宙の始まりから生命の意味を考える50章

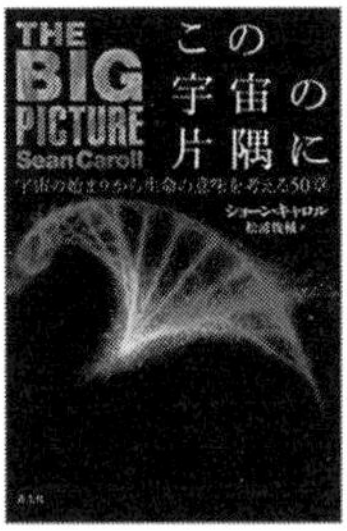

ショーン・キャロル、松浦俊輔(訳)｜青土社｜2017

西村勇哉｜にしむら・ゆうや｜1981年、大阪府池田市生まれ。大阪大学大学院にて人間科学(Human Science)の修士を取得。人材開発ベンチャー企業、公益財団法人日本生産性本部を経て、2011年にNPO法人ミラツクを設立。セクター、職種、領域を超えたイノベーションプラットフォームの構築、大手企業の新領域事業開発支援・研究開発プロジェクト立ち上げ支援、未来構想の設計などにおいて、これまでミラツクとして100社200以上のプロジェクトに取り組む。2017年より、兼務で国立研究開発法人理化学研究所未来戦略室にイノベーションデザイナーとして参画。2021年に株式会社エッセンスを設立し、代表取締役に就任。2021年9月に自然科学、社会科学、人文学を領域横断的に扱う先端研究者メディア『esse-sense』をリリース。大阪大学SSI特任准教授、大阪大学大学院人間科学研究科博士後期課程に在籍(人類学)。滋賀県大津市在住、3児の父。

プロフィールページ｜esse-sense.com/users/1

書籍化に寄せて　1

ひとつの星に幾つもの名前がある理由

ミラツクジャーナルライター　杉本恭子

「ミラツクのウェブメディアで、『時代にとって大切な問いを問う』というテーマのシリーズ・インタビューをやりたい」と西村さんに言われたとき、まるでキャンバスに仕立てられる前の、大きさも形も決まっていない白い布のようなテーマだと思った。「時代」をどのように捉えるのかという時代認識、どんな問いを「大切」だと考えるのかという価値判断は語り手に委ねられる。だからこそ、インタビューを重ねていくのはとても冒険的だった。語り手たちの言葉の中から、「私たちはどんな時代に生きているのか」「どんな問いをもつことが大切なのか」が少しずつ浮かび上がっていく。読者のみなさんにとって、共感できる問いもあればそうでない問いもあっただろうか。私自身は、無数の問いが湧き上がる世界こそが豊かなのだと感じていた。

本シリーズの始まりに、問う行為そのものをテーマにする、塩瀬隆之先生のインタビューが公開されたのは非常に示唆的だった。塩瀬先生は冒頭で「どの問いが必要かというよりは、問うことそのものが大事」だと述べられていた。問いの良し悪しを評価するのではなく、問う行為を楽しみ続けること。そのためには、問いが生まれるまでの「モヤモヤ」を受け入れる時間、あるいは心の余裕が必要になると塩瀬先生は言う。1万字を超えるインタビュー記事を、ウェブ上で読むのは読者のみなさんにご負担もかけていただろうと思う。それでも、長大な記事を読むことが、日常からしばし離脱して「問いを味わう」時間になればという願いを込めて書いていた。

また、塩瀬先生は「問いをともにできる関係性づくり」についても言及している。本シリーズの開始と時を同じくして、ミラックではメンバーシッププログラム「Room」が立ち上がった。「Room」では、本シリーズや、最先端研究メディア「esse-sense」で行われたインタビューの語り手を囲んで、さまざまな対話の場がつくられている。今回、本書には22人のインタビューが収録されたが、より多くの人たちとの対話の場が「今という時代」の解像度を高め、「大切な問い」を立体的に捉える契機にもなった。インタビューの「その後」に、対話の場が生み出されるのはミラックのメディアならではだと思う。

後藤明先生のインタビューで、「星や星座の名前は世界にひとつだけではない」というお話を伺った。私たちは、ギリシャ神話に紐付く星座の名前を当然のものとしているけれど、それぞれの国や地域には固有の星の名前がある。日本の中でも、本州と奄美大島では同じ星を異なる名前で呼び、同じ夜空にそれぞれの星座を描いている。そして、星の名前の背景には、やはり異なる神話や物語、国や地域の文化がある。一方で、星を航海の道標にしたり、太陽や月の運行を季節や農作業の指標にすることは、世界各地の人々に共通する智恵である。同じように、私たちはひとつの時代に異なる名前をつけて異なる世界観を描きながら、共通の智恵を蓄えようとしているのではないか。

問いを立てるとは、わたしたちがともに生きるこの時代を、他ならぬ自分の手で掴もうとすることだと思う。そして、問いを誰かと共有する対話は、時代をともにつくることにつながっていく。生まれたばかりの問いはとてもかよわい。放っておくとすぐに消えてしまう。だけど、思い切って世界に差し出し他者と対話するならば、その問いは必ず強くなれる。インタビューの語り手たちの問いがそうであったように、時代と切り結ぶほどの力をもつこともできる。読書もまた対話の一形式だ。本書を通して、読者のみなさんが自分の中に生まれた問いを育むことにもつながればと願う。その一つひとつの問いもまた、「時代にとって大切な問い」になるはずだから。

最後に、本シリーズを企画した西村勇哉さんについて少しだけ触れたい。西村さんとは、彼がミラックを設立したときにインタビューして以来の付き合いになる。あのとき、「西村さんがつくりたいのはどんな未来ですか？」と問う私に、「もし、世界中のみんなが立ち止まって考え直す時間を30分取れたら世界は変わると思う」と彼は答えてくれた。すでに10年が過ぎた今、西村さんと「未来をつくる」ための試みをともにできたことをうれしく思う。

書籍化に寄せて　2

「問い」を携えて生きるということ

ミラツクジャーナル編集担当　増村江利子

「問い」を携え、思考の森に足を踏み入れる。


出口を探そうとしても、「答え」では出口を見つけることはできない。

探しているのは、おそらく答えそのものではないのだ。


では、何を探しているのか。

自分は何がわかっていて何がわかっていないのか、そもそも「問い」はなんだったのか、
それすらもわからなくなりかけながら、懸命に耳を傾ける。

聴こえてくるのは、対話によって引き出された「他者の視点」である。

「他者の視点」を自身に取り込み、新たに生まれた視野で見渡してみる。

すると、不思議と何かしら見出すものがある。

見えない道を照らす「かがり火」として、過去の自分の経験や、
未来の自分の思弁に意味のあるつながりをつくってくれる。

知りたかったことは何か。
取り組みたかったことは、実現したかったことは何か。

時間、空間、領域といったあらゆる枠をなんなく超えて、次なる思考を誘発し、さらなる問いを指し示し、
より深い探求へと導いてくれる。

「問い」は、「他者の視点」によって、生涯にわたって何度も問い直しをすることになる。
そうして「問い」は、脈々と続いていくのだ。

おわりに

2020年4月に行った最初のインタビューから2年半という月日が経ちました。書籍の制作を進めるなかで、「結局この22編のインタビューとは何だったのだろう?」と、インタビューから得られた19のテーマを改めて眺めていると、そこには当たり前のことが並んでいるように思えると同時に、それらが並ぶことで見えてくるような、中心の存在が何かあるように感じます。この不思議な感覚こそ、まさに『反集中』というタイトルで表したかったものであることに気づきました。

- 未来を思い描くために今の状態を受け入れる
- 異なる価値観に触れることが生き方の選択肢を増やす
- 個の可能性は場によって引き出される
- 身体感覚を伴った学びが成長には不可欠
- ものごとの捉え方次第で未来が変わる
- グレーゾーンに立ち続ける勇気をもつ
- 個々人がもつ思いが行動として実現されることが社会変革につながる
- 人との関わりが自分を深く掘り下げ視座を高める
- 自分もまた歴史の一部だという長い目で社会を捉え貢献する
- 多様性がゆるやかに存在できる場は希望を生む
- 新たな知恵は人と人との間に出現する

- 私たちの豊かさは私たちの手で生み出す
- 共感で人を巻き込み時代を切り拓く
- 異なる叡智にアクセスしやすい社会で人類は成長する
- 可能性の追求がさらなる発展の可能性を開拓する
- 生きものとしてのエネルギーが自然と満ちてくる環境で、その人本来の力が発揮される
- 人類と自然が共存共栄するための視点をもつ
- 自然の摂理に従うことが人類の本来の生き方
- 時代の変化の中で、指針となる哲学をもって進む

行き先どころか、そもそも何を考えるべきかがわからない、というところから始めた22のインタビューは、新たな地平というよりも、むしろ一つひとつの当たり前で大切なことを統合したときに、そこにどのような大地との関わり方が生まれるのか、ということへのヒントをもたらしてくれたように思います。

「未来を描こう」というとき、多くの人は、それが今の現実とはかけ離れた、ある種突拍子もないものを想像する行為だと思いがちです。一方で、実際に未来に向けて取り組もうとすると、それは空想の世界に向かっていくことではなく、目の前の現実を深く見通していく洞察的な行為であることに気づきます。

もちろん、日々の日常に囚われながらその延長上とは異なる未来を描くためには、一度その囚われから離れる離脱的な思考も必要です。目の前の現実を見据えることと、囚われなく問い直すこと。その双方の

行き来によって未来への洞察が生まれてくるということを目の当たりにしてきました。

未来はどこから生まれるのか。それは人の心の中から起こるものであり、その心の移り変わりは、多くの事象との関わり合いの中から起こるものだと思っています。この書籍も、そのひとつとしてあなたの心の中に新しい未来を起こせていたら、制作者としてとてもうれしいです。

最後になりましたが、この書籍を世に出すために多くの人の協力をいただきました。

出版社としての知見と力を惜しみなく提供してくれた英治出版のみなさん。特に今回の連携を実現してくれた原田社長と制作に惜しみなく付き合ってくれた高野さん。インタビューを受けていただいた22名のインタビュイーのみなさま。ていねいな執筆で記事を書き上げてくれた杉本さん。ひとつひとつの記事の質を底支えしてくれている編集（記事）の増村さん。ウェブメディアでの入稿作業を淡々と続けてくれている鈴木さんと立山さん。終わりのない校正を繰り返していねいに行ってくれている編集（書籍）の赤司さん。アイデアを具現化し続けてくれるデザイナーの中家さん。文章分析からキーワードマップをつくり上げてくれた分析チームのみなさんとそのチームを率いてくれた北嶋さん、そしてミラックという組織を立ち上げてくれた創業理事のみなさんと、その発展を支えてくれている理事のみなさん。組織運営に携わってくれているミラックチームのみなさん。ミラックとさまざまなプロジェクトに取り組んでくれているクライアント組織のみなさん。ミラックのメンバーシップに入ってくれているメンバーの方々。書店で販売してくれている方とこの本を手に取ってくれた方。そして、日々を支え続けてくれている、妻のあやと3人の子どもたち。そのすべての人たちに感謝を述べたいと思います。ありがとうございました。

次回の書籍でまたお会いできることを楽しみにしています。

NPO法人ミラック代表理事　西村勇哉

2022年11月25日　滋賀県大津市の自宅にて

INFORMATION

MIRATUKU JOURNAL

『MIRATUKU JOURNAL』は、NPO法人ミラツクが運営するWebメディアです。ミラツクが運営するメンバーシッププログラム「ROOM」と連動しながら、異なる領域が交差し合うなかで未来への洞察が生まれる異質な出会いを起こすための記事の制作・配信を行っています。

URL | miratuku-journal.org
※MIRATUKU JOURNALの記事はすべて無料で購読することができます。

ROOM

「ROOM」は、NPO法人ミラツクが運営するメンバーシッププログラムです。未来への洞察が生まれる異質な出会いを起こすための、さまざまな領域のゲストと出会える各セッションの開催、年次フォーラムの開催、またYouTubeやPodcastでのアーカイブ配信を行っています。

URL | miratuku-journal.org/membership
※ROOMは、月額1,250円（2022年12月時点）の有料プログラムです。
プログラム参加中は、すべてのコンテンツに参加することができます。

esse-sense

『esse-sense（エッセンス）』は、NPO法人ミラツクのグループ組織である株式会社エッセンスが運営するWebメディアです。エッセンスでは、自然科学、社会科学、人文社会学などあらゆる領域の研究者の視点を深く知ることで、これまで思ってもいなかった未来への洞察が生まれる異質な出会いを起こすための記事の制作・配信を行っています。

URL | esse-sense.com
※esse-senseの記事はすべて無料で購読することができます。

MIRATUKU FUTURE INSIGHTS

反集中　行先の見えない時代を拓く、視点と問い

発行日　２０２２年１２月３０日　第1版　第1刷
編者　ＮＰＯ法人ミラツク・西村勇哉
発行人　西村勇哉

発行　ＮＰＯ法人ミラツク（〒６００－８８４１ 京都府京都市下京区朱雀正会町１－１ ＫＹＯＣＡ ５０４）
メール info@emerging-future.org　ウェブ emerging-future.org

発売　英治出版株式会社（〒１５０－００２２　東京都渋谷区恵比寿南１－９－１２ ピトレスクビル ４Ｆ）
電話 ０３－５７７３－０１９３　ＦＡＸ ０３－５７７３－０１９４　ウェブ www.eijipress.co.jp

執筆・編集（記事）　杉本恭子・増村江利子
編集（書籍）　赤司研介
編集協力　高野達成・上村悠也・桑江リリー（英治出版）
分析協力　石橋智晴・宇野茉莉花・片野絢子・北嶋友香・古立守・高本茉弥・竹腰麻由・浜田真弓（ミラツク）
販売協力　田中三枝（英治出版）
装丁・組版　中家寿之
校正　株式会社ヴェリタ
表紙写真　大杉隼平
印刷・製本　中央精版印刷株式会社

乱丁・落丁本は着払いにてお送りください。お取り替えいたします。

ISBN978-4-9912132-0-5　Printed in Japan